庫

33-813-1

コーラン

上

井筒俊彦訳

岩波書店

QUR'ĀN

はしがき

一　この『コーラン』口語訳にはいわゆるフリューゲル版（*Corâni textus arâbicus, ed. G. Flügel, ed.* III, *Lipsiae* 1869）を底本として用いた。これは当時ヨーロッパきっての碩学《せきがく》として令名のあったグスタフ・フリューゲル（Gustav Flügel）が厳密な校訂を加えて一八四一年に初版を出した最初の学術的テクストであって、今日に至るまで『コーラン』研究の基礎資料として西欧の学界にひろく使用されているものである。『コーラン』は、本文の字句の異同のほかに、各章ごとの節の分け方においても版によって大きなひらきがあって、例えば「第何章第何節」などと言っても、どの箇所を指すのか明瞭でない場合が非常に多い。今日、学術上の目的で『コーラン』の文句を引用する場合は、このフリューゲル版の番号付けによることになっている。

一　『コーラン』の原文を書き写すアラビア文字は、点の打ち場所を上にするか下にするか、また点を一つ打つか二つ打つかによって、例えば「汝《なんじ》ら」がすぐ「彼ら」になったり、「我々」が「汝」に変ったりするような可動性をもっており、その上、『コーラン』を書き写した最初期にあっては、そのような点も、またア・イ・ウなどの母音をあらわす記号も全然書かれなかったものである。従ってそれをどう読むかということは、テクスト伝承の系統によって相当の違いが出て来るのは当然のことである。そのような場合も、この訳書は全部フリューゲルの本文の読みで統一した。

一　『コーラン』は回教徒にとって何ものよりも尊い聖典であるから、古来その註釈は殆んど無数に作られており、各学派、各学者によって語句の解釈に大変な差違がある。この口語訳は、原則として、ザマシャリー系統の代表的な註釈であるバイダーウィー(al-Baidāwi)の *Asrār at-Tanzil wa-Asrār at-Ta'wil* によって全体の基調を決定した。バイダーウィーは西暦十三世紀のコーラン学者、その註釈は回教の正統派《スンニー》では最上のものとして非常に尊重されて来たものである。しかしこの註釈書も、十九世紀以来長足の進歩をとげたアラビア文献学の今日の知識水準から見ると、無数の欠陥を蔵しており、すべての点についてこれに盲従《もうじゅう》することは到底《とうてい》不可能である。かくて、本書にはネルデケ(Nöldeke)以後のヨーロッパのアラビア学の成果が随所に活用されている。しかし全体的に言って、いかなる場合にも、あまり大胆すぎるような仮説《かせつ》は採用せず、できるだけアラビア語を良識的に、平易に、解釈するよう努力したつもりである。

改訳の序

『コーラン』の翻訳はむずかしい、と言うよりむしろ端的に不可能事である。特に現代日本語の口語の制限内では原文のもつ比類のない荘重さが殆んど全て消えてしまうからなおさらその感が深い。

しかしされはと言って、急速に生命のない過去の遺物になりつつある文語に訳しかえて見たところで今さらどうなるものでもない。とすれば、やはり一度完了した口語訳を僅か数歩でも理想的形に近付けるよう常に努力することが訳者としての自分の義務であると思う。

前の口語訳を出版して後約二年余り中近東の回教国を旅しながらも絶えずこの問題は私の念頭を去ることがなかった。

今度外遊の合間に数カ月の余暇を得て帰国することを得たので、この機会に全面的改訳の仕事に、難事とは知りつつ、ともかく手をつけることにしたのである。

この改訳は単に部分的な改竄ではなく、想を新たにして全部訳し直したものである。一番大切な問題である文体を、口語の枠内で徹底的に改めたのは勿論であるが、それだけでなく、今度アラブ諸国、特にエジプトのカイロで斯界の権威とされる多くの碩学《せきがく》と論議して得た新しい知識を基にして、語句の解釈も多く改めた。自分の理想とするところにはこれでもまだ遥かに遠いが、しかし或る程度の改良はできたと思う。

この企てにさいし、利害を完全に度外視して、改訳に直ちに賛同された岩波書店の出版部当事者諸氏に心からの敬意と謝意を表する次第である。

なお附記するが、『コーラン』本文につき、最近とみにカイロ版の句分け、番号付けが学界に流布しつつある事実にかんがみ、フリューゲル版と喰い違いのある場合にかぎり両方の番号を併記することにした。従って、例えば、五二(五三)とあれば、フリューゲル版では第五二節、カイロ版では同じ個所が第五三節に当るという意味である。

一九六一年一一月　　訳　者　記

目次

一　開扉　――メッカ啓示、全七節――……一

二　牝牛　――メディナ啓示、全二八七〔二八六〕節――……一三

三　イムラーン一家　――メディナ啓示、全二〇〇節――……八六

四　女　――メディナ啓示、全一七五〔一七六〕節――……一二八

五　食卓　――メディナ啓示、全一二〇節――……一七一

六　家畜　――メッカ啓示、全一六五節――……二〇四

七　胸壁　――メッカ啓示、全二〇五〔二〇六〕節――……二四三

八　戦利品　――メディナ啓示、全七六〔七五〕節――……二八四

九　改悛　――メディナ啓示、全一三〇〔一二九〕節――……三〇〇

一〇　ユーヌス(平安その上にあれ)　――メッカ啓示、全一〇九節――……三三〇

解　説……三五五

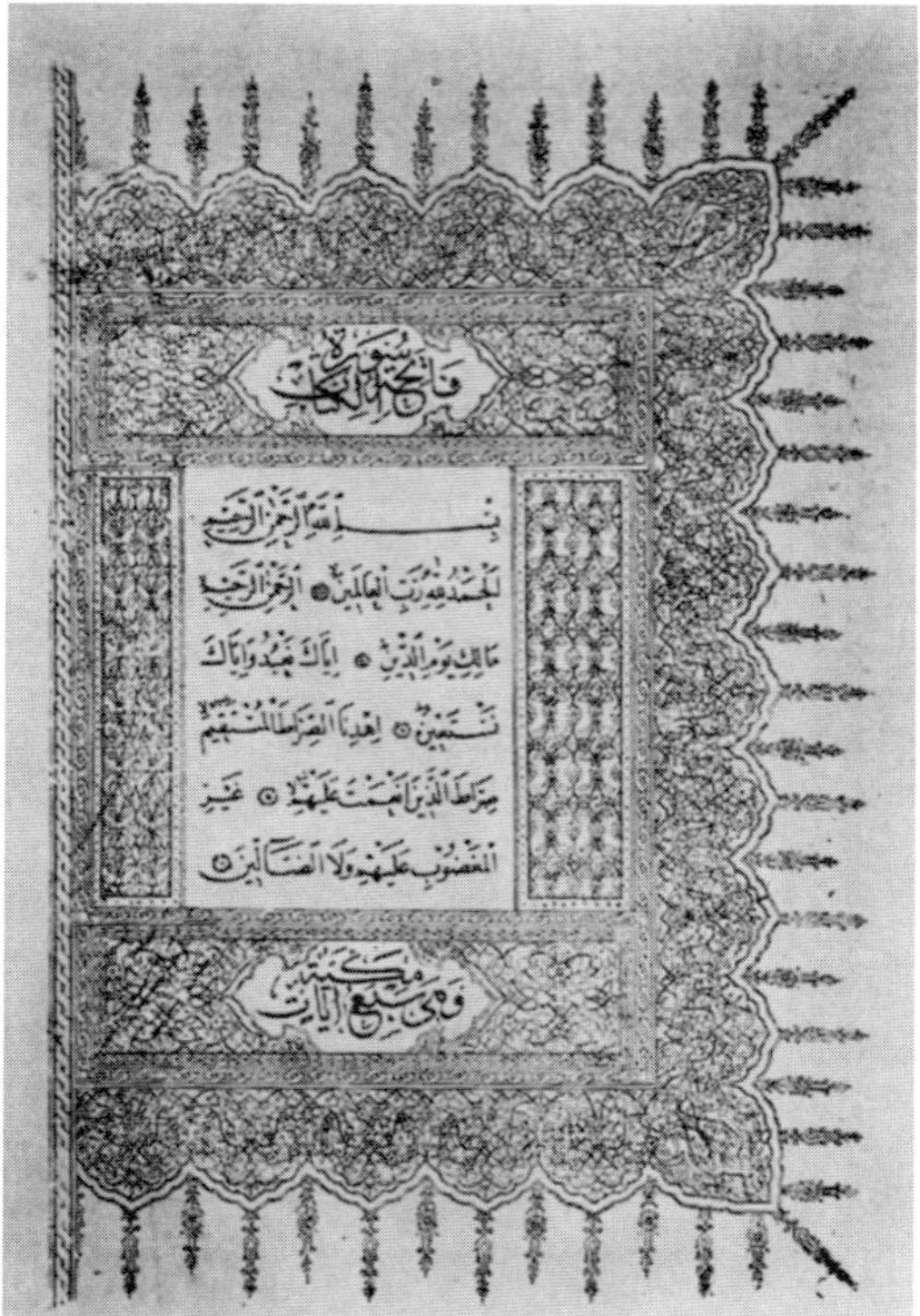

コーラン「開扉」の章
アル・ハーフィズ・ウスマーン手写本

コーラン　上

一　開　扉　――メッカ啓示、全七節――

慈悲ふかく慈愛あまねきアッラーの御名《みな》において……

一 讃《たた》えあれ、アッラー、万世《よろずよ》の主、
二 慈悲ふかく慈愛あまねき御神《おんかみ》、
三 審《さば》きの日（最後の審判の日）の主宰者《しゅさいしゃ》。
四 汝《なんじ》をこそ我らはあがめまつる、汝にこそ救いを求めまつる。
五 願わくば我らを導いて正しき道を辿《たど》らしめ給え、
六 汝の御怒りを蒙《こうむ》る人々や、踏みまよう人々の道ではなく、
七 汝の嘉《よみ》し給う人々の道を歩《あゆ》ましめ給え。

二　牝　牛　――メディナ啓示、全二八七〔二八六〕節――

慈悲ふかく慈愛あまねきアッラーの御名において……

一アリフ・ラーム・ミーム（A. L. M. という此の神秘めいた三つの頭字が何を意味するかについては実に多くの説が出されたが、結局、本当の意味は分らない）。〔二〕これこそは、疑念の余地《よち》なき（天啓の）書、（神を）畏れかしこむ人々の導きの書。二〔三〕（その人々とは）すなわち不可知なるもの（人間の知力の近付くことのできぬ暗く深遠な神の神秘）を信じ、礼拝の務めを守り、我ら（アッラーの自称。神はその威厳を示すために自らを指して複数で「我ら」という）の授《さず》け与えた（よき）ものを惜しみなく頒《わか》ちほどこす人々（後出のごとく、自分の財の余分をこころよく困窮者に施すことは信者たるものの務めである）。三〔四〕また汝（マホメット）に啓示されたもの（『コーラン』）ならびに汝に先立って啓示されたもの（モーセの律法、およびイエス・キリストの福音）を信仰し、かつ来世を固く信じて遅疑することなき者ども。四〔五〕かかる者どもこそ己が主の導きの道を踏み行く人、かかる者どもこそやがて栄達に至る人々。

五〔六〕まことに、信仰なき者どもは、お前（マホメットを指す）がいかに警告しても、また警告しなくとも同じこと。（いずれにせよ）信仰に進み入ることはなかろうぞ。六〔七〕アッラー（叙述がここで一人称から急に三人称になる。以下同様のこと多し）は封緘《ふうかん》をもって彼らの心を閉ざし、またその耳を閉ざし給うた。またその眼には蔽いが掛けられている。彼らには大きな懲罰《ちょうばつ》が加えられるであろうぞ。

七〔八〕また人によっては、「我らアッラーを信じ、最後《いやはて》の（審《さば》きの）日を信じ奉る」など口先《くちさき》で言う者がある。実は全然信じてもいないのに。八〔九〕そのようなやからはアッラーと、まことの信者たちとを騙《だま》そうとかかっておる。しかし実はわれとわが心を騙しているにすぎないのだが、それに気付きはせぬ。九〔一〇〕彼らの心の中には病患《やまい》が宿《やど》っておる。願わくばアッラーがその病患を益々悪化させ給わんことを。彼らはやがてひどい懲《こらし》めを蒙《こうむ》ることになろうぞ、虚言《うそ》を吐《つ》いた罰として。一〇〔一一〕彼らに向って「地上で悪いことばかりするな」と言えば、彼らは「なにわしらは世の中を善《よ》くしようとしているだけだ」などと言う。一一〔一二〕何んの、何んの、彼らこそ世を堕落《だらく》さす者どもだ。だが自分ではそれに気付いていない。一二〔一三〕また彼らに向って「信仰せよ、みんなが信仰しているように」と言えば、「阿呆《あほう》どもの真似《まね》をして信仰しろっていうのかね」などと言う。なんたることか、自分たちこそ阿呆なのではないか。だが彼らにはそれがわからない。

一三〔一四〕信仰ある人々に出遇《であ》えば（殊勝《しゅしょう》らしく）「わしらは信仰する」と言い、仲間の悪魔どもだけになると「いやなにわしらは君たちの味方《みかた》。一寸《ちょっと》（信者どもを）からかってや

っただけさ」などと言う。一四〔一五〕アッラーこそ彼らを愚弄し給うであろうぞ。そして彼
らの頑《かたく》なな不信をますます頑なとなし給えば、彼らはただ当《あて》もなくうろたえ廻ることで
あろうよ。一五〔一六〕彼らは（アッラーの）御導きを売りとばして、それで迷妄《めいもう》を買い込んだ
人々。だが彼らもこの商売では損をした。目算《もくさん》どおりには行かなかった（これは当時のアラビア商人の表現を使っ
た言い方）。一六〔一七〕彼らを譬《たと》えて見ようならば、せっかく火を点《とも》してあたりがぽッと明るくな
った、と思う途端にアッラーその火を消し給えば、暗闇《くらやみ》の中にとり残されて目の見えぬ
男のようなもの。一七〔一八〕つんぼで、唖《おし》で、めくらだから、ひっ返そうにも由《よし》がない。
一八〔一九〕また（別の言葉で譬《たと》えるなら）、一天にわかにかき曇って暗雲たれこめ、あたり
は真の闇《やみ》、雷鳴殷々《いんいん》ととどろき、電光閃々《せんせん》と輝くとき、その鳴動の激しさに、死の恐怖
にかられて思わず指を両の耳につっこむ連中のようなもの。だがアッラーは不信仰者ど
もを全部ぐるりと取りかこんで逃げもかくれもさせはせぬ。一九〔二〇〕稲妻《いなづま》の閃《ひらめ》きに彼らの
目は危く眩《くら》まんばかり。ぱっと明るく照らすごとにちょっと歩き、暗く消えれば立留《たちどま》る。
だがもしアッラーがその気になり給えば、彼らの耳も目も一度に奪《うば》っておしまいになる
ぞ。まことにアッラーはいかなることも思いのままに為《な》し給う。
〔二一〕おお人々よ、汝らの主《しゅ》につかえまつれ。汝らを創《つく》り、また汝らより先《さき》の代《よ》の人々
を創《つく》り給うた汝らの主に。さすればおそらく汝ら神を畏《おそ》れる者（神にたいする畏怖とは正しい信仰ということ）ともな

るであろうに。

二〇〔二二〕（アッラーこそは）汝らのために大地を置いて敷床《しきどこ》となし、蒼穹《そうきゅう》を（頭上に）建立し、蒼穹から雨を下して様々《さまざま》の果実をみのらせ、それで汝らの日々の養いとなし給うたお方《かた》。されば偶像のたぐいを、それと知りつつアッラーとひとしなみに崇《あが》めたりしてはならぬぞ。二一〔二三〕もし万一汝らにして、我ら（アッラー自身かく言う）が僕《しもべ》（マホメット）に下した（天啓）に疑念を抱きおるならば、まずそれに匹敵《たぐ》うべき（他の天啓）を一くだり、さあここに出して見よ。アッラーのほかなる（異神どもを）汝らの証人《あかし》としてここに喚《よ》び出して見るがいい、もし汝らの言葉が本当であるならば。二二〔二四〕しかしもしそれができないなら――いや絶対に出来るはずもないが――その時は、かの（地獄の）劫火《ごうか》を怖《おそ》れるがよい。人間と石（石でつくった偶像のこと）を燃料《もえしろ》として罰当《ばちあた》りどものためにしつらえられた劫火を。

二三〔二五〕（ここでアッラーはマホメットに直接言いかける）だが信仰を抱き、かつ善行をなす人々に向っては喜びの音信《たより》を告げ知らしてやるがよいぞ。彼らはやがて潺々《せんせん》と河水流れる緑園に赴《おもむ》くであろうことを。その（緑園の）果実を日々の糧《かて》として供されるとき彼らは言うことであろう、「これは以前に（地上で）私たちの食べていたものとそっくりでございます」と。それほどによく似たものを（見かけは地上の果物とそっくりだが味は全然違うのでなお美味しく感じる）食べさせて戴けるうえに、清浄無垢《せいじょうむく》の妻たちをあてがわれ、そこにそうして永遠に住まうであろうぞ（「清浄無垢の妻」というのは、古アラビアの伝説で天上の楽園に住むと言われる神女フール hur 即ち「白色の乙女たち」のこと。西欧ではペルシア化されたフーリーという名で有名で、回教の天国の官能的性格を示すものとしてよく引かれる。回教の伝承によると、信者は死後楽園に入ると同時に彼女らに迎えられ、地上においてラマザーン月に断食した日の数と、善事を行った数だけ彼女らと歓を交えることが許されるが、しかも彼女らは永遠に処女であるという）。

二四（二六）まことにアッラーは蚊でも何でも平気で譬え話にお引きになる（当時マホメットは、彼に敵対する人々、特にキリスト教徒から、彼に下る天啓には蚊とか蜂、蟻、蜘蛛のような賤しいものが譬えとして使われるということでひどい嘲笑をあびせられたのである）。信仰ある人々ならば、それが主の下し給う真理であることがわかる筈。しかし無信仰の者どもは、こんなものを譬えとして一体アッラーはどうするつもりなのかなどと言う。かくして多くの人々を迷わせ、また多くの人を導き給う。だが迷わされるのは悪徳の人々のみ。二五（二七）すなわち、アッラーと固く契約を結んでおきながら（旧約聖書の場合と同じく、回教でも信仰は神と人との契約として表象される）、平気でそれを破り、アッラーが結べと命じ給うたものをことさらに裁ち切って、地上に悪をなす人々のみ。かかるやからは亡《ほろ》びの道を辿り行く人々。

二六（二八）汝らどうしてアッラーに罰当りな気持を抱いたりなどできるのか。（以前）死んでいた汝らを生かして下さった（生れる前は無であったお前たちに生命を与えて下さった）方《かた》ではないか。そしていつか汝を死に至らせ、また生きかえらせて下さる（最後の審判、すなわちよみがえりの日に）方なのではないか。そして汝らはみんなお傍《そば》に連れ戻されるのではないか。二七〔二九〕アッラーこそは汝らのために地上の一切のものを創造して下さった方《かた》。そして（地上の創造が終ると）今度は穹窿《きゅうりゅう》に昇ってそれを均等に七つの天となし給うた（古代の七天圏説による）。まこと、アッラーはあらゆることに通《つう》暁《ぎょう》し給う。

二八〔三〇〕さてお前（マホメット）の主《しゅ》（アッラー）が天使らに向って「わしは今から地上に（わが経綸《けいりん》の）代理者（アダムのこと）を設置しようと思う」と告げ給うた時、一同（それに抗議して）言った、「地上に悪をはたらき、流血の災《わざわい》を惹き起すような者を汝はわざわざ作り給うのか。我らがこうして汝の讃美を声高らかに唱《とな》え、汝を聖なるかな聖なるかなと讃えまつっておりますのに」と。（アッラーはそれに）答えて言い給うに、「まことに、わしは汝らの知らぬことをも知っておるのじゃ」と。二九〔三一〕かくて（アッラーは、ひそかに）アーダム（人間の始祖アダム）にすべてのものの名前を教え（『旧約聖書』「創世記」による）た後に、それらのものを天使らに示し、「さあ汝らこれらのものの名前をわしに言って見よ、もし汝らの言葉が嘘でないならば、」と言い給うた。三〇〔三二〕天使たちは「ああ勿体《もったい》ない、畏れおおい。我らはもともと汝が教えて下さったものだけしか存じませぬ。まことに汝こそは至高の智者、至高の賢者にまします」と言うばかり。三一〔三三〕（この様子を見給うてアッラーは）「これ、アーダム、あの者ども(天使たちを指す)にものの名前を教えてやるがよい」と言い給う。そこで彼がみなにものの名前を教えてやると、(アッラーは)言い給うた、「どうじゃ、わしが言った通りではないか。わしは天と地の秘儀に通暁《つうぎょう》し、汝らが外にあらわすことでも、隠しておることでも、何でもみな知っておる、と。」 三二〔三四〕かくて我ら(アッラーの自称)天使らに向って、「ひざまずいてアーダムを拝《はい》せよ」と言えば、彼らはすべて跪拝《きはい》した、が、ただひとりイブリース(聖書のサタンに当る)だけは、傲岸不遜《ごうがんふそん》にもそれを拒《こば》み、かくして背信《はいしん》の徒となった(この話は『旧約聖書』にはないが、ユダヤ教の「タルムード」の中に見出される)。 三三〔三五〕そこで我らは言った「これアーダム。汝《なんじ》は妻と共にこの楽園に住み、どこなりと好むところで(果実を)思う存分食べるがよい。但《ただ》し、この木にだけは、決して近寄るなよ。(近寄れば)不義を犯《おか》すことになるぞ。」 三四〔三六〕しかるにイブリースは二人を誘惑してこの禁を破らせ、二人をそれまでの(無垢の)状態から追い出してしまった。そこで我らは言った、「堕《お》ちて行け、一人一人がお互いに敵となれ。地上に汝らの宿があろう、かりそめの楽しみがそこにあろう」と。 三五〔三七〕しかし(その後)アーダムは主《しゅ》から(特別の)御言葉を頂戴し、主は御心を直して彼に向い給うた。まことに主はよく思い直し給うお方《かた》。主は限りなく慈悲ぶかいお方。 三六〔三八〕我ら(アッラー自称)は言った、「さ、もろともにここから堕《お》ちて行け。しかしやがてわしは汝らに導き(『コーラン』の啓示)を下しつかわすであろう。その時、わしの導きに従う者は決して恐ろしい目に逢いはせぬ。悲しみに逢うこともあるまいぞ。三七〔三九〕だが、不信の徒となって、我ら（アッラーの自称）の下す神兆（奇蹟を指す）を嘘呼ばわりする者どもは劫火の住人となって、永遠にそこに留まらねばならぬぞ。」

三八〔四〇〕イスラエルの子らよ（ここからメディナ市のユダヤ教徒への呼びかけとなる）、わしが汝らに施《ほどこ》してやったかつての恩恵を憶《おも》い起すがよい。そしてわしとの契約を履行せよ、さすればわしもまた汝らとの契約を履行しようぞ。このわしを畏《おそ》れかしこむのじゃ。〔四一〕汝らの手もとなるもの（『旧約』の律法）の真理の確証としてわしが（天より）下したもの（『コーラン』を指す）を信仰せよ（『コーラン』は『旧約』を否定するものではなくて、かえってこれを確証するものである。つまり回教はユダヤ教の完成であるというのが『コーラン』の立場である）他にさきがけてそれに不信の情を抱くようなことがあってはならぬぞ。またわしの下した神兆を安値で売り飛ばしたりしてはならぬぞ（当時のメッカの商人言葉）。汝らただこのわしを懼《おそ》れよ。三九〔四二〕かつまた真理に虚偽の衣を被《かぶ》せ、（悪いと）知りながら真理を包みかくしてはならぬ。四〇〔四三〕定めの祈禱《きとう》を正しく果たし、施《ほどこ》しをこころよく出し、跪拝《きはい》する人々と共に跪拝せよ。四一〔四四〕他人には敬虔《けいけん》をすすめておきながら、自分ではわがことを忘れ果ててそれでいいのか。常に（聖）典を読んでおりながら。これしきのことが分らないのか。四二〔四五〕忍耐と祈禱に助けを求めるがよい。無論、これ（祈禱）は楽ではない。だが心ひくき人々にとっては重荷《おもに》ではない、四三〔四六〕やがて（来世

において)己が主《しゅ》に逢い奉ることを信じ、主のお傍に還《かえ》らせていただけると信じておる人々に
とっては(重荷ではない)。

四四〔四七〕イスラエルの子らよ、わしが汝《なんじ》らにほどこしてやったかつての恩恵を憶《おも》い起す
がよい。そしてまたわしが汝らを他の全ての民にまして寵愛《ちょうあい》してやったこと(ユダヤ民族の選民性)
も。四五〔四八〕誰も他人の身代りになれず、取りなしも容《い》れられず、償いも取って貰《もら》えず、
誰にも助けて貰えない日のことを畏《おそ》れ憶うがよい(最後の審判の日、各人は自分ひとりだけで神の裁きの前に立つ)。

四六〔四九〕(また憶い起せよ)我ら(アッラーの自称)が汝らをフィルアウン(エジプト王パロのこと)一族の手から救
い出した時のことを(『旧約聖書』の「出エジプト記」参照)彼らは汝らの息子たちを虐殺し、女たちを凌辱《りょうじょく》して
(「女だけを生かしておいて」という解もある)汝らに苛酷な苦しみを蒙らせたものだった。あれは汝らの主《しゅ》の下し給
うた実に大きな試錬であった。四七〔五〇〕(憶い起せよ)我らが汝らのために海を裂いて(この事件
は「出エジプト記」に物語られている)汝らを救い、かつ汝らの見ている前でフィルアウンの一族を溺死《できし》させた
ときのことを。四八〔五一〕また我らがムーサー(モーセのこと)と四十夜間の契約を結んだ時のことを。
(あの時)汝ら、ムーサーの不在に乗じて(黄金の)犢(の像)を立てて拝《おが》み、かくて大いな
る不義を行った。四九〔五二〕それでもなお、我らが汝らを赦《ゆる》してやったのは、ただひとえに

汝らにも感謝の念（『コーラン』では神への感謝はすなわち信仰を意味する）が起るかも知れぬと思ったればこそ。

五〇（五三）また（憶い起すがよい）我らがムーサーに聖典《キターブ》と（善悪の）識別《フルカーン》（の規準）（フルカーンという語には多くの解釈があって決定的な訳はできない）とを授与した時のことを。それもみな、あるいは汝らも正しい道に進むようになるかも知れぬと思ってのこと。五一（五四）（憶い起すがよい）ムーサーが自分の民に向ってこう言った時のことを。「これ、みなの者、犢《こうし》を（神として）拝むとは、己《おの》れに己《おの》れが害《あだ》なすようなもの。さあ悔《く》い改めてお前たちの創り主におわびをせい。いっそお前たちお互いに殺し合え（殆んど全ての古註釈家はこの解を取っている。しかし、「自分で自分を殺せ」つまり「死ぬほど深くはげしく後悔せよ」の意にも取れる）。その方が創り主のお心にかなって、お前たちに（赦《ゆる》しの）お顔を向けて下さるかも知れん。まことに（アッラーは）よくお思い直して下さるお方《かた》、まことに慈愛あまねきお方だから」と。

五二（五五）汝らは言ったものだ、「ムーサー、我々はアッラーをはっきりこの眼で見るまではお前の言うことなぞ信用しないぞ」と。するとたちまち汝らの見ている前で、電光一閃《いっせん》、汝らを撃《う》った。五三（五六）その後で我らは一旦死んだ汝らをまた甦《よみがえ》らせてやった。もしかすれば汝らにも感謝の念が起るかも知れぬと思って。五四（五七）そして我らは汝らの頭上に密雲をくり拡げ、天上の糧《かて》と鶉《うずら》とを汝らに下した。「さあ食うがよい、特に汝らのために用意してやった御馳走を」と（「出エジプト記」第一六章にあり）。（信仰なき者どもは）我らに害《あだ》なすことはできなかった。結局われとわが身に害《あだ》なしていただけのことだった。五五（五八）（また憶い出すがよい）我らが「汝らこの都（この箇所が何の事件を指しているのかいささか不明。古アラビアの註解によるとこの都はエルサレムだとも言いエリコだとも言う）に入って、どこでも好きな処で腹一杯《はらいっぱい》食べていいぞ。門から入る時、跪いて『お許しを！』と言うのだぞ。さすれば我らは汝らの罪をことごとく赦し、善行者にはますます（恵みを）与えるであろう」と言った時のこと。五六〔五九〕ところが、あの時、不義なすものどもは言えと命ぜられた言葉を（歪曲して）別の言葉に変えてしまった（アッラーの啓示を馬鹿にして、「おゆるしを」という言葉を何か下品な意味の言葉に言い替えた）。そこで我らは不義の徒《やから》の上に天から怒り（神罰）を下した。あまり邪《よこしま》なことをなしおったむくいとして。五七〔六〇〕またムーサー（モーセ）がおのが民のために、飲水を乞うた時のこと。我らが「汝の杖でこの岩を撃《う》て」と言えば、たちどころに十二の泉がさっと噴《ふ》き出して、（イスラエルの十二）支族がみんな自分の飲み場を知った。「さあ、アッラーの御《ご》饗応《きょうおう》だ、食《く》えよ、飲めよ。よからぬ所業で地上に悪事をはたらくでないぞ。」五八〔六一〕そのうちに汝らは言い出した、「モーセ、我々はたった一種類の食《くい》ものでは我慢できない。神様にお願い申して地面から生《は》えるものを出して貰ってくれ、青菜《あおな》とか、きゅうりとか、韮《にら》とか、豆とか、玉葱《たまねぎ》とか。」（モーセは答えて）言った、「お前たち、良《よ》いものの代りに下らないものが欲しいのか。エジプトに降《お》りて行け。あそこならお前たちの欲しいというものがいくらでもあるわ」と。かくて屈辱と貧窮とが彼らの頭上に打ち落され、彼らはアッラーの怒りを蒙った。それもひとえに彼らがアッラーの神兆（奇蹟）を信じようとせ

ず、予言者たちを不当にも殺害したりしたからのこと。これというのも彼らが（アッラ
ーに）そむき、いつまでも反抗してやまなかったからのこと。
五九〔六二〕まことに、信仰ある人々（回教徒）、ユダヤ教を奉ずる人々、キリスト教徒、それに
サバ人（サバ人Sabi'a強いて訳せば「バプテスマ派」。メソポタミアにいた相当強力なユダヤ的キリスト教の一派で、水中全身洗礼がその特色。マンデ人とも言う）など、誰であれアッラ
ーを信仰し、最後の（審判の）日を信じ、正しいこと（敬虔な行為）を行う者、そのような者はや
がて主《しゅ》から御《ご》褒美《ほうび》を頂戴するであろう。彼らには何も恐ろしいことは起りはせぬ。決し
て悲しい目にも逢うことはない。
六〇〔六三〕更にまた我ら（アッラー）が汝らと契約（信仰というものを神と人間との間にかわされる相互的契約と考える、セム人種独特の観念）を取りきめ、
汝らの頭上に（シナイ）山を凌々と聳《そび》え立たしめた時（神山シナイに神の姿が宿り、威圧的な印象を与えたことを言う）のこと。
「さ、我らがここに授けるもの（律法を指す）しっかりと受け取るがよい。中に（書かれて）ある
もの（いわゆるモーセの戒律）をよく心に留めておくのだぞ。（そうすれば）おそらく汝らも（神を）畏《おそ》れ
かしこむようになるであろう。」六一〔六四〕しかるに、その後、汝らは背《そむ》き去った。もしアッ
ラーのお恵《めぐ》みと御慈悲なかりせば、汝ら（その報いとして）亡《ほろ》びの道を辿ったであろうに。
〔六五〕汝らのうち、いつか安息日の禁を犯《おか》し、「猿になって何処《どこ》かへ行ってしまえ」と我

らに言われた者どものことは汝らも知ってのとおり（ダビデ王の時代、安息日に魚を食った罰として猿にされてしまったユダヤ人があるという。回教の伝承）。六二〔六六〕我らはあの者どもを、その時代の人々ならびに来るべき代の人々への見せしめとなし、かつはまた（神を）畏れかしこむ者ども（正しい信者たち）への戒《いまし》めとしたのであった。

六三〔六七〕またムーサーがその民に向って、「かしこくもアッラーは、牝牛を一頭屠《ほふ》り捧げよと汝らに命じておられるぞ」と言ったとき（この箇所は『旧約聖書』の「申命記」第二一章の記事に基づく）彼らは言った、「お前、我々を愚弄《ぐろう》する気か」と。（ムーサーは）言った、「神よ守り給え、私が暗愚のやからの一人には成りませんように」と。〔六八〕彼らは言った、「お前の神様にお願いしてごらん、どんなのが（どんな種類の牝牛が）いいのかはっきりさせて下さいとな。」それに答えて（ムーサーは）言った、「かしこくも（アッラーは）、老《お》い過ぎたのでもなく若すぎるのでもなく、その中間の丁度年頃のいい牝牛だと仰《おお》せられる。お前たちは命令どおりすればよいのだ」と。六四〔六九〕彼らは言った、「お前の神様にお願いしてごらん、どんな色のがいいのかはっきりさせて下さいとな。」（ムーサーは）言った、「かしこくも（アッラーは）、黄色《きいろ》の牝牛、目のさめるような黄《き》の色で観《み》る者の眼を楽しませる如きものを、と仰せられる。」六五〔七〇〕彼らは言った、「お前の神様にお願いしてごらん、どんなのがいいのか（もっと）はっきりさせていただきたいって。何しろ我々にはどの牛もみんな同じに見えるので。とにかくアッラーの御心《みこころ》ならば、丁度いいのが見付かるだろう。」六六（七一）（ムーサーは）言った「耕作に使われ、畑の水まきをする卑しい牛ではなく、完全で無疵《むきず》で雑色《まぜいろ》のない牝牛、との仰せだ。」彼らは言った、「やっと本当のことを言ったな」と。こうして彼らはそのような（牝牛）を犠牲に供《きょう》したが、すんでのことでやらないところだった（この牝牛犠牲の一節については『旧約聖書』の「民数紀略」一九章参照）。六七（七二）さて汝らが一人の人間を殺して、互いに罪をおしつけ合ったときのこと。アッラーは、いかに汝らが包み隠そうとしても、皆明るみにあばき出す。六八（七三）あの時、我らは命じた「あれ（前述の牝牛）の一片でその男を打って見よ」と。こうして、アッラーは死者を甦らせ、いろいろの神兆をお示しになってなんとか汝らにわからせようとなさるのだ。（回教の伝承によると、モーセの時代、ユダヤ人の間に殺人事件が起り犯人が分らなかった、ところが前述の犠牲牛の体の一部で死体を打つとその男は突然生き返って真犯人を指名し、またばったりたおれて息絶えたという）

六九（七四）ところがその後、汝らの心はこちこちに硬化《こうか》して巌石《がんせき》のようになった、いや、石よりもなお硬くなった。巌石なら（いくら硬いと言っても）河川の奔出《ほんしゅつ》するものもあれば、またぱっくりと裂《さ》け割れて水の出るものもあり、それどころか神を怖れて崩壊する（落雷で崩れること）ものもある。だがアッラーは決して汝らの所業をぼんやり見過し給うわけではないぞ。

七〇〔七五〕（ここから急に話しの方向が一転して今度は回教徒への呼びかけとなる。以下「汝ら」というのは回教徒を指す。ここでアッラーはユダヤ人を警戒せよと命じ、ユダヤ人の不義不正を糾弾する。ユダヤ人に対するこの態度は『コーラン』後期の大きな特徴の一つである）汝ら（信仰に熱心のあまり）彼らにも汝らと信仰を共にして貰いたいと念じておるのか。現に以前にも彼らのなかにはアッラーの御言葉を聴かせて戴きながら、しかも立派に理解したくせに、それと知りつつ（御言葉を）みだりに改竄《かいざん》したものがあったではないか（ユダヤ教徒は聖書の文句を勝手にいじくって自分に都合のいい解釈を加えているというのが彼らに対するマホメットの非難の一つだった）。七一〔七六〕そればかりか信仰ある人々（回教徒を指す）に逢えば「私たちは（貴方がたと同じ）信者です」などと言っておきながら、仲間同士だけになると、「せっかく神様が君たちに啓示して下さったことを奴ら（回教徒）に明《あ》かしてしまうのか。結局神様の前で、逆に彼らに言い負かされることになるぞ。それくらいのことがわからないのか」と言う（ユダヤ教徒が聖書についていろいろ話し合っているのをマホメット側ではぬすみ聴きして、それを活用している、というのがユダヤ人の言い分である）。七二〔七七〕なんたることか、彼ら（ユダヤ教徒）の秘密にしていることでも、公けに言いふらしていることでもアッラーは全部御承知だということを知らないのか。七三〔七八〕彼らのうちには無学文盲《もんもう》で、聖書を知りもせず、ただ根も葉もない作り話しを信用し、いいかげんな臆測ばかりしている者もあるではないか。〔七九〕嗚乎《ああ》、自分達の手で聖書を（偽《ぎ》）作《さく》しておいて「これこそアッラーの下し給うたものだ」と称し、それを売っては僅かな金を儲《もう》ける者どもに禍《わざわ》いあれ。己《おの》が手で書いたものの故に彼らに禍いあれ。彼らが儲けるものの故に彼らに禍いあれ。
七四〔八〇〕彼らは言う、「地獄の火に焼かれるとしても、どうせ幾日かの間にすぎない」と。
言ってやるがよい（ここでアッラーは直接マホメットに命ずる）、「お前たち、アッラーとそんな取決《とりき》めでもしたと
いうのか。（もしそうだとすれば勿論）アッラーは約束をお破りにはなるまいさ。だが
（本当は）お前たち、アッラーに関して知りもしないことをいいかげんに言っているので
はないか」と。七五〔八一〕いやいや、悪業の財を積み重ね、罪でその身をがんじがらめにし
た者ども、彼らは劫火《ごうか》の住人となって、末永くそこに住みつくことになろうぞ。七六〔八二〕
だが正しい信仰をもち、善功を積む人々、そういう人々はみな楽園の住人になって、そ
こに末永く住みつくことになろうぞ。

七七〔八三〕また我らがイスラエルの子らと契約を結んだ時のこと（契約としての宗教観については前出）、（我らは
命じた、）「アッラーを措《お》いて他の何者をも拝《おが》んではならぬぞ。両親には優しくせよ、そ
れから親戚縁者《しんせきえんじゃ》にも、親なし子にも、貧しい人々にも。あらゆる人々に善意の言葉をか
け、礼拝を欠かさず守り、そして喜捨《きしゃ》を惜しみなく出せよ」と。ところが（まもなく）汝
ら（ここで急に三人称から二人称に代り、またユダヤ人に呼びかける）これに背《そむ》いた。ごく少数の者をのぞいて、（大抵《たいてい》の者は）顔
をそむけた。

七八〔八四〕それからまた我らが汝らと（別の）契約を結んだ時のこと。「汝ら、自分の（同胞
の）血を流してはならぬ。また己《おの》が同胞をその住居《すまい》から追い出してはならぬぞ」と。汝
らこれを厳粛《げんしゅく》に承諾《しょうだく》し、かつ証言した。七九〔八五〕しかるに、現に今汝らはこうして互いに
殺し合い、己が同胞の一部をその住居《すみか》から追い出し、あまつさえ皆で共謀してその者ど
もに悪をなし不正をなす。そしてその者どもが（汝らの）捕虜《ほりょ》になって汝らのところに来
ると（普通の捕虜とひとしなみに）身代金《みのしろきん》を取って帰してやる。もともとその者どもを追
い出すこと自体が不法だったのだ。何たることか、汝らは聖書のある部分だけ信奉して、
他の部分（都合のわるい部分）は信じないというのか。汝らのうちそのような真似《まね》する者の受ける報《むく》
いは、よいか、この世の生活では屈辱、そして復活の日には一番酷《ひど》い罰につき落される
だけなのだぞ。アッラーは決してお前たちの所業を見過していなさりはせぬ。八〇〔八六〕来
世を犠牲にして、その金で現世の生活を買い込むようなやから、そのような者どもには
刑罰の軽減は一切ない。また（最後の審判の日に）誰の助けも受けられはせぬ。

八一〔八七〕かくて我らムーサーに聖典を授与し、彼のあとも続々と（他の）使徒《しと》を遣《つか》わし、
（中でも）マリヤムの息子イーサー（マリアの子イエス・キリスト）には数々の神兆を与え、かつ聖霊によっ
て（特に彼を）支《ささ》えた。ところが、汝ら（ユダヤ人たち）は己が気にくわぬ（啓示）を携《たずさ》えた使徒が現

われるたびに傲岸不遜《ごうがんふそん》の態度を示し、(それらの使徒の)あるものをば嘘つきよとののしり、又あるものは殺害した。

八二〔八八〕彼ら(ここでまた急に二人称から三人称に移る。同じユダヤ人のことを言っているのである)の言《い》い草《ぐさ》は、「何分にもわたしたちの心は割礼《かつれい》を受けていないので」と(心が硬くてむずかしいことはよくわからないという意味)。何んの何んの、己れの不信仰のゆえにアッラーの呪《のろ》いを蒙《こうむ》った身ではないか。(まことの)信仰に入る者のなんと寥々《りょうりょう》たることよ。

八三〔八九〕さて彼らの手もとにあるもの(聖書を指す)を更に確証するために(別の新しい)聖典(『コーラン』を指す)がアッラーから遣《つか》わされた時、自分では以前から異端者《いたんしゃ》どもに対して勝利をお授け下さいと(アッラー)にお願いしておったくせに、心に思っていたものがいざ下されたとなると、それを信じようともせぬ。ああすべての罰当りどもにアッラーの呪《のろ》いがふりかかればいい(マホメットの考えでは『コーラン』はそれに先行する聖典、『旧約聖書』と『福音書』の「確証」として新らたに啓示された聖典であるのに、ユダヤ教徒とキリスト教徒は、それをちゃんと承知しているくせに信仰しようとしないというので非難される)。

八四〔九〇〕何というくだらぬものと引きかえに己が魂を売ってしまったことだ。アッラーがその僕《しもべ》らの中の誰でもお好きな者に恩寵《おんちょう》を下し給うのを妬《ねた》んで(ユダヤ人以外の者も神の使徒に選ばれるのを嫉妬して)、(今度)啓示し給うたもの(『コーラン』を指す)に不信の態度を取るとは。結局(アッラーの)御怒りの上にもまた御怒りを蒙ってしまったではないか。信仰なき者ども酷《ひど》い報《むく》いを受ければよい。

八五〔九一〕彼らに向って、「アッラーの啓示し給うたものを信仰せよ」と言えば、「わしらは自分に啓示されたものだけを信仰するのだ」と答えて、それ以後のものは絶対に信じようとせぬ。たとえそれが、彼らの戴いている(啓示)を確証するような真理であっても。彼らにきいてやれ(これはマホメットに対する直接の命令)、「それなら何故お前たちは以前に、アッラーの予言者たちをあんなに殺したのだ、もしまことの信者であるのなら」と。

八六〔九二〕いつかムーサー(モーセ)が数々の神兆(奇蹟)をもって来た時も、お前たちは彼の留守に(黄金の)犢《こうし》を拝むという大変な不義を犯した(この事は前出)。

八七〔九三〕それから我ら(アッラーの自称)汝らと契約を結び、汝らの頭上に凌々《りょうりょう》と(シナイ)山を聳《そび》え立たせたとき、「我らが汝らに授けるもの(法律)をしっかと受取れ。そしてよく耳を傾けよ。」と(言うと)彼らは(ふざけて)、「耳は傾けます。だが頂戴いたしかねます」と言う。信仰心をもたぬ故に、とうとう「犢」(邪神)の(瘴気《しょうき》)を胸の奥まで吸い込んでしまいおった。言ってやれ、「まったく言語道断だ、お前たちの信仰の命ずることは、もしそれが信仰というものだとすれば」と。八八〔九四〕言ってやるがいい。「もし(お前たちの言うように)アッラーのお手元にある来世のすみか(天上の楽園)が(ユダヤ人だけの)特別あつらえで、他の者は誰も入れないことになっているのなら、お前たち一つ死を願って見たらいいではないか、もしそれが本当の話しならば」と。八九〔九五〕どうしてどうして、死にたいなどと思うものか、なにしろ己《おの》れの手が犯《おか》した（いろいろの悪事）のことがあるからは。不正を働く者どものことはアッラーは何もかも御承知であるぞ。九〇〔九六〕それどころか、よく見てみるがよい、彼らこそ誰よりも一番ひどく生に執着《しゅうちゃく》しておるではないか。一体、異教徒の中には、何とかして千年も長寿を保《たも》ちたいと願う者もあるが、いくら永生きしたところで、それで罰を免《まぬが》れるわけに行きはせぬ。アッラーは彼らの所業を何から何まで見通し給う故に。

九一〔九七〕言ってやれ、「何者ぞ、ジブリール（天使ガブリエルのこと。回教ではこの天使はキリスト教のいわゆる「聖霊」と同一視され、アッラーとマホメットとの間にあって啓示を仲介するものとされる）に敵するは。（そのような人は神の敵。なぜならジブリールこそ）アッラーの御許しをえて汝（マホメット）の心に（『コーラン』を）齎《もたら》し、それ（『コーラン』）に先行するもの（モーセの律法及びキリストの福音）の確証たらしめ、かつ信仰厚き人々のための導きとなし、喜びの音信《たより》となした者であるぞ（だからマホメットの『コーラン』を信仰しないということは要するに天使ガブリエルに敵対することになり、更にまた神に敵することになる）。九二〔九八〕アッラーと、その天使たちと、その使徒たちと、ジブリールとミーカール（天使ミカエル）とに対して敵となる者は、アッラーこそ、そのような無信仰な者どもの敵にましますぞ。」九三我ら（アッラー自称）は汝（マホメット）に数多くの神兆、誰の目にも明らかな徴《しるし》を下した（マホメットの考えでは、『コーラン』が啓示されたという事実が既に疑うべからざる

「明白なる神兆」。つまり奇蹟なのである)。それを信じないのは邪曲のやからばかり。

九四〔一〇〇〕何遍《なんべん》(神と)契約を結んでもその度《たび》ごとに彼らのうちの誰かが必ずそれを投げ棄てる。いやいや彼らの大部分は初めから信仰心など全然もってはいない。九五〔一〇一〕だからこそ(今度も)彼らのもっているもの(法律)を更に確証してやろうとの御心からアッラーが使徒(暗にマホメットを指す)をお遣《つか》わしになった時も、(昔から)啓示の書(『旧約聖書』)を頂戴していて(聖典とはどんなものか知っておりながら)彼らの一部はアッラーの下された聖典(『コーラン』)を、なにくわぬ顔をして背中のうしろにぱっと投げ棄ててしまったのだ。九六〔一〇二〕こういう人々は(かつて)悪魔《サタン》たちがスレイマーン(ソロモン王のこと。回教ではソロモンを非常に尊重し、マホメットの原型と考える)の王権に対して言い立てた言葉を真《ま》に受けた(ソロモン王があまり超自然的能力を発揮するので悪魔たちがねたんで、彼は魔術師であり異端者だと言いたてたという伝説)が、実は、けしからぬ無信仰ものはスレイマーンではなくて、人々に妖術を教えたり、また(その昔バービル(バビロン)でハールートとマールートという二天使が天から授けられたもの(人間を堕落させるいろいろの方術)を教え弘《ひろ》めたりした悪魔たちこそ(本当の)無信仰者であった。(ハールート・マールートの説話は旧約「創世記」六章に基き、ユダヤ教徒の間に発達した伝説で『タルムード』その他に見出される。地上で生活すれば天使ですら罪深くなるものかどうかをためすために、諸天使のうちからこの両名が地上に降りて来る。果して両名は地上の女の美にひっかかって肉欲のとりことなり、それが原因で殺人まで犯す。その罰として両名はバビロンに幽閉され、天上には帰れず人々にいろいろの妖術を教えた)しかし彼ら両名(ハールート・マールート)にしても、誰かに(悪事)を伝授する場合は、必ず(前もって)、「わしたちは誘惑(している)のだぞ。

だから（うかうかと乗せられて）無信仰者になるなよ」と警告したものだ。かくて（悪魔どもは）この両名から、夫とその妻の中をさく方術などを習いはしたが、彼ら（悪魔たち）にしても予《あらかじ》めアッラーのお許しなくしては誰にも害《あだ》なすことはできなかった。しかし人々はとかく自分たちに害にはなっても益にはならぬことばかり習いたがった、そんなものを買い込んだが最後、来世では何の幸福にも与《あず》かれぬということは百も承知の上で。何んというつまらぬもののために魂を売ってしまったものか。ああ、それがわかっていさえしたらよかったに。九七〔一〇三〕もし彼らが正しい信仰を抱き、（神を）畏《おそ》れかしこんだなら、はるかに立派な褒賞《ほうしょう》が戴けたろうに。ああ、それがわかっていさえしたらよかったに。

九八〔一〇四〕これ汝ら、信徒の者よ。（マホメットに向って）「わしらの面倒を見て下さい」と言ってはならぬぞ。「わしらを観《み》て下さい」と言え。（前の言い方 rāʻinā は語路が悪くて、うっかりすると「馬鹿よ」ruʻūnaときこえる。これを使って当時、マホメットを嘲笑するユダヤ人がいたらしい）よく言うことをきくのだぞ。信仰なき者どもにはひどい懲めが下されようぞ。

九九〔一〇五〕聖典の民（『コーラン』ではユダヤ教徒、キリスト教徒、それに回教徒をふくめて「聖典の民」という。神の天啓を授けられた民の意味である。ここではユダヤ教徒およびキリスト教徒を指す）の中でも信仰なき者どもや、それから多神教信者たちは、汝らが神様から何か結構なものが下されるのを快《こころよ》く思わない。しかしアッラーは御心のままに誰にでも特別の御慈愛を授け給う。アッラーは大きな恩寵《おんちょう》の持主におわします。

一〇〇〔一〇六〕(『コーラン』は長い年月にわたって少しずつ成立して行ったものであるので、世の状態の変化やマホメット自身の内的成長につれて、以前の言葉を後に啓示された言葉が否定するような箇所が次第にふえて来た。回教に敵意を抱く人々は「神の言葉」であるはずの『コーラン』が前後矛盾するのは奇妙ではないかといって盛んにマホメットを揶揄し出した。また回教徒自身の中にすら疑惑に心を迷わす者があったらしい。この一節はそういう非難への応答である)我ら(アッラー自称)が(以前に啓示した)文句を取り消したり、わざと忘却させたりする場合には、必ずそれ以上か、それと同等の(代りの文句)を授けるようにしておる。アッラーは全能にましますことを汝(マホメット)は知らないのか。一〇一〔一〇七〕天と地の主権はアッラーの御手にあり、汝らはアッラーを措《お》いては保護者も助け手もないということを知らないのか。
一〇二〔一〇八〕汝らは、かつての日のムーサーが(不信のユダヤ人たちに)問いただされたように、己《おの》が使徒《しと》(マホメット)を詰問《きつもん》しようというのか。信仰を棄てて背信を取る者は平坦《へいたん》な道から迷い出てしまったのだぞ。

一〇三〔一〇九〕聖典の民の多くの者が、いったん信仰に入った汝らをまた背信に逆戻りさせようとやっきになっておる。ただただ自らの嫉妬《しっと》心《しん》の故に。しかも事の真相が(回教は正しい宗教であるということが)はっきりわかっていながら。許しておけ、構《かま》わないでおけ。やがてアッラーが御自ら判決を下し給うその時まで。まことにアッラーは全能におわします。一〇四〔一一〇〕汝らは礼拝を正しく守り、喜捨《きしゃ》の務めを怠《おこた》らずに果しておればよい。汝らが自分自身のためになるようにした善事は（やがて審判の日が来たとき）ことごとくアッラーの御もとに（記録されて）あるだろうぞ。まことアッラーは汝らの所業をことごとく見通し給う。

一〇五（一一一）彼らに言わせれば、「ユダヤ教徒とキリスト教徒以外の者は絶対に楽園には入れて戴けない」というが、これはただ彼らの勝手なひとりぎめ。言ってやれ、「それならその証拠《しょうこ》を出して見せるがいい、もしお前たちの言うことが本当であるならば」と。

一〇六（一一二）とんでもない。自分の顔をアッラーに捧げ尽《つく》した（自分の魂を完全にアッラーの御心にまかせ切った）人、そして善行を積む人は（誰でも）神様から御褒賞《ごほうしょう》が戴ける。怖ろしい目にも逢わず、悲しい目にも逢いはせぬ。

一〇七（一一三）「キリスト教徒には根拠がない」とユダヤ教徒は言う。ところがキリスト教徒の方では「ユダヤ人には根拠がない」と言う。ともに聖典を読んでいるくせに。また（啓示というものを全然）知らない連中もこれに類することを言っている。いずれ復活の日にアッラーが、彼らの論争に判決をお下しなさるであろうぞ。

一〇八（一一四）誰よりも一番いけないのは、アッラーの礼拝所で妨害行為をはたらいて、アッラーの御名がそこで唱《とな》えられないようにしたり、それ（礼拝所）を壊《こわ》そうとしたりする人々だ。そんな人々は元来《がんらい》、礼拝所に恐る恐る入って来るべきもの。彼らには現世では屈辱あるのみ、来世ではおそろしい神罰あるのみ。

一〇九（一一五）東も西もアッラーのもの。それゆえに、汝らいずこに顔を向けようとも、必ずそこにアッラーの御顔がある。まことにアッラーは広大無辺、一切を知り給う。

一一〇（一一六）「アッラーは御子をもち給う」などと言うものがある。ああ何というもったいないことだ。天と地の一切のものをもち給う御方ではないか。あらゆるものがアッラーに恭順《きょうじゅん》の意を表《あら》わしておるではないか。一一一（一一七）天と地の創造主。何事たりとも意を決《き》め給うとき、ただ「かくあれ」との一言ですべてその通りになるほどのお方ではないか。

一一二（一一八）愚昧《ぐまい》のやからは「なぜ一体アッラーは俺たちには言葉をかけて下さらないのか。なぜ神兆が俺たちには授けて貰えないのか」と言う。そうだ、以前にもそんなことを言う者がよくあったものだ。みんなよく似た心をもっているものだな。確としてゆるがぬ信仰もつ人々には我らはとうにいろいろの神兆を明《あ》かしてあるのだが。

一一三（一一九）我ら（アッラー自称）は汝（マホメット）を、（人々に）喜びの音信《たより》を伝えるため、また警告を与えるために、真理《まこと》を持たせて派遣した。地獄(に堕《お》ちる)者どもの責は汝にはない。一二四〔一二〇〕ユダヤ教徒も、キリスト教徒も、お前が彼らの宗教を信奉しないかぎり絶対に満足しないであろう。言ってやるがよい、「アッラーの御導《おんみちび》きこそ真の導きだ」と。もしも汝(マホメット)、(真の)知識を(神から)授けて戴きながら、しかも彼らの根も葉もない思惑《おもわく》に順うようなことがあったら、アッラー(のお怒り)からお前を保護してくれる者も援助してくれる者もありはしないのだぞ。一二五〔一二一〕我らから聖典(『コーラン』)を授けられ、それを正しく読誦《どくじゅ》する人々、そのような人々こそ本当の信者。信じようとせぬ者はいまに大損するだけのこと。

一二六〔一二二〕(ここからまた急にユダヤ人に向って喚びかける)イスラエルの子らよ、かつてわし(アッラーの自称)が汝らに授けてやった恩寵《おんちょう》を憶《おも》い起すがよい。そしてまたわしが汝らを他の何ものよりも特に寵愛してやった(ユダヤ人は神の選民である)ということも。一二七〔一二三〕(最後の審判の)日のことを憶って畏《おそ》れつつしむがよい。誰も他人の身代りになってやることはできず、償《つぐな》いも取って貰えず、取りなしも役に立たず、誰もが誰にも助けて貰えないあの日を。

一二八〔一二四〕主《しゅ》がイブラーヒーム(アブラハム)を試錬《こころみ》に逢わせようとて或る言葉(愛子イサクを殺し、犠牲として捧げよという命令)を出され、彼がそれを果《はた》した時のこと。「わしは汝を挙げて人々の導師となそう」と主は言い給うた。(イブラーヒームが)「私の子孫末代までもでござりまするか」と言うと、「わしのこの契約は不義なる者どもには適用されぬ」とお答えだった。一二九〔一二五〕また我ら(ここでまた一人称にもどる。アッラーの自称)が聖殿(メッカの「カアバ」のこと。回教では、これはアブラハムおよびイスマイルの建立ということになっている)を万人の還り来る場所と定め、安全地域(罪人でもここに遁げこめば害を与えられない)に定めた時のこと。「汝ら、イブラーヒームの立処《たちどころ》(カアバ内にある聖石、そこにアブラハムが立った所という。「アブラハムの足跡」が残っている)を祈禱の場所とせよ」と(我らは命じた)。それから我らはイブラーヒームおよびイスマイールと契約を結び、「汝ら両人、このわしの聖殿を清掃して、ここにおめぐり(メッカ聖殿の参詣者は、そのまわりをめぐる。異教時代からの古い習俗である)に来る人たちや、お籠《こも》りの人たちや、また跪《ひざまず》きひれ伏してお祈りしに来る人たちのためにつかえるのじゃ」と(言い渡した)。

一三〇〔一二六〕そしてまたイブラーヒームが「主よ、なにとぞここ(メッカを指す)を安居の場所となし給え。その住民には果実を日々の糧《かて》として与え給え、(少くとも)アッラーと最後《いやはて》の日を信ずる者どもにだけは」と言った時のこと。(その時アッラーは)言い給うた「(よろしい)。だが信仰なき者どもらは、はかない楽しみを与えた上、その後で劫火《ごうか》の刑罰に突き落してくれようぞ。何とおそろしい末路であることか。」

一三一〔一二七〕それからイブラーヒームがイスマイールと一緒に聖殿の礎石《そせき》を打ち立てた時

のこと。（二人は言った）「われらが主よ、なにとぞ（この家を）われら両人の手から御嘉《ごか》
納《のう》下さい。まことに汝は全てを聞き、あらゆることを知り給う。一三二（一二八）われらが主よ、
なにとぞわれら両人をして汝に帰依《きえ》し奉るまことの信者となし給え。またわれらの子孫
をば汝に帰依し奉る信仰深き民となし給え。われらの（今後践み行うべき）祭儀をわれら
に示し給え。（われらの罪を赦して）御顔をわれらの方に向け給え。まことに汝は（罪人
を）よく赦《ゆる》し給う、慈愛深き神にまします故に。

一三三（一二九）主よ、彼らの間に、彼らの一人を使徒《しと》として興《おこ》し、彼らに向って汝の徴《しるし》（『コーラン』
を指す）を読み聞かせ、彼らに聖典と聖知とを教え、彼らを浄《きよ》めしめ給え。まことに汝は全
能にして全知におわします」（これによるとマホメットが起ることは既にアブラハムとイスマイルの願いであったということになる）と。一三四（一三〇）されば、
その心愚鈍《ぐどん》な者でなくして何人《なんびと》がイブラーヒームの宗教を嫌悪しようぞ。彼（アブラハム）こそ
は我ら（アッラー自称）自ら現世において彼を特に選んだ者。まことに来世においても彼はまた、
正しき人の内に数えられるであろうぞ。

一三五（一三一）主《しゅ》が彼に向って「帰依せよ」と申されると、彼は「帰依し奉る、万有の主に」
とお答えした。一三六（一三二）そしてイブラーヒームはこ（の帰依の宗教）の捧持を己《おの》が子供ら
に遺言《ゆいごん》し、ヤアクーブ（ヤコブ）また（それに倣《なら》った）。「これ、子供たち、まことにアッラー
がお前たちのためにこの宗教をお選びくだすったのだ。だからお前たち、かならずかな

らず帰依者として最後を遂《と》げるのだぞ。」(帰依者の原語「ムスリム」は後世直ちに回教徒の名称となる)

一三七(一三三)汝ら(「イスラエルの子」たち)、ヤアクーブ(ヤコブ)の臨終《りんじゅう》に居合《いあ》わせて、彼が息子たちに「わしなき後は、お前たち何を拝むつもりか」と訊ねた、彼ら、「私たちは汝の神、汝の父祖イブラーヒーム、イスマイール、イスハーク(イサク)の神、唯一なる神につかえまつり、これに帰依致します」と答えたのを己《おの》が目で見たのか。

一三八(一三四)(しかし)これは過ぎた昔の民族のはなし。彼らは彼らが自分で稼《かせ》いだだけの報《むく》いを受け、お前たちはまたお前たちが稼いだだけの報いを受ける。(遠い昔に)他人がなしたことの責《せめ》をお前たちが負《お》わされるようなことはありはせぬ。

一三九(一三五)彼ら(ユダヤ教徒およびキリスト教徒)は、「お前たちもユダヤ教徒かキリスト教徒におなり。そうすれば正しい道に行けるから」などと言う。言い返してやれ、「いや、いや、わしらはイブラーヒームの宗旨《しゅうし》をとる。あれこそ純正な信仰の人だった。偶像崇拝者の類《たぐい》ではなかった」と。
一四〇(一三六)汝らはこう唱《とな》えるのじゃ、「われらはアッラーを信じ、われらに啓示されたものを、またイブラーヒームとイスマイールとヤアクーブと(イスラエルの十二)支族に啓示されたものを、またムーサー(モーセ)とイーサー(イエス)に与えられたものを、またすべての予言者たちに神様から与えられたものを信じます。われらは彼ら(今列挙した「使徒」

たち）の間に誰彼《たれかれ》の差別は致しません。われらアッラーに帰依し奉ります」と。

一三一（一三七）そこでもし彼ら（ユダヤ教徒とキリスト教徒）が汝らと同じ信仰に入《はい》るなら、彼らも正しい道に踏込んだというもの。だがもしそれに背を向けるなら、明らかに仲間割れの徒。汝が何もせずともアッラーが彼らのことはお独りで引受けて下さる。（アッラーは）全てを聞き、あらゆることを知り給う。

一三二（一三八）神の色染め《いろぞめ》（信仰は人間を人格を色染めするようなもの）というが、一体アッラーよりもっと立派に色染めして下さる方がどこにあろうか。われらが崇《あが》めまつるのはアッラー（のみ）だ。

一三三（一三九）（ユダヤ教徒やキリスト教徒に）言ってやるがよい、お前たち、アッラーのことで我々と言い争《あらそ》いをしようというのか。アッラーは我々の神様でもあれば、お前たちの神様でもあるものを。我々の所業はすべて我々のもの、お前たちのすることはみんなお前たちのもの。我々が誠の限りをつくしておつかえ申すのはアッラーのみ。」一三四
（一四〇）それともお前たち『イブラーヒームとイスマイールとイスハークとヤアクーブとそれから（十二）支族とはユダヤ教徒か、さもなければキリスト教徒だった』とでも言うつもりか。」言い返してやるがよい、「一体お前たちの方がアッラーよりもっとよく知っているとでもいうのか。アッラーかられっきとした証拠《しょうこ》を戴いておきながらそれを隠匿《いんとく》する者ほど不正な人間がどこにある。お前たちのやっていることをアッラーはぼんやり見

遁したりはなさらんぞ。」 一三五(一四一) あれはみな過ぎた昔の民族のはなし。彼らは自分で稼《かせ》いだだけの報《むく》いを受け、汝らは自分で稼いだだけの報いを受ける。(遠い昔に)他人がしたことの責《せめ》を汝らが負《お》わされるようなことはありはせぬ。

一三六(一四二) (最初、回教徒はイエルサレムの方角に向って祈禱していた。しかし後に、マホメットがユダヤ教徒とはっきり敵対するに至って、その方向をメッカに向けかえた)人々のうち愚《おろ》かな者どもは言うでもあろう「なぜ彼ら(回教徒)は以前の祈りの方角を棄てて別の方を向き出したのだろう」と。答えるがいい、「東も西も、もともとアッラーのもの。(アッラーは)誰でも御心のままに正しい道に導き給う」と。 一三七(一四三) かくて我ら(アッラー)は汝ら(回教徒)を(諸民族の)真中の民族となした。汝らをしてすべての人々の証人となし、かつこの使徒(マホメット)をして汝らの証人となさんがために。 一三八 (ここでアッラーは、キブラすなわち「祈りの方角」変更に関してマホメット自身の胸に生じた疑惑をとりのぞこうとして彼に言いかける)以前にお前(マホメット)が採っていた祈りの方角を我ら(アッラー)があのように(イエルサレムに向けて)定めたのは、あれは元来、本当に使徒(マホメット)について来る人と、背を向けてしまう者どもとをはっきり見分けるための方便だったのだ、いや勿論、これは(キブラの変更ということは)容易ならざる事態ではあるが、しかしそれとて、アッラーの御導きを戴いておる人々には何でもありはしない。どうしてアッラーが汝らの信仰を無になさるものか。アッラーは人間に対し限りなくお優《やさ》しくて、慈悲《じひ》深《ぶか》いお方なのではないか。

一三九（一四四）（ここでアッラーはきっぱりと新しいキブラを決定する）こうして見ておると、お前（マホメット）は（どっちを向いてお祈りしていいのか分らなくなって）空をきょろきょろ見廻している。よし、それならここでお前にも得心のいくような方角を決めてやろう。よいか、お前の顔を聖なる礼拝堂（メッカの神殿）の方に向けよ。（ここから信徒一般への呼びかけとなる）汝ら、何処《いずこ》の地にあろうとも、必ず今言った方角に顔を向（けて祈る）のだぞ。聖典を授けて戴いた人ならば、これが神様の下された真理だということがすぐわかるはず。人々の所業をアッラーは決してぼんやり見過したりなさりはせぬぞ。

一四〇（一四五）しかし実際は、お前（マホメット）が、聖典を授かった人々（ユダヤ教徒およびキリスト教徒）にどんな神兆を示したところで、彼らはお前の（新しい祈りの）方角《キブラ》を採りはしないだろう。お前の方でも彼らの方角《キブラ》など採りはせん。だいいち彼ら（ユダヤ教徒とキリスト教徒）はお互い同士でも決して相手の方角《キブラ》を採ろうとはしないくらいだ。万一お前が、こうして（真の）知識を（神から）授けていただきながら、しかも彼らの根も葉もない思惑《おもわく》に順うようなことがあったら、よいか、その時は、お前も不義なす者の一人になってしまうぞ。一四一（一四六）我ら（アッラー自称）が聖典を授けてやったあの者どもは、自分の息子の顔と同じくらいにそれ（聖典、あるいはマホメットを指す）をよく見識《みし》っておる。それなのに、彼らの中の一部は、何もかも承知の上で真理を包み隠そうとする。一四二（一四七）真理はお前の主《しゅ》から下されるもの。ゆめ疑念をもったりしてはならぬぞ。一四三(一四八)各人はそれぞれに決った方向をむいて(祈る)だけのこと。だから(そんなことで、とやかく思い悩んだりせずに)汝らは互いに競《きそ》って善行にはげむがよい。汝らがどんな所におろうとも、アッラーは(最後の審判の日)汝らを全部ひとつところに集め給う。まことアッラーは全能におわします。

一四四(一四九)何処《いずこ》から出て来た場合でも、必ず顔を、(メッカの)聖なる礼拝堂の方に向けるようにせよ。この(規定)は、まさしく主の下し給うた真理。アッラーは汝らの所業をぼんやり見過したりはなさらぬぞ。一四五(一五〇)何処から出て来た場合でも、必ずお前の顔を聖なる礼拝堂の方に向けるようにせよ。そして(今度は回教徒の会衆全体に向って言う)汝らも、何処にいる場合でも必ず顔を今言った方に向けるようにせよ。さすれば人々に汝らのことをとやかく言う口実を与えないですむ。尤《もっと》も、人々のなかの(根っからの)悪性者《あくしょうもの》どもは別だがそんな者どものことは汝らなにも恐れることはない。恐れるならこのわしをこそ恐れよ。これは汝らにたいする我が祝福をまっとうする所以《ゆえん》でもあるのじゃ。それにまた、汝らを正しい道に導くことになるかもしれぬ。

一四六(一五一)同じくまた我らは汝らのうちから一人を(選び)、使徒として汝らのもとに遣《つか》わし、汝らのために我らの神兆(ここでは『コーラン』のこと)を読誦《どくじゅ》してきかせ、汝らを浄化し、また汝らに聖典と聖智とを教え、汝らが今まで知らないで来たことをいろいろ教えさせようとした。一四七（一五二）それ故、汝らこのわしのことを忘れてはならぬぞ。さすれば、わしも汝らのことを忘れはせぬ。わしに感謝するのじゃ。わしに向って忘恩の振舞をするでないぞ。

一四八（一五三）これ、信徒の者よ。忍耐と祈りの心をもって救いを求めよ。まことにアッラーは忍耐強き人々とともにおわします。

一四九（一五四）アッラーの路に斃《たお》れた人々（「聖戦」すなわち異教徒との戦いにおいて戦死した人々）のことを死人《しびと》などと言ってはならぬ。否《いな》、彼らは生きている。ただ汝らにはそれがわからないだけのこと。一五〇（一五五）勿論我らは一寸《ちょっと》こわい目に合わせたり、飢《う》えで苦しめたり、また財産、人命、収穫などの損傷を与えたりして汝らを試《こころ》みることはある。が、お前（マホメットに呼びかける）は（そんな時）忍耐強く堪《た》えている者どもには喜びの音信《たより》を伝えてやるがよい。一五一（一五六）つまり災難に襲われた時「まことに我々はアッラーのもの。我々はやがてアッラーのお傍《そば》に還《かえ》らせて戴ける身」と口ずさむ人々には。一五二（一五七）ほんとうにこういう人々の上にこそ神様の祝福とおめぐみが下される。これこそ正しい道を歩む人々。

一五三（一五八）まことにサファーとマルワとはアッラーの聖跡の一部である（サファーとマルワはメッカ付近の二つの丘の

名。これは回教以前、古くからアラビア人の聖所だったところで、その周囲をめぐることは聖なる行事であった。今やこれを新宗教イスラムの宗教的行事の一つとして取り入れようとするのである。今日までいわゆるメッカ巡礼の行事の一部として残っている）から、聖殿（メッカのカアバ）巡礼をする人や、聖地詣り（「ウムラ」——正式の巡礼「ハッヂ」より一段小規模の巡礼で、メッカ内で行われる幾つかの行事に限られるもの）をする人が、この二つ（の丘）のまわりをおめぐりすることは決して罪ではない。（何によらず）善いことを自分から進んで行う人があれば、アッラーは充分感謝し、かつそれをお認め下さる。

一五四〔一五九〕我ら（アッラ—自称）が下した明瞭な神兆や正しい導きを包み隠す者ども、我らが人々のために聖典の中であれほどはっきりと示してやったのに、なおもそれを隠して見せまいとする者ども、そのような人々は必ずやアッラーの呪《のろ》いを受け、呪う人々の呪いを受けるであろう。一五五〔一六〇〕但し、思い直して行いを改め、（神兆）を堂々とみんなに見せる人々（あるいは、「自分の後悔をはっきり外に示す人」の意）は別じゃ。そういう人々には、わしの方からも思い直してやろうぞ。元来《がんらい》、わしはよく思い直す（して罪を赦す）。わしの慈愛には限りがない。一五六〔一六一〕しかし信仰を拒否し、無信仰の身で死ぬ人々、そういう人々の上にはアッラーと天使と全人類の呪《のろ》いがかかろうぞ。一五七〔一六二〕彼らはその（呪い）の中に永遠に住まう、刑罰を軽くしても貰えず、目をかけても貰えないままに。

一五八〔一六三〕汝らの神は唯一なる神。そのほかに神は絶対にない。慈悲深く、慈愛あまね
き御神。
一五九〔一六四〕まことに天と地の創造の裡《うち》に、夜と昼との交替《こうたい》の裡に、人々に益なす荷を積
んで海原を逝《ゆ》く舟の裡に、そしてまたアッラーが空から水を降らせて枯死した大地を蘇
生させ、そこにあらゆる種類のけだものを播《ま》き散らす、その（雨）の裡に、風の吹き変り
の裡に、天と地の間にあって賦役《ぶやく》する雲の裡に、頭の働く人ならば（神の）徴《しるし》を（読みと
ることができる）はず。
一六〇〔一六五〕それなのに或る人々はアッラーをさし措《お》いていろいろな偶像などをかつぎ出
し、まるでアッラーにでも対するような愛をそれに注ぐ。しかし本当の信仰をもつ人た
ちのアッラーに対する愛ははるかに烈《はげ》しい。かくも不義なすやから、やがて天譴《てんけん》をまの
あたりに見るとき、はっきり思い知るがいい、（至高）の力がアッラーのものであること
を、また、アッラーの罰のいかに恐ろしいものかということが。
一六一〔一六六〕それまでみんなを（偽りの宗教で誘惑して）ひっぱって来た人たち（偽宗教の導師たち）が、
そこまでついて来た人々をつっ放して素知《そし》らぬ顔をし、みんなが天譴をまのあたりに目
撃し、そして両方をつないでいた絆《きずな》がぷっつり切れる時、
一六二〔一六七〕そして、ついて来た
方の連中が「ああ、せめてもう一度、わしらに逆もどりが許されればなあ。そうしたら

今彼らがわしらをつっ放したように、今度はわしらの方で彼らをつっ放してやろうもの
を」という。こうしてアッラーは人々に自分のなして来たこと(の愚《おろ》かさ)を目《ま》のあたり
示し給う。もうそうなっては後悔もさきに立たず、劫火《ごうか》から逃げ出すことはかなうまい。

一六三(一六八)さあ、みなの者、地上にあるもののうち、許された、善きものを食うがよい。
だが決してシャイターン(サタン)の足跡を追うてはならぬぞ。まこと彼こそは、汝らに公
然と仇なす者。一六四(一六九)彼が汝らに勧めることは悪事と破廉恥《はれんち》ばかり。彼は汝らに、ア
ッラーに関していいかげんなことばかり言わせようとする。

一六五(一七〇)彼ら(ここから話題が転じて、悪性の異教徒に対する非難となる)に向って「アッラーの下し給うたもの(『コーラン』)を信奉
せよ」と言えば、「いや、わしらは御先祖様たちのやっていた通りの道を取る」などと
言う。何たることか、その御先祖たちが、何んにもわけのわからぬ馬鹿者で、迷いの道
をうろついていた連中だったとしてもか。一六六(一七一)神を信ぜぬ者どもをものの譬《たと》えで説
こうなら、まず何と呼びかけても(ただ意味のない)喚声《よびごえ》や叫声《さけびごえ》としか聞いてくれない
(動物)のようなもの。つんぼで唖《おし》で目くらだから、何が何だかわかりはしない。

一六七〔一七二〕これ、信徒の者よ、我ら(アッラー自称)が特に汝らのために備えてやったおいしい物を沢山《たくさん》食べるがよいぞ。そしてアッラーに感謝せよ。もし汝らが本当にアッラーにおつかえ申しておるのならば。一六八〔一七三〕アッラーが汝らに禁じ給うた食物といえば、死肉、血、豚の肉、それから(屠《ほふ》る時に)アッラー以外の名が唱《とな》えられたもの(異神に捧げられたもの)のみ。それとても、自分から食い気を起したり、わざと(神命に)そむこうとの心からではなくて、やむなく(食べた)場合には、別に罪にはなりはせぬ。まことにアッラーはよく罪をゆるし給うお方。まことに慈悲の心ふかきお方。

一六九〔一七四〕アッラーが下し給うた聖典を隠匿《いんとく》して、それを安値で売り飛ばす者ども、そのような者どもはいまに腹の中に炎々《えんえん》たる火の御馳走《ごちそう》を頂戴するぞ。復活の日にアッラーからお言葉を掛けてもいただけず、また浄《きよ》めてもいただけぬ。ただ苦しい責苦《せめく》があるばかり。一七〇〔一七五〕このような者どもは正しい御導きを手放して迷妄《めいもう》を買いこみ、お赦《ゆる》しを棄てて天譴《てんけん》を買いこんだやから。実に辛抱づよく劫火に焼かれることであろうぞ。一七一〔一七六〕それというのもアッラーが真理《まこと》をもって聖典を下し給うた上のことだから。まことに、聖典についてとやかく勝手なことを言う者どもは、遥かに遠く離れ去ったものぞ。

一七二(一七七)本当の宗教心とは汝らが顔を東に向けたり西に向けたりすることではない。いや、いや、本当の宗教心とは、アッラーと最後《いやはて》の(審判の)日と諸天使と聖典と予言者たちとを信仰し、己が惜しみの財産を親類縁者《えんじゃ》や孤児や貧民、また旅路にある人や物乞《ものご》いにわけ与え、とらわれの(奴隷《どれい》)を購《あがな》って(解放し)、また礼拝のつとめをよく守り、こころよく喜捨を出し、一旦約束したらば約束を果し、困窮や不幸に陥《おちい》っても危急の時にのぞんでも毅然《きぜん》としてそれに堪《た》えて行く人、(これこそ本当の宗教心というものじゃ。)そういうのが誠実な人、そういうのこそ真に神を畏《おそ》れる心をもった人。

一七三(一七八)これ、信徒のものよ、殺人の場合には返報法(いわゆる「目には目、歯には歯を」)が規定であるぞ。つまり自由人には自由人、奴隷には奴隷、女には女(つまり一人に対して同格のもの一人の復讐である。一人殺されたのに、その復讐として相手側の人々をむやみに幾人も殺すというイスラム以前のならわしはもはや許されない)。しかも(殺人を犯《おか》しても)、同胞(相手の当事者)が赦すと言った場合(復讐として犯人を殺すかわりに、いわゆる「血の価」――例えば駱駝何頭の支払い――で満足する場合)には、(復讐者の側では)正々堂々とことをはこばねばならないし、また(本人の方でも)立派な態度で償いの義務を果すのだ。一七四これは神様が汝らに(報復の規律を)軽減して下さったのじゃ。つまり神様のお慈悲であるぞ。されば今後(この定め)を破る者があれば、痛い神罰を蒙るであろうぞ。一七五(一七九)この返報法こそは汝らにとって生命(の源《みなもと》)となるもの(従来はこちらが一人殺されたら相手の部族の百人を殺せ式でやっていたからいたずらに生命の損失ばかり多かった。今度の新規定はアラブの復讐心を合理的に満足させ、しかも生命の喪失を最少限度にくいとめる)。よいか、汝らも物がわかるのだからな。(この定めを守るなら)きっと汝らも本当に神を畏れかしこむ者となるであろうぞ。

一七六(一八〇)(もう一つ)汝らが守らねばならぬ規律がある。それは、汝らのうち誰かが死に臨んで、もし後に財産を残すときは、両親と近親たちの利益になるような立派な遺言《ゆいごん》をすること、神を畏れかしこむ人の義務として。一七七(一八一)(遺言)を聞いたあとで、それを勝手に作りかえたりしたら、その罪は全部作りかえた者が負《お》わされることになるぞ。まことにアッラーは全てを聞き、あらゆることを知り給う。一七八(一八二)けれど、もし遺言者の側に何か不公平とか罪障《ざいしょう》とかがあるらしいと見て、誰かが当事者たちの中に入ってそれを訂正する場合には、勿論その人は罪にはならぬ。アッラーはよくお赦《ゆる》し下さる、慈悲深いお方。

一七九(一八三)これ信徒の者よ、断食《だんじき》も汝らの守らねばならぬ規律であるぞ、汝らより前の時代の人々の場合と同じように。(この規律をよく守れば)きっとお前たちにも本当に神を畏《おそ》れかしこむ気持が出来てこよう。一八〇(一八四)(この断食のつとめは)限られた日数の間守らなければならぬ。但《ただ》し汝らのうち病気の者、また旅行中の者は、いつか他の時に(病気が治ってから、或いは旅行から帰った後で)同じ数だけの日(断食すればよい)。また断食をすることが出来るのに(しなかった)場合は、貧者に食物を施《ほどこ》すことで償《つぐな》いをすること。しかし(何事によらず)自分から進んで善事をなす者は善《よ》い報《むく》いを受けるもの。この場合でも(出来れば規律通りに)断食する方が、汝らのためになる。もし(ものごとの道理が)汝らにはっきりわかっているならば。

一八一〔一八五〕コーランが、人々のための(神からの)御導きとして、また御導きの明らかな徴《しるし》として、また救済(または「善悪、正邪の識別」。原語はフルカーン、前出、五三)として啓示された(神聖な)ラマザン月(こそ断食の月)。されば汝ら、誰でもラマザン月に家におる者は断食せよ。但し丁度そのとき病気か旅行中ならば、いつか別の時にそれだけの日数(断食すればよい)。アッラーは汝らになるたけ楽なことを要求なさる、無理を求めはなさらない。ただ汝らが所定の日数だけ断食のつとめを守り、そして汝らを導いて下さったアッラーに讃美の声を捧げさえすればそれでよい。そのうちに汝らにも本当に有難いと思う心が起きて来るであろうぞ。

一八二〔一八六〕(ここでアッラーはマホメットに内密に話しかける)もしわしのしもべども(信者たち)が、このわしに関して(アッラーとは一体どんな神様かなと)お前に質問して来たならば、(こう答えるがよい)、わしは(常に信者の)近くにあり、わしを呼ぶ者がわしに呼び掛けた時、その呼び掛けにすぐ応じてやる、と。だからみんなもわし(の呼びかけに)応《こた》えるのだぞ、わしを信仰するのだぞ、さすればきっと正しい道を歩いて行けるようになるであろう。

一八三(一八七)断食の夜、汝らが妻と交わることは許してやろうぞ。彼女らは汝らの着物、汝らはまた彼女らの着物。アッラーは汝らが無理しているのを御承知になって、思い返して、許し給うたのじゃ。だから、さあ今度は。(遠慮なく)彼女らと交わるがよい、そしてアッラーがお定《き》め下さったままに、欲情を充《み》たすがよい。食うもよし、飲むもよし、やがて黎明《れいめい》の光りさしそめて、白糸と黒糸の区別がはっきりつくようになる時まで。しかしその時が来たら、また(次の)夜になるまでしっかりと断食を守るのだぞ。礼拝堂におこもりしている間は、絶対に妻と交わってはならぬ。これはアッラーの定め給うた規定《さだめ》だから、それに近づいて(踏越《ふみこ》え)てはならぬ。このように、アッラーは人間にそのお徴《しるし》を説き明かし給う。こうすればきっとみんなも敬神の念を抱くようになるかも知れぬとお思いになって。

一八四〔一八八〕汝ら己れの財産をお互いにくだらぬ事で食べて(濫費して)しまってはならぬ。また
裁判官に賄賂《わいろ》をつかって、他人の財産の一部を、(悪いことと)知りながら不法に食って
ならぬぞ。

一八五〔一八九〕みんながお前(マホメット)に月(の盈《み》ち虧《か》け)について質問してくるだろう。こう答え
るがよい、「あれは人間(の生活上の便宜《べんぎ》)のため、また聖所巡礼のために設けられた時
の区切りだ」と。

それからまた、(みんなに教えてやるがよい)本当の敬虔《けいけん》とは、家に後側から入るとい
うようなことではないこともな(回教以前の風習として、聖地巡礼から帰って来た時、身体は一種のタブー状態にあると考えて、正門から家に入らずに、こっそり裏口から入る人々がいたらしい)。本当の敬虔とは神を畏《おそ》れかしこむ気持のみ。故に汝ら表口から家に入るがよい。
そしてアッラーを畏れかしこむのだ。さすれば汝らもいまに栄《はえ》ある人となるであろうぞ。

一八六〔一九〇〕汝らに戦いを挑《いど》む者があれば、アッラーの道において(「聖戦」すなわち宗教のための戦いの道において)堂々
とこれを迎え撃つがよい。だがこちらから不義をし掛けてはならぬぞ。アッラーは不義
なす者どもをお好きにならぬ。
一八七〔一九一〕そのような者と出くわしたらどこでも戦え。そ
して彼らが汝らを追い出した場所から(今度は)こちらで向うを追い出してしまえ。もと

もと(彼らの引き起した信仰上の)騒擾《そうじょう》は殺人よりもっと悪質であったのだ。だが(メッカの)聖殿の近くでは、向うからそこで戦いをし掛けてこないかぎり決してこちらから戦いかけてはならぬ。向うからお前たちにしかけて来た時は、構わんから殺してしまえ。信仰なき者どもにはそれが相応の報いというもの。

一八八(一九二)しかし向うが止めたら(汝らも手を引け)。まことにアッラーは寛大で情深くおわします。

一八九(一九三)騒擾《そうじょう》がすっかりなくなる時まで、宗教が全くアッラーの(宗教)ただ一条《ひとすじ》になる時まで、彼らを相手に戦い抜け。しかしもし向うが止めたなら、(汝らも)害意を棄てねばならぬぞ、悪心抜きがたき者どもだけは別として。一九〇(一九四)神聖月(戦闘行為を一切宗教的に禁止される斎忌の月)は神聖月で返せ(神聖月に向うが攻めて来たらこちらも神聖月の禁を破って返報してよい)。聖所・聖物(が犯された場合は。こちらも同じことをして)返報せよ。誰によらず汝らに不当なことをしかけたら、汝らの方でも、向うからされた通りの不当な行為で返報せよ。ただ(いつの場合でも)アッラーを畏《おそ》れかしこむ心だけは忘れてはならぬぞ。アッラーは常に懼神《くしん》の念厚き人々とともにいますと心得よ。

一九一(一九五)アッラーの道に(宗教のために)惜しみなく財を使え。だがわれとわが身を破滅に投げ込んではならぬ。善いことをせい。アッラーは善行をなす人々を愛し給う。

一九二(一九六) メッカ巡礼と聖所詣《もう》で(ウムラ同じくメッカ巡礼ではあるが、いわゆる「巡礼」hajj ほど正式のものでなく、その時期にも特別の制限がなく、儀式も簡略である。「小巡礼」とも呼ばれる、前出、一五三)の務めをアッラーの御ために立派に果せ。しかし妨害されてそれが出来ない場合には、何か手ごろな捧げ物を(出せばよい)。その捧げ物が生贄《いけにえ》を捧げる場所に到達するまでは頭を剃《そ》ってはいかんぞ(その間は、人は物忌みの状態にあるから)。しかし病気とか、または何か頭に傷を受けて(どうしても頭を剃らねばならぬ)人は、その償いとして断食《だんじき》するか、自由喜捨《きしゃ》(法定の税としての喜捨でなく個人の自由意志で出す浄財)をするか、さもなければ生贄(少くとも羊一匹)を出すがよい。だが何の故障もない状態にあって、正規の巡礼まで聖所詣でをしてらくをしようというのなら(巡礼のためにメッカに来た場合、すぐそのまま正規の巡礼の状態に入ってしまうと、「清浄者」としての制限で固く縛られて非常に苦しいので、まず聖所詣で、すなわち「小巡礼」を行って、「巡礼」開始のぎりぎりの時までらくをするのである)、無理せずできる程度の捧げ物を出すがよい。何も捧げる物がなければ、メッカ巡礼の際に三日間の断食、それから帰った後で七日間、〆《し》めて十日。これは、メッカ聖殿のあたりに家族がいない者の場合にかぎる。とにかく、汝らアッラーを畏れかしこめ。アッラーの報復の恐ろしさを肝に銘じておくがよい。

一九三(一九七) メッカ巡礼がいずれの月(に行われる)かは汝らの知っての通り。それらの(月)の間に巡礼の務めを果《はた》そうとする者は、女に触れるな、放蕩《ほうとう》するな、そして巡礼中に喧嘩《けんか》をするな。汝らのする善行はことごとくアッラーが御《ご》存知《ぞんじ》であるぞ。(巡礼の旅にそなえて)充分に食糧をたくわえよ。して最上のたくわえは敬神の心としれ。このわし(アッラーの自称)を畏れうやまえよ、これ、汝ら、心ある者よ。

一九四〔一九八〕汝らが神様にお恵《めぐ》みをおねだりするのは罪ではない(巡礼の間に商売をして儲けてもかまわないということ)。だがアラファートからみんなでどっとやって来て、聖なる立場《たてば》まで来たらそこでアッラーを念ずるのじゃ。かつて迷妄《めいもう》の道を彷徨《ほうこう》していた汝らを正しきに導き給うたことを思って(アラファートはメッカに近い聖なる丘で、こことメッカとの間で巡礼の最も大切な行事が行われる。「聖なる立場」——ムドザリファ——はその途中にある聖地で、日没と同時に信徒の大群が一時にどっとアラファートからそこまで駈け寄せる。喧騒と騒乱のこの行進はメッカ巡礼の祭祀の重要な一齣である)。

一九五〔一九九〕それからみんながどっと押し出した場所から汝らも押し出して行け。(その間も、絶えず)アッラーのお赦《ゆる》しを請《こ》うのだぞ。まことにアッラーは寛大で情深いお方におわします。

一九六〔二〇〇〕そして所定の儀式を滞《とどこお》りなく果《はた》し終ったら、アッラーを念ずるのじゃ、自分の父祖を念ずるように、いや、もっともっと切々《せつせつ》と。そんな時、人によっては「神様、私どもに現世で(沢山よいものを)お与え下さい」などとお願いする者があるが、そのような者は来世で何の分け前にも与《あずか》れまいぞ。一九七〔二〇一〕また人によると、「神様、私どもに現世でもよいものを、来世でもよいものをお与え下さい。私どもを(地獄の)劫火《ごうか》の罰から護《まも》り給え」と言う者もある。一九八〔二〇二〕このような者どもには自分で稼《かせ》いだだけのものが与えられよう。まことにアッラーは勘定《かんじょう》早くおわします。
一九九〔二〇三〕一定の日数の間（具体的に言うと、巡礼の終了するズー・ル・ヒッジャ月の十一、十二、十三日）アッラーを念ずるのじゃ。しか
し急いで二日間に切り上げても差支えない。また、遅延させても差支えない、畏懼《いく》の念
さえ失わなければ。汝らアッラーを畏《おそ》れかしこめ。自分がやがてお傍《そば》に呼び集められる
ということをよく心に銘記しておけよ。

二〇〇〔二〇四〕また人によっては、現世に関してもっともらしいことを言ってお前（マホメット）を感
心させ、その上自分の胸中（の清らかな思い）についてはアッラーも照覧あれなどとまこ
としやかに言う者がおる。実は誰よりも執拗《しつよう》に（アッラーに）反感を抱いているくせに。
二〇一〔二〇五〕彼らは、（お前に）背を向けるやいなや、地上を走り廻って至るところで悪の種
を播き、田畑や家畜を荒し歩く。アッラーは頽廃ということをいみ嫌い給うのに。二〇二
〔二〇六〕こういう人に「アッラーを畏《おそ》れよ」と言うと、ますます驕慢《きょうまん》の心を起して罪にはし
る。このような者にはジャハンナム（ゲヘナ）こそふさわしい。（その劫火の）何と恐ろしい
寝床《ねどこ》になることか。
二〇三〔二〇七〕また人によっては、アッラーの御気にかなおうと願うあまり、われとわが身
を売る（捧げる）者もある。アッラーはその僕《しもべ》（信者）たちには心優《やさ》しくおわします。

二〇四〔二〇八〕これ汝ら、信徒の者、みんな揃って平安（回教の信仰を指す）に入れよ。決してシャイターン（サタン）の足跡を追うでないぞ。彼こそは汝らの公然の敵であるぞ。二〇五〔二〇九〕こうして汝らのもとに御証が下されたのに、それでも汝らが足を踏み辷《すべ》らすようなことがあれば、よいか、覚えておくがよい、アッラーは無限の権能をもち、限りなき知恵を有ち給うことを。

二〇六〔二一〇〕あの者どもは、アッラーが、黒雲靉々《あいあい》たる裡《うち》に天使らと共に訪れて下さるとでも思っておるのか（何か特別の神の啓示が自分たちにあるのを心待ちにしている）。いや、事は全てすでに定《さだ》まっている。そしてありとあらゆる事はアッラーの御もとに還って行く。

二〇七〔二一一〕イスラエルの子らに聞いて見るがいい、一体どれほど沢山の明白な神兆を我ら（アッラー自称）が与えてやったことか。アッラーのお恵《めぐ》みを受けておきながら、それを勝手に改変するような者があれば、よいか、アッラーの御返報は物凄《ものすご》いぞ。

二〇八〔二一二〕信仰なき者どもの目には、この世は絢爛《けんらん》として映ずるので、彼らは信仰深い人たちを嘲笑《ちょうしょう》する。だが敬神の心厚き者こそ、よみがえりのその日には彼らの上に立つ。アッラーはその欲し給う者を、損得《そんとく》の勘定《かんじょう》なしに養い給う。

二〇九(二一三)人類はかつて一つの民族であったが、その後(人々が互いに争い始めたので)アッラーは予言者を次々に派遣して、或いは喜びの音信を、或は警告を与えしめ、さらに真理《まこと》を告げる聖典(『旧約聖書』モーセ五書、詩篇、キリストの『福音書』などを指す)を予言者たちとともに下して、人々の紛争を裁断しようとし給うた。しかるに、それを頂戴した人々が、明らかな御証《みしるし》をまのあたり見ておきながら、かえって互いに害心を起こして対立し争い出した。だが信仰深い人々だけはアッラーが(信仰うすき)人々のさまざまに異論をとなえた真理《まこと》へと、特別の思召《おぼしめし》を以って連れ戻し給うた。かくのごとくアッラーは御心のままに誰でもまっすぐな道(正しい宗教)に連れ戻し給う。

二一〇(二一四)一体汝ら、過ぎた昔の人々が経験したような(苦しい試み)に遇《あ》わずに(楽々と)天国に入れるとでも思っておるのか。(昔の人たちは)みんな不幸や災禍《さいか》に見舞われ、地揺れに襲われ、しまいには使徒も信者たちも一緒になって「ああ、いつアッラーのお助けがいただけるのか」と歎いたほどではなかったか。いや、なに、アッラーのお助けは実はすぐそこまで来ておるのだが。

二一一(二一五)どんなことに金を使ったらよかろうかとみんながお前(マホメット)に訊《き》いてくること

であろう。答えてやるがよい、善行につかう金なら、両親と親類縁者、孤児と貧民と路の子（旅行者）のため。お前たちがする善行については、アッラーは何から何まで御存知《ごぞんじ》だぞと。

二一二〔二一六〕戦うことは汝らに課された義務じゃ。さぞ厭《いや》でもあろうけれど。二一三一体、汝らが自分では厭だと思うことでも案外《あんがい》身の為めになることかも知れないし、自分では好きでも、かえって害になることもあるもの。アッラーだけが（事の真相を）御存知で、汝らは実は何んにも知りはせぬ。

二一四〔二一七〕神聖月について、その期間中に戦争することはどうかとみんながお前（マホメット）に訊《き》きに来ることであろう。こう答えるがよい。神聖月に戦ったりするのは重い（罪）だ。しかし、アッラーの道から離脱し、アッラーやメッカの聖殿に対して不敬な態度を取り、そこ（メッカの聖殿）から会衆をおい出したりすることの方が、アッラーの御目から見れば、もっと重い罪になる。（信仰上の）騒擾《そうじょう》は殺人よりもっと重い罪だ、と。

彼らは（ここから信徒の全会衆に語りかける）、もし出来れば汝らを信仰から背《そむ》き去らせんものと、目的をとげるまでは執拗に戦いを挑んでくるであろう。だがもし汝らのうち信仰を棄て、信仰なきままに死ぬような者があったなら、そのような者どもは（ここで急に人称が三人称にかわる）、現世でも来世でも、せっかくの仕事が全部徒《あだ》となり、（地獄の）劫火の住人となり、そこで永遠に暮すことになろうぞ。

二一五〔二一八〕だが本当の信仰をもつ人々、そして（マホメットと共にメッカからメディナへ）遷行《せんこう》し（マホメットは初めメッカでその宗教運動を興したが、情勢は次第に不利になり、かえってメディナ市の市民に多くの支持者を得たので、六二二年九月、遂に意を決して信者たちとともにここに移行した。この時、不利なマホメットを見棄てずに、あくまでこれと行をともにした人々は非常に高く評価される。これを「ヒジュラ」（御遷行）と呼び、ここに回教暦第一年がはじまる）アッラーの道に勇敢に戦う人々、そういう人々だけはアッラーの御慈愛が期待できようぞ。まことにアッラーは寛大でお情深くおわします。

二一六〔二一九〕酒と賭矢《かけや》（賭矢（マイシル）は古代アラビア人の最も好んだ賭事。矢を籤として引き、「幸矢」を取った人が賭のらくだを獲得する）についてみんながお前に質問して来ることであろう。答えよ、これら二つは大変な罪悪ではあるが、また人間に利益になる点もある。だが罪の方が得になるところより大きい、と。また、施《ほどこ》しものはどれほど出すべきかと質問して来たなら、二一七余計の分（自分の家族を養うに必要な量を超えた分）を、と答えよ。かくのごとくアッラーは汝らにいろいろと神兆を説き明かし給う。こうすれば、きっと汝らがよく物事を考えるようになるだろうとの思召《おぼしめし》から。二一八〔二二〇〕現世においても、また来世においても（この二句の位置はいささかあいまいである。普通は前節二一七に続けて「現世や来世についてよく反省するように」と解す）。また孤児について質問が出たら、こう答えるがよい、「みなし児にはできるだけよくしてやることが肝要。

二一九そして汝らが彼らと親しく交る場合には（家族の一員として家に入れた場合には）、己れの同胞《はらから》（として遇する
こと）。アッラーは悪事を働く者と善行をなす者とを見分け給う。そればかりか、もし
その気になり給えば、いくらでも汝らを苦しめ給うであろうに。まことにアッラーの権
能は限りなく、その知恵は果てしない。

二二〇〔二二一〕汝ら、邪宗徒の女を娶《めと》ることはならぬ、彼女らが信者になるまでは。信仰あ
る女奴隷の方が（自由身分の）邪宗徒の女にまさる、たとえ汝らその女がいかほど気に入
っても。また汝ら、女どもも邪宗徒の男の嫁になるでないぞ、相手が信者になるまでは。
信仰ある奴隷の方が、邪宗徒の男にまさる、たとえ汝らその男がいかほど気に入ろうと
も。二二一彼ら（邪宗徒）は汝らを地獄の劫火《ごうか》に誘う。しかしアッラーは汝らを楽園に誘い、御《み》
心《こころ》のままに罪の赦《ゆる》しに誘い給う。その上、何んとか反省させようとて、人間にいろいろ
と神兆を説き明かし給う。

二二二みんながお前（マホメット）に月経のことで質問して来るであろう。こう答えてやるがよい。
あれは（一種の）病《やまい》であるゆえに、清浄の身に戻るまでは決してそのような女に近づいて
はならぬ。浄《きよ》めがすっかり済《す》んでから、アッラーのお言いつけ通りに彼女らに接するの

だ。アッラーは悔《く》い改める者を愛《いつく》しみ、また身を浄める者を愛み給う。
二二三女というものは汝らの耕作地。だから、どうでも好きなように自分の畑に手をつ
けるがよい。ただ(その場合も)己れ自らの先々《さきざき》(来世)のためになるように行動するのだぞ。
そしてアッラーを畏れかしこみ、やがてはアッラーに逢いまつる身であることを肝《きも》に銘
じて心得ておけよ。お前は(とマホメットに呼びかけて)信者たちに嬉しい音信《たより》を伝えてやるがよい。
二二四(何かをしようと神かけて)誓言しても、(そのことが結局信仰のためにならぬと悟
った場合は、)決して神(に誓ったということ)を口実にして、敬虔、敬神、また世のため
になることをしないようなことがあってはならぬ。アッラーはすべてを聞き、あらゆる
ことを知り給う。二二五アッラーは、汝らが誓言の際に少し軽はずみな言葉使いをしたく
らいで何もお咎《とが》めになりはせぬ。アッラーがお咎めになるのは、汝らの心の為《な》したわざ
だけじゃ。まことにアッラーは寛大でお情深くおわします。
二二六女と縁を切ろうと誓った人は、四ヵ月の猶予《ゆうよ》期間を(置く必要がある)。もし(その
期間中に)復縁する気になったら、(それも許される)。まことにアッラーは寛大でお情

深くおわします。二二七しかし(四ヵ月経って)離婚にきめた場合には(決定的となる)。ま
ことにアッラーはすべてを聞きあらゆることを知り給う。
二二八さて離縁された女の方では、三回だけ月経を見るまでは独身のままで待たねばな
らぬ。その際、アッラーが胎内《たいない》に創造し給うたものを隠し立てしたりすることは許され
ない、もしその女がアッラーと最後《いやはて》の日を本当に信じておるならば。しかしこういう場
合は、夫たるものも女をもとに戻してやる方が正しい、もし本当に正当に振舞いたいと
願うなら。元来、女は自分が(夫に対して)なさねばならぬと同じだけのよい待遇を(夫
からも)受ける権利がある。とはいえ、やはり男の方が女よりも一段高いことは高いけ
れど。まことにアッラーの権能は限りなく、その知恵は果てしない。
二二九女を離縁(してまた復縁できる)のは二回まで(同じ女に三回正式の離縁宣誓をしたらもはや復縁は許されない)。すなわち
(二回までは)、正当な手続きをふんでまた自分のもとに戻すか、さもなければねんごろ
にいたわって自由の身にしてやることができる。以前に与えた物は、一つだに取り上げ
たりしてはならない。尤も両名のものがアッラーの定め給うた掟《おきて》を守って行けそうもな
いと心配する場合には別だが。もしそういう心配が起って、両人がとうていアッラーの
掟を守って行けそうにない場合は、女の方で自分の身を贖《あがな》い取っても(つまり、以前に男が結婚の贈物として女に与えておいたものを、女の方から男に返して、その代り自分を完全に自由な身にして貰っても)別に両人の落度《おちど》とはならない。これはアッラーの定

め給うた掟。汝らこれを決して踏み越してはならぬぞ。アッラーのこの掟を踏み越えるような者は、不義なす徒《やから》であるぞ。

二三〇それで、もし(男が)彼女(自分の妻)を正式に(すなわち三度目に)離縁してしまった上は、女が一度他の男と結婚するまでは復縁させることは許されぬ。しかしその(第二の夫が)女を離縁した場合は、両人は、アッラーの掟に従っているという自信さえあるなら、またもとに戻って(結婚し直して)も差支《さしつか》えない。これがアッラーの定め給う掟。それをアッラー御《おん》自《みずか》ら心ある人間に向って説き明かしておられるのだぞ。

二三一汝ら妻を離縁し、定めの期日に達したうえは、自分のもとに留《とど》めて置くにせよ、出してやるにせよ立派な態度を取らなくてはならぬぞ。決して無理やりに引き止めたりして掟を破ってはならぬぞ。そのようなことをするのは自分で自分に害《あだ》なすようなもの。アッラーのお徴《しるし》(ここでは『コーラン』の命令を指す)を馬鹿にしてはならぬ。アッラーの汝らに示し給うたお恵《めぐ》みと、それから汝らを教え諭し給わんとて下《くだ》し給うた聖典と智恵のことを憶《おも》って見るがよい。そしてアッラーを畏れ奉れ。アッラーの全知にましますことを肝《きも》に銘じておくがよい。

二三二汝ら妻を離婚し、定《さだ》めの期日に達したうえは、(新しい)夫と公正に話しが纏《まとま》って、彼女らが結婚するというのを邪魔してはならぬ。これは汝らのうち、アッラーと最後《いやはて》の日を信仰する者に与えるお諭《さと》しじゃ。こうするのが汝らにとって一番清浄なやり方なのであるぞ。何ごともアッラーは御存知、だが汝らは何も知らない。

二三三(妻が既に)母になっている場合は、もし授乳を完全に終らせたいと思うものは子供にまる二年間乳をのませるがよい。(その場合)子供の父の方では女の衣食の責《せめ》を立派に果さなければならぬ。何人《なんぴと》も能力以上の義務を負《お》わされることはない。つまり母親がその子ゆえに、また父親がその子ゆえに無理なことを強《し》いられるようなことがあってはならぬ。相続人の負う義務も(父親)のそれに準ず。ところで(夫と妻の)両方が合意の上、また合議の上で、(二年間の満期以前に)離乳させようとすることは、別に両人の落度《おちど》にはならない。それからまた汝らが自分の子供に乳母をつけることも差支えない、初めに申し出た通りのものを公正に支払うならばだ。とにかくアッラーを畏れあがめよ。アッラーは汝らの所業をことごとく照覧し給うと心得よ。

二三四また汝らのうち誰か(神のみもとに)召されて後に妻を残した場合、女は四ヵ月と十日の間そのままじっと待っていること(その期間は再婚してはいけない)。その期限が満ちたなら、彼女らがどんなふうに身を処そうとも、道を踏みはずさない限り、お前たちには(これは「彼女たちには」の誤りであろうと言う説もある)何の咎《とが》もない。アッラーは汝らの所業ことごとく知り給う。

二三五 また汝らが（そういう）女に結婚の意をほのめかしたり、あるいは思いをそっと胸の中にしまっておいたりしても、咎《とが》はない。いずれ汝らの思いがつのって来るだろうということは、初めからアッラーは御存知。しかし、彼女らに内緒で約束ごとなどしてはならぬ。しっかり筋道《すじみち》を立てて堂々と言い出さなくては。
二三六（二三五）また聖典が期日に達するまでは（『コーラン』に規定された一定の期限が来るまでは）、婚姻《こんいん》の結び目を固める決意をしてはいけない。よいか、アッラーは汝らの心の中をすっかり見透していらっしゃるぞ。（罰を蒙らぬよう）よく心せよ。アッラーは寛大で、実にお情深くいらせられるということを肝《きも》に銘じておくがよい。

二三七（二三六）汝ら、妻に手を出しもせず、また贈与《ぞうよ》額《がく》を指定もせぬうちならばこれを離縁しても何の罪にもならない。だが（その場合は）それ相当のものをくれてやれ。資産豊かな者はその能力に応じて、乏しい者もまたその能力に応じて、公正に振舞うのじゃ。これは善行をなそうとする人々の務《つと》めであるぞ。
二三八（二三七）またもし妻にまだ手は出していないが、贈与額だけは指定して了った後で離縁する場合には、指定した額の半分ということになる。尤も、先方がそれを辞退するか、或いは婚姻の結びを掌《つかさど》る者が辞退する場合は別だが。いずれにせよ（このような場合）辞退する方が敬神の心に近い。汝ら、互いに恩恵をほどこし合うことを忘れぬよう。アッラーは汝らの所業をことごとく監視し給う。

二三九〔二三八〕定《さだ》めの礼拝を正しく守れ、それから真中の礼拝も。浄《きよ》らかな心でアッラーの御前《ごぜん》に立つのじゃ（回教の定時の礼拝は日に五回であるが、最初からそうだったのではなく、一番初めのメッカ時代では暁、日没、夜の三回であった。メディナに遷行してからまずここに出て来る「真中の」——つまりお昼の礼拝が加えられた。更にこれに午前の礼拝が付加されて五回になる）。二四〇〔二三九〕危険が迫っておる場合には、立ったまま、あるいは（駱駝に）乗ったままでもよいが、安全な状態にあっては御自《おんみずか》ら始めて汝らに教えて下さったように（正式な礼拝で）アッラーを念ぜよ。

二四一〔二四〇〕次に、汝らのうちで妻をあとに残して（神のみもとに）召される者は、彼女らが一年間、家から追出されずに充分扶養を受けられるよう遺言《ゆいごん》する必要がある。但し女たちの方で出て行く分には、自分でどう身のふり方をきめようとも、徳義にもとらぬかぎり別に汝らの咎《とが》とはならぬ。アッラーの権能は限りなく、その知恵は果てしなくましますぞ。

二四二〔二四一〕離縁された女にも公正に扶養の道を考えてやるのが本当に神を畏《おそ》れる人間の務《つと》めというもの。二四三〔二四二〕このようにアッラーが汝らのためにその御徴《おしるし》を説き明かし給うのは、みな汝らに何んとかわからせてやろうとの大御心《おおみこころ》。

二四四(二四三) お前(マホメットに呼びかける)見なかったのか。例の、死ぬのが嫌で何千人も一度に家から出て行った連中を。あの時、アッラーは彼らに「死んでしまえ」と仰しゃった。だがまた生きかえらせておやりになった(これもイスラエル関係の伝説であろうが、正確にはどういう話しを指すのか今日ではわからない)。まことにアッラーは人間に恵みをたれ給う。だが人間の方では、大抵の者は有難いとも思わない。

二四五(二四四) 汝ら、アッラーの道に(回教をひろめるために、の意)戦えよ。アッラーはすべてを聞き、あらゆることを知り給うと心得よ。

二四六(二四五) アッラーに素晴しい貸付けをする者はいないか(アッラーの道に戦うのは、アッラーに金を貸すようなもの。前にもあった通り、マホメットはよく商人の言葉を使う)何倍にもしてそれを返却して戴けるぞ。アッラーはその御掌をつぼめるも、ひろげるも(自由自在)。そして汝らはすべて、ついにはそのお傍に戻される身。

二四七(二四六) お前(マホメットに呼びかける)ムーサー(モーセ)の(死)後、イスラエルの子らが開いた例の合議会の模様を見なかったか。あの時、みんなが予言者(サムエルを指す)に向って「我らに王を立てて下され。そしたら我らも、アッラーの道で大いに戦いましょう」と頼んだら、「いざ戦えということに決められたら、お前たち、戦わないのではないかな」と予言者が言った。そしたら彼ら、「なんで我らが、アッラーの道で戦わないでおられようぞ。我らは家を追われ、子供たちから引き離された身ではないか(或は「我らは子供たちともども家を追われた身ではないか」)」などと言ったくせに、いざ戦いの命令が本当に出たとなったら、ごく少数の者以外はみんな背を向けてしまった。アッラーは不義なす者どものことは全部御存知におわすぞ。

二四八(二四七)ところで予言者が彼らに、「アッラーはタールート(サウル)を王としてお立てになった」と告げたら、彼らは言った。「なんであんな者に我々の王となる権利がある。我々の方があんな者よりずっと王様に向いているのに。だいいち、あいつには財産だってありはしないではないか」と。(予言者は)これに答えて言った、「かしこくもアッラーが彼を選んで汝らの上に立て、彼に並はずれた智恵と体軀《たいく》とをお授けになったのだぞ。アッラーは誰なりと御心のままに王者の資格をお与えになる。アッラーは宏大無《こうだいむ》辺《へん》、そして一切のことを知り給うのだ」と。

二四九(二四八)予言者は更に言葉をついで、「彼(サウル)の王者たることを示す徴《しるし》として、お前たちのもとに(契約の)櫃《ひつぎ》が現われて、その中には神様から下された御姿と、それからムーサー(モーセ)の一族、ハールーン(アロン)の一族の残した遺品とが安置されており、天使らがそれを運んで来るであろう(「契約の櫃」については『旧約聖書』の「サムエル前書」参照。「御姿」——サキーナ sakina というのはヘブライ語「シェキーナー」shĕkīnā にあたり、聖霊的な形における神の臨在を意味する)。まことに、これこそお前たちにとって有難い徴となるはずのもの、もしお前たちが本当に信仰心をもっておるならば」と言った。

二五〇〔二四九〕さてそのタールート(サウル)が軍勢をひきつれて出で立つ時、彼は言った、「いいか、アッラーはお前たちを川でもっておためしになるぞ。その水を飲む者はわしの兵ではない。その水を味わおうとしない者はわしの兵だ。但し掌《て》で一掬《ひとすく》いだけ汲む者は別だが」と(この話は元来『聖書』ではサウルのことではなくてギデオンの説話である。「士師記」第七章参照のこと)。果して(川を渡るとき)、ごく少数の者を除いてみんな水を飲んだ。そして(タールート)と、それから彼と信仰をともにする人々が(川を)渡り了《お》えた時、彼らは「今日は我々にはとてもジャールート(ゴリアテ)と彼の軍勢を向うに廻すだけの力がない」と言いだした。しかし、自分がやがてはアッラー(のお傍に召されて、直接に)逢いまつる日の来ることを信ずる人々(最後の審判を信ずる人々、の意)は言った、「そも幾たび、小さな軍隊が、アッラーのお許しを得て大軍を撃破したことか。アッラーは不《ふ》撓《とう》不《ふ》屈《くつ》の人とともにいますのだ」と。

二五一〔二五〇〕かくて彼ら、ジャールートとその軍勢に立ち向って行く時、「我らが主《しゅ》よ、我らの上に不撓の精神を注《そそ》ぎかけ給え。我らの脚《あし》を毅《き》然《ぜん》と立たしめ、我らを助けてこの信なき者どもを破らしめ給え」と祈った。二五二〔二五一〕そして彼らは、アッラーの御心によって敵を潰走《かいそう》させ、ダーウド(ダビデ)はジャールート(ゴリアテ)を殺した。そしてアッラーは彼(ダビデ)に王権と智恵をお授けになり、かついろいろとお気に召すままにお教えになった。

まこと、もしアッラーが人間どもをお互いに牽制し合うようにしむけ給わなかったら、この地上は腐敗し切ってしまったことだろう。だが有難いことにアッラーは、ありとあらゆるものにあまねく恵《めぐ》みをかけ給う。

二五三(二五二)以上はアッラーの下し給う神兆《しんちょう》であって、我ら(アッラーの自称)自らその真理を汝(マホメット)に告げ聞かすものであるぞ。すなわち汝は真に神の使徒の一人なのじゃ。

二五四(二五三)かの(汝より先の代に遣《つか》わされた)使徒たちについても、我ら(アッラー自称)はそれぞれに差別して待遇しておいた。すなわちその或る者にはアッラー御自ら(ここでまた急に三人称になる)言葉をかけ給うたし、また或る者には何段も高い階位をお授けになった(キリスト教と違って回教では「予言者」と「使徒」とを区別せず殆んど同義語としてつかう。ノア、イスマイル、モーセ、イエス・キリストその他回教で使徒ないし予言者と認める者は非常に多い。それらはいずれもアッラーがいろいろな民族に遣わし給うた使徒である点では同資格だが、その間、種々高下の差があるというのである。マホメットは長い予言者系列の最後をかざる最大の予言者で、彼をもって予言者の出現ということは終止するのである)。我らはマルヤム(マリア)の子イーサー(イエス)にも数々の明らかな徴(奇蹟を指す)を与え、かつ聖霊によってこれを強化した。だから、もしアッラーの御心でなかったら、後の世の人たちも、こういう明らかな徴に接した上は決してお互いに撃《う》ち合うようなこともなかったであろうに。しかし人々は意見分裂し、ある者は信仰に入り、ある者は信仰に背いた。アッラーの御心なら、人々が互いに撃《う》ち合うことはなかったろうが。だが、アッラーは何んでも思いのままに為し給う。

二五五(二五四)汝ら、信徒の者、我らが汝らに授けてやった糧《かて》を(施《ほどこ》しものとして)使うのだぞ。取り引きも、友情も、取りなしもない(最後の審判の)日がやって来る前に信仰なき人々こそ真に不義の徒《やから》であるぞ。

二五六(二五五)アッラー、此の生ける神、永遠の神をおいて他に神はない。まどろみも睡《ねむ》りも彼(アッラー)を摑《つか》むことはなく、天にあるもの、地にあるものことごとくあげて彼に属す。誰あって、その御許しなしに彼(アッラー)に取りなしをなしえようぞ。彼は人間の前にあることもうしろにあることもすべて知悉《ちしつ》し給う。が、人間は、(その広大なる)智恵の一部を覗かせていただくのもひとえに御心次第。その王座は蒼穹《そうきゅう》と大地を蓋《おお》ってひろがり、しかも彼はそれらを二つながらに支え持って倦《う》みつかれ給うこともない。まことに彼こそはいと高く、いとも大なる神。

二五七(二五六)宗教には無理強《じ》いということが禁もつ。既にして正しい道と迷妄《めいもう》とははっきりと区別された(回教の啓示によって)。さればターグート(回教以前のアラビアで信仰されていた邪神のたぐい)に背《そむ》いてアッラーの信仰に入る人は、絶対にもげることのない把手《とって》を摑んだようなもの。アッラーは全てを聞き、あらゆることを知り給う。

二五八〔二五七〕アッラーこそは信仰ある人々の保護者。彼らを暗闇《くらやみ》から連れ出して光明へと導き給う。二五九だが信仰なき者どもは、ターグート(邪神)たちがその保護者、その手引きで光明から連れ出され、暗闇の中に落ちて行く。やがて地獄の劫火の住人となり、永遠にそこに住みつくことだろうぞ。

二六〇〔二五八〕お前(マホメット)見なかったかあの男を。例の、アッラーに王権を戴いたので(慢心し)、イブラーヒーム(アブラハム)に神様について議論を吹っかけたあの男のこと(『旧約聖書』に出て来るクシュの子ニムロドのこと。「創世記」第一〇章八―九節「歴代志略」上、第一章一〇節参照。但しこの人がアブラハムと論争したという話しは聖書には出ていない。これはユダヤ教のラビ伝承に近い)。イブラーヒームが「わしの神様は、(生なきものに)生を与え、(生あるものを)死に至らしめる御方だ」と言った時、あの男、「生かしたり殺したりするのはこのわしだ」などと言った。するとイブラーヒームが「アッラーは太陽を東から昇らせなさる。お前、西から昇らせて見ろ」と言ったので、あの無信心者めすっかりへこんでしまった。アッラーは不義なす者どもの手引きはなさらぬぞ。

二六一〔二五九〕それからまた、すっかり潰《つぶ》れ落ちて平らになった都を通りかかって、「こんなに死に絶えてしまったものを、いくらアッラーだってどうして生きかえらせられるものか」と言った男など（おそらくネヘミアのことであろう。そうするとこの都はイエルサレムを指すことになる。『旧約聖書』の「ネヘミア記」第二章参照）。そこでアッラーはその者を百年の間も死なせておいてからまた生き返らせ、「どのくらい時間が経ったか」とお訊《たず》ねになったら、「ほんの一日か、半日ほど」などと答えた。「いやいや、百年も経っておるのだぞ。一寸《ちょっと》見てみるがよい、お前の食べ物も飲み物も全然くさってはいない。だがお前の驢馬《ろば》を見よ（すっかり白骨になっておる）。ここで一つお前を他の人々への徴《しるし》としてやろう。よいか、あの白骨を見ておれよ。今、あれを起こして、それに肉を被《かぶ》せて見せようぞ。」かくてこの（奇蹟が）まのあたり事実となって現われたとき、さすがの彼も言ったものだ、「よくわかっております。確かにアッラーは何でもおできなさいます」と。

二六二〔二六〇〕それからイブラーヒーム（アブラハム）が「主よ、どんなふうにして死人を生きかえらせ給うのか、私に見せて下さい」と言った時のこと。「では、お前は信じておらんのか」と仰しゃると、「いえ、とんでもない。ただ、私の気持をしっかりさせたいだけでござります」と答える。「では、鳥を四羽つかまえて来て、お前の近くに引き寄せ（よくその形を覚えておいてからそれを切り剖《さ》き）、それから別々の山の上に、一切《ひとき》れずつ置き、

それから呼び集めて見るがよい。みんな(生き返って)大急ぎでお前のところに飛んで来
るから。こうしてお前も、アッラーが至高、全知にましますことを悟るがよい。」
二六三(二六一)アッラーの道に己が財を費《ついや》す人を譬《たと》えて見ようなら、一個の穀粒《こくつぶ》が七個の穂
を出し、その穂の一つ一つがまた百個の穀粒を出すようなもの。アッラーは御心の向い
た人には(収益を)何倍にでもして下さる。アッラーは一切を包含《ほうがん》し、一切に通暁《つうぎょう》し給う。
二六四(二六二)アッラーの道に己が財を費して、その後から相手に恩きせがましくしたり、
偉《えら》ぶったりしなければ、神様から充分に御褒美《ごほうび》がいただけるぞ。そのような人はもう何
も怖《こわ》い目に逢うこともなく、悲しい目に逢うこともなかろうぞ。二六五(二六三)まっすぐな言
葉と容赦《ようしゃ》の心の方が、施《ほどこ》し物《もの》をしておいて後から偉ぶったりするよりはるかにまさる。
アッラーは無限の富をもち、限りなく寛容にましします。
二六六(二六四)これ汝ら、信徒の者、せっかく施し物をしておきながら、後で恩きせがまし
くしたり偉ぶったりしてそれを無効にしてはならぬぞ。いかにも見てくれがましく自分
の持ちものを施しはするが、その実アッラーも最後の(審判の)日も信じていない人のす
るように。そういう人をものの譬《たと》えで説こうなら、まず土をかぶった岩石か。ひと雨ざ
っと襲って来たら、すっかりはだかになってしまう。せっかく今まで稼《かせ》いでおいても、

そうなったが最後もうどうにも出来はしない。信仰のない人々をアッラーは導いて下さりはしない。二六七〔二六五〕これに反して、アッラーのお気に入ろうがため、かつはまた自分の信心の固《かた》めのために己が財産を費す人々は、譬《たと》えてみればまず丘の上の果樹園のようなものか。ひと雨ざっと襲って来れば、取れる果実は二倍にふえ、雨が降らねば露がふる。アッラーは汝らのすることは何から何まで見ていらっしゃる。

二六八〔二六六〕棕櫚《しゅろ》と葡萄《ぶどう》の果樹園に、潺々《せんせん》と小川が流れ、あらゆる種類の果実が採れる、ところがやがて老年が襲って来る、あとつぎはみんな脆弱《ぜいじゃく》、おまけに炎をはらんだ飈風《ひょうふう》にせっかくの果樹園も焼け失せた、というような目に遇いたい者が汝らの中に誰かおるか。このようにアッラーは汝らに神兆を説き明かし給う、もしかしたら汝らも反省するようになるかも知れんとお思いになって。

二六九〔二六七〕これ、信徒の者、自分で稼《かせ》いだよき物と、我ら（アッラー自称）が汝らのために大地の中から出してやったものを惜しみなく施せよ。特に出来の悪いのばかりを選び出して施しの用にあてたりしてはならぬぞ。二七〇自分もいざそのような物を貰う段になったら嫌がるであろうがな。とにかくアッラーは限りなき財産と限りなき慈愛をもち給うことをよく心得ておくがよい。

二七一〔二六八〕シャイターン（サタン）が汝らに約束するものは貧困、汝らに勧《すす》めるのは破廉恥《はれんち》で、アッラーがお前たちに約束するものは寛恕《かんじょ》と恩恵《おんけい》。アッラーは宏大《こうだい》無辺、全知にましますぞ。

二七二〔二六九〕（アッラー）は誰でも御心の向いた人に智恵をお授けになる。神様から智恵を授かるとは、また大変結構なものを頂戴したわけではないか。それなのに、心ある者以外は誰も気にとめもしないとは。

二七三〔二七〇〕汝らどんなことに金を使おうと、どんな願立《がんだ》てをしようと、アッラーはすっかり御存知。不義をはたらく徒《やから》には助け手もない。〔二七一〕汝ら、己れの施しごとを、目立つようにしても勿論結構、だが、そっと隠して貧乏人にくれてやるならもっと自分の身のためになり、その功徳《くどく》で（前に犯した）悪事まですっかり帳消しになる。アッラーは汝らのしていることにはすっかり通じていらっしゃる。

二七四〔二七二〕何もお前（マホメット）が一々みんなの手を引いてやることはない。アッラーが御心の向いた者を自由に導いて行き給う。とにかく汝ら（と一般の信徒に向い）大切なものをひとに恵んでやれば、結局は自分の身のためになる。アッラーの（嘉《よみ》し給う）御顔が見たいばかりに施しをするのであってみれば。そして汝らが自分の大切なものをひとに恵んでやれば、それだけ充分にお返しが来る。決してひどい目に遇うようなことになりはしない——〔二七三〕

その相手がアッラーの道で（信仰生活に熱心であるために）困窮し、そこら中を歩き廻ることのできない貧者たちである場合は。そんな人たちのことを愚かな者ならきっと金持だと思うかも知れない、あまり嗜《たしな》みがいいものだから。だがその特徴をよく観《み》ればすぐそれと分るはず。何しろ、そういう人たちはちっともうるさく物をねだったりしないから。とにかく汝らが大切なものを施せば、それをアッラーがすっかり御承知。

二七五（二七四）自分の財産を、夜となく昼となく、ある時はそっと隠し、ある時は堂々と人《ひと》前《まえ》で施してやる人たち、そういう人たちは神様のみもとで（立派な）報酬がいただけよう。怖《おそ》ろしい目に逢うことも、悲しい目に逢うこともなかろうぞ。

二七六（二七五）利息を喰らう人々は、（復活の日）すっと立ち上ることもできず、せいぜいシヤイターン（サタン）の一撃をくらって倒された者のような（情《なさけ》ない）立ち上り方しかしないであろう。それというのも、この人々は「なあに商売も結局は利息を取るようなもの」という考えで（やっている）。アッラーは商売はお許しになった、だが利息取りは禁じ給うた。神様からお小言《こごと》を頂戴しておとなしくそんなこと（利子を取ること）をやめるなら、まあ、それまでに儲《もう》けた分だけは見のがしてもやろうし、ともかくアッラーが悪くはなさるまい。だがまた逆戻りなどするようなら、それこそ地獄の劫火《ごうか》の住人となって、永遠に出してはいただけまいぞ。

二七七(二七六)アッラーは(最後の審判の日には)利息の儲けをあとかたもなく消して、施し物には沢山利子をつけて返して下さる。アッラーは誰であろうと罪業《ざいごう》深い無信仰者はお好みにならぬ。(二七七)(だが)立派な信仰をもち、善行をなし、礼拝をきちんと守り、喜捨《きしゃ》を出す人たち、そういう人たちの御褒美《ごほうび》は神様が引き受けて下さり、もう何も怖ろしい目にも悲しい目にも逢うことはない。

二七八これ、信徒の者、アッラーを畏《おそ》れかしこめよ。まだどこおっている利息は帳消しにせよ、汝らが本当の信者であるならば。二七九だがもし汝らそれがいやだと言うのなら、よいか、アッラーとその使徒(マホメット)から宣戦を受けるものと心得よ。しかし(そのあとでも)もし悔《く》い改めるなら、元金だけは残してやる。つまり自分でも不当なことをしなければ、ひとからも不当なことはされないのじゃ。

二八〇また、相手が非常に困窮している場合には、事情がいくらかゆるむまで待ってやること。(貸しを全部棒引きにして)喜捨とするなら、その方が遥かに己が身のためにもなる。汝らにこれがわかっていさえすれば。

二八一汝らみなアッラーのお傍に連れ戻されて、一人一人の魂がそれぞれに自分の稼《かせ》いだ分だけきっちり払い戻して戴く、あの(審判の)日を畏れるがよい。その時こそ、誰一人不当な報《むく》いを受ける者はない。

(二八二)これ、信徒の者、お互い同士、一定の期限つきで貸借関係を結ぶ場合には、それを書面にしておくのだぞ。誰か書式を心得た者に双方の間に入って間違いのないように書いて貰うこと。そのような時、書式の心得ある者はアッラーの御教え通り書くことを決して拒《こば》んだりしてはいけない。どうしても書くのじゃ。そして債務《さいむ》を負《お》う方の側が文句を口上で言う。アッラーを畏れかしこみ、いささかたりとも(額面を)実際より少く言ったりしてはならぬ。但し債務を負うべき者が白痴《はくち》や精神薄弱であるとか、自分で口上が言えないような場合は、その後見役の者に間違いのないよう口述《こうじゅつ》して貰うこと。それから男が二人、証人として立合うこと。男二人でないときは、男一人に女二人、自分でこれならと思う人を証人にして、女のどちらか一人がもし間違ったりしたら、もう一人の方が注意してやれるようにする。証人になる方の人は、喚《よ》ばれたらいつでも決して断ってはならない。(貸借が)小さくとも大きくとも、はっきり期限をつけて書面にしておくことを面倒くさがってはいけない。そうする方がアッラーの御目から見ても正しいのだし、また証言の形としても妥当《だとう》、そしてまた後でごたごたが起ることも少くなるというもの。但し現品をその場でお互いにやり取りする場合はそのかぎりにあらず。そんなときは一々書面にしなくとも別に落度《おちど》にはならぬ。しかし互いに売り買いをする際にはきちんと証人を立てねばならぬ。そして書面を書く人にしても、証人になる人にしても、汝ら決して強制を加えたりしてはいけないぞ。万一そのようなことをしたら、それこそ怖ろしい罪悪を犯《おか》すことになるぞ。すべて、アッラーを畏れかしこむことが第一。アッラーは汝らに(このようにいろいろなことを)教え給う。アッラーはあらゆることに通暁し給う。

二八三だが若《も》し旅先で、書き手もいない場合には担保《たんぽ》品《ひん》を取っておく方がよい。また汝らお互いの間で何かを信託した場合は、信託された者は間違いなくその託された物を引き渡さなくてはいけない。主《しゅ》なるアッラーを畏れかしこんで。また汝ら、証言を隠しごまかしてはならない。隠しごまかすような者は心で罪を犯《おか》すことになる。アッラーは汝らの所業を何から何まで知り給う。

二八四天にあるもの、地にあるものすべてはアッラーに属す。汝らが心のうちをさらけ出そうとも、包み隠そうとも、アッラーは汝らとその決済をつけ給う。誰を赦《ゆる》し、誰を罰し給うかはすべて御心のまま。アッラーは全能におわします。

二八五この使徒(マホメット)は神様が下し給うたもの(神の啓示)を信仰し、また信者たちも、一人一人がそれぞれにアッラーと、その諸天使と、その(下し給うた諸々の)聖典と、その(遣《つか》わし給うた)諸々の使徒を信仰する。使徒たちの間に我ら(アッラーの自称ともとれるし、また次の文に続けて信徒の唱えごとともとれる)は差別をつけはせぬ。みんな「我らは(汝の御言葉)を聴き、お言いつけに従います。我らが主よ、なにとぞ御赦《おゆる》しをたれ給え。やがて(我らは)汝の御もとに還り行く身でござります」と言っている。

二八六アッラーは誰にも能力以上の負担も背負《せお》わせ給うことはない。儲《もう》け分も欠損もすべては自分で稼いだだけのもの。

二八七(二八六)神様、もし私どもがついうっかりと忘れたり、何か間違いをしでかしましても、どうかおとがめになりませぬよう。

神様、私どもの先きに行った人々にお負《お》わせなさいましたような重荷《おもに》をどうか私どもにはお負わせになりませぬよう。

神様、私どもの力量ではかなわぬような負担を私どもの背におのせになりませぬよう。

私どもを宥《ゆる》し給え、

私どもを赦《ゆる》し給え、

汝こそは私どもの守りの神。罪深い者共に打ち勝つことができますよう、なにとぞ私どもを助け給え。

三　イムラーン一家　――メディナ啓示、全二〇〇節――

慈悲ふかく慈愛あまねきアッラーの御名において……

一アリフ・ラーム・ミーム（前章の冒頭参照）アッラーのほかに神はない。彼こそは生ける神、永《と》遠《わ》に在《あ》るもの。

二（アッラーは）お前（マホメット）に真実《まこと》をもってこの聖典を下し給い、それに先立つもの（モーセの律法とキリストの福音）の確証となし給うた。また（かつて）律法と福音《ふくいん》とを下して〔三〕人々に導きをたれ給い、（正邪を）区別する規準（原語フルカーン。前出、前章五〇節参照）を下し給うた。

三もしアッラーの下さる神兆に不信の態度を取るような者があれば、いまに厳《きび》しい罰に合うであろうぞ。アッラーはその権能限りなく、恐ろしい復讐《ふくしゅう》の神におわします。

四〔五〕まことにアッラーの御目に見えぬものは何一つない、地上においても天上においても。〔六〕アッラーこそは御心のままに汝らを母の胎内《たいない》にお造りになる御方《おかた》。そのほかには神はない。全能にして全知の御神。

五〔七〕(アッラー)こそはお前にこの聖典を下し給うた御方、その中にはこの聖典全体の母体(基礎的、本質的部分の意)とも言うべき、文句のはっきりしたところと、それから別に曖昧《あいまい》なところとがあって、心のなかに邪曲を宿《やど》す者どもはえてしてこの文義曖昧な方に取りつきたがり、それをもとにして異端騒動を捲《ま》き起そうとはかったり、また自分勝手な解釈をこころみようとする。だが本当の解釈はアッラーだけが御存知《ごぞんじ》。しっかりとゆるぎない知識をもつ人々は、「私どもはそれ(『コーラン』)を信じております。すべては神様のおつかわし下さいましたもの」という。ただ心ある人々のみ(かくのごとく)正しく反省する。

六〔八〕「我らが主よ。一度こうして私どもを御導き下さいましたからは、どうか私どもの心を正しい道から反《そ》らさないで下さいまし。私どもに御情けを与え給え。まことに汝は惜しみなく与え給う。」

七〔九〕「我らが主よ。汝こそはかの疑いの余地もない日(最後の審判の日)にすべての人をお集めになる御方。アッラーは約束を絶対にたがえたりはなさいますまい。」

八〔一〇〕(その時が来たら)信仰なき者どもは、財産も子供もアッラーの(御怒りの)前には何の役にも立つまいぞ。みんな劫火《ごうか》の燃料《もえしろ》になるだけのこと。九〔一一〕フィルアウン（古代エジプト王、ファラオ、すなわち『聖書』にいうパロのこと。「出エジプト記」参照）の一族やそれよりもっと昔の人々がよい例で、我ら（アッラー自称）の下した神兆を嘘だと言った、その罪のためにアッラーに滅ぼされてしまったではないか。アッラーは恐ろしい罰を与え給う。一〇〔一二〕信仰なき者どもに言ってやるがよい、「お前たち、いまに打ち負かされたあげく、ジャハンナム（ゲヘナ、すなわち地獄の劫火）の中に集められるぞ。それこそとてもたまらぬ寝床となろうぞ」と。

一一〔一三〕あれは汝らに〔示された〕神兆だったのだぞ、あの二つの軍勢がぶつかって、一方はアッラーの道に戦い、相手方は異教徒だった（回教初期における対異教徒も戦いのなかで最も有名なバドルの合戦を指す。西暦六二四年、つまり回教暦でいうと第二年目のことである）。あの時、彼ら（異教徒の側）はこちらが自分たちの二倍もいるのをまざまざと眼で見た（神の助けで敵に幻視が起り回教徒の軍勢は自分達の二倍もいるように思った）。アッラーは誰でも御心のままに助け給う。まこと、見通しのきく人間にとっては、これは有難い教訓ではないか。

一二〔一四〕人間の目には、さまざまな欲情の追求こそこよなく美しいことのように見えるもの。女だとか子供だとか、また積み上げられた金銀の山、立派な馬、家畜、それに田畑。だがこのようなものはみな現世の楽しみにすぎぬ。本当に素晴しい拠《よ》りどころはア

ッラーのお傍にだけある。一三(一五)言ってやるがよい「おい、そんなものよりはるかによ
いものがあるのを教えてやろうか。神を畏れかしこむ人々は、いまに神様のところで
潺々《せんせん》と河川流れる楽園に入れて戴いて、そこに永久に住みつき、清浄な妻（前出、天上の処女妻、フーリーのこ
と）を幾人もあてがわれ、アッラーの特別の思召《おぼしめ》しを頂戴する。アッラーは御自分の奴
隷たち（信者を指す。神は主人、信徒は奴隷というセム的な考え方）のことは何から何まで見ていらっしゃるぞ。」一四(一六)そう
いう人たちは、「神よ、我らは信じ奉る。されば何卒我らの罪を赦《ゆる》し、劫火の罰から守
り給え」と言う。一五(一七)忍耐強くて、正直で、従順で、喜捨《きしゃ》を好み、夜が明けたと思う
ともう神様に罪の赦しをお願いし始めるような人たちは。

一六(一八)アッラーは正義の範を垂れ給いつつ、御自ら、他に絶対に神なきことを証言し給う。また諸々の天使たちや、正しい叡知《えいち》をもった人々も（それぞれに同じことを証言しておる）。まことに、正義をもって立ち給う、この限りなき権能の神、限りなき智恵の神を措いて他に神はない。

一七(一九)アッラーの御目よりすれば、真の宗教はただ一つイスラーム（神に対する絶対無条件的服従を意味する）あるのみ。しかるに、聖典を授けられた人々は立派な知（神の啓示による特別の知識）を戴いておきながら、

しかも互いに嫉《ねた》み心を起して仲間割れを起した（ユダヤ教、キリスト教、回教（イスラム）が元来は同じ一つの宗教「イスラーム」であることを言う）。せっかくアッラーが神兆をお示しになったのにそれを信じようともせぬ者は……、よいか、アッラーは勘定《かんじょう》がお早いぞ。

一八〔二〇〕もし彼らがお前（マホメット）に（宗教上のことで）面倒な議論をしかけて来たら、こう答えるがよい、「わしはアッラーにわしの顔をおまかせ申した（自分の魂の一切を挙げて神に捧げ、すべてを神に委せた、ということ）身だ。わしに従う者もみんな同じ」と。一九聖典を授かっておる人々にも、そうでない普通の人たち（ユダヤ教、キリスト教以外の多神教徒）にも、「お前たち、すべてを神様におまかせしたか」と問うて見よ。それでもしすべてをおまかせしたというなら、もうそれだけでその人たちは立派に（信仰の道に）入っている（すべてを神の意志にまかせ切ってしまうこと、それをアラビア語ではイスラーム islām という。そしてこれが直ちに回教の原名である）。だがもし後ろ向いてしまうようなら、なに、お前はただ伝えるだけのことを伝えさえすればそれでよい。御自分の奴隷（前出、真の信者ということ）のことはアッラーが何から何まで見ていて下さる。

二〇〔二一〕アッラーの下し給う神兆にたいして不敬な態度をとり、不当にも予言者を殺害し、正義を勧める人々を殺害するような人々、そういう者どもにははげしい天罰の福音を説いてやれ。二一〔二二〕そんな人々は何をしようとも、現世でもまた来世でも甲斐《かい》はなく、（来世では）誰一人助ける者とてなかろうぞ。

二二〔二三〕お前（マホメット）見なかったか、啓典の分け前（モーセの律法を指す）を頂戴して、（何でも問題が起った時は)アッラーの下さる啓典に準拠《じゅんきょ》してお互い同士で問題を解決するようにというお勧めを受けたのに、中にはこれに背を向けて見むきもしない者がある。二三(二四)それというのも、地獄の火に焼かれるといってもどうせその日数には限りがあることだし、などと考えたからのこと。結局自分たちがいいかげんに想像した考えに騙《だま》されて正しい宗教から迷い出してしまった。二四(二五)だが、いざ我ら(アッラー自称)が彼らを、あの疑いの余地もない日(最後の審判の日)のために喚《よ》び集めたら、一体どのようなことになるであろうか。一人一人の魂が、それぞれ自分の(現世で)獲《え》た稼《かせ》ぎ高だけきっちり支払って戴き(賞罰ともに自分が現世でなした仕業の善悪の額によって正確に与えられ)、不正を受けることなど全然ないあの日には。

二五(二六)こう唱《とな》えるがよい、「おお神よ、王国の王なるものよ。汝は御心のままに誰にでも王国を授け、また御心のままに誰からでも王国を取り上げ給う。汝は御心のままに誰でも高め、また御心のままに誰でも低め給う。汝の御手のうちに一切の善はあり、汝は、まことに、あらゆることをなす権能を有し給う。

二六(二七)汝は夜を昼の中に入らせ、また昼を夜の中に入らせ給う(昼夜の交替を司り給う)。また死せるものから生けるものを出し、生けるものから死せるものを出し、勘定もせずに誰でも御心のままに養育し給う」と。

二七〔二八〕信仰ある者は、信仰ある者を措《お》いて無信仰者を友とするようなことがあってはならない。もしそのようなことをすれば、全然アッラーには無縁の者となろう、但し何か無信仰者から（害を受けそうな）心配でもある場合は別だが。しかしアッラーは、一番こわいのは何といっても（アッラー）御自身だと汝らをお諭《さと》しになっておられる。最後に（汝らが）行きつく先はアッラーなのだぞ。

〔二九〕（皆のもの）にこう言ってやれ、「お前たち、自分の胸の中のものを包み隠そうが、すっかりさらけ出そうが、アッラーは全部御存知《ごぞんじ》。天にあることも地上のことも、一切御存知。アッラーは全能におわします」と。

二八〔三〇〕すべての人が、それぞれ（現世で）自分のした一切の善事とそれから悪事とをあらいざらい目の前にならべて見せつけられる日。ああこの日と自分との間に遠い遠い距《へだた》りがあったらなあと誰もが思うあの日。一番こわいのは（アッラー）御自身だと、アッラーが汝らをお諭《さと》しになっておられる。だが御自分の奴隷（前出、信者のこと）に対しては、アッラーは限りなくお優《やさ》しくていらっしゃる。

二九〔三一〕（皆のものに）こう言うがよい、「お前たち、もしもアッラーを愛しておるなら、このわし(マホメット)に従ってこい。そうすればアッラーもお前たちを愛し、お前たちの罪を赦《ゆる》して下さる。アッラーは本当によく赦して下さるお情深《なさけぶか》い方《かた》だから」と。〔三二〕またこう言うがよい、「アッラーと、その遣わし給うた使徒(マホメット)の言いつけをよくきけよ」と。だが、もし彼らが背を向けるなら、よいか、アッラーは信仰なき者どもはお好きでないぞ。

三〇〔三三〕かしこくもアッラーはアーダム(アダム)とヌーハ(ノア)とイブラーヒーム(アブラハム)一家とイムラーン一家(回教では、イエス・キリストの母マリアの父親はイムラーンである)とを選び出して、あらゆる人の上に置き給うた。〔三四〕彼らは次々に後を継いだ。アッラーは全てを聞き、あらゆることを知り給う。

三一〔三五〕イムラーンの妻(聖母マリアの母親に当る)が「主よ、わが胎内に宿《やど》ったものを妾《わらわ》は汝に献《ささ》げ奉ります。なにとぞ妾からこの(ささげ物を)お受け下さりませ。まことに汝は全てを聞き、あらゆることを知り給う」と言った時のこと。〔三六〕いよいよ女児を分娩《ぶんべん》したとき彼女は言った、「主よ、妾の産《う》んだ子は女でございました」――アッラーは彼女の産んだものが(男か女か)いうことぐらい(彼女より)もっとよく御存知。男の子と女の子は勿論違う――「そして妾はこの子の名をマルヤム(マリア)とつけましてございます。この子と、それからこの子の子孫とを汝の御加護にゆだね奉ります。どうかあの呪《のろ》われたシャイターン（サタン）から守ってやって下さいまし」と。三二〔三七〕そこで主はその子を御嘉納あらせられ、すくすくと育て給うた。娘の世話をしたのはザカリーヤー（バプテスマのヨハネの父ザカリア。この箇所は「ルカ伝」第一章に述べられているキリスト教の伝承を回教的に展開したもの）だが、聖処にいる彼女のところへザカリーヤーが入って来て見ると、いつもきまって彼女の傍にちゃんと食物が置いてある。「マルヤム、これはまあ一体どうしたことじゃ」と訊《たず》ねると「アッラー様から戴きました」と言う。まことにアッラーは誰でも御心のままに、勘定なしで養育し給う。

三三〔三八〕そこでザカリーヤーは主に祈った、「主よ、なにとぞお情けをもちまして、この私めに立派な子孫をお授け下さい。まことに汝は祈りをよくおききとどけ下さる方でござります」と。〔三九〕かくて彼が聖処に立って祈っていると天使らが彼に呼びかけて、三四「かしこくもアッラーは汝に嬉しいお告げを下さるぞよ。（やがて汝に）ヤフヤー（ヨハネ）（という子が生れるであろう）。彼こそはアッラーの御言葉（ロゴス、すなわちイエス・キリストのこと）の確証者となり、（人々の）指導者、純潔なる者、義《ただ》しき人々の中での予言者となるであろうぞ」と。

三五〔四〇〕（ザカリーヤー）は言った「主よ、どうしてこの私に息子などできるはずがありましょう。私はもうこのような老人、妻は不妊《うまずめ》でございますのに」と。するとそれにお答えがあった、「このようにアッラーは何事でも御心のままになし給うのじゃ。」

三六〔四一〕そこで「主よ、では何かお徴《しるし》を示して下さりませ」と言うと、「まる三日の間、お前は口がきけず、手ぶりだけで他人と話すことになろう。これがお前に授ける神兆じゃ。主の御名を何遍も唱えて、朝な夕な、主の栄光をたたえ奉れよ」とのお答えだった。

三七〔四二〕それから天使らは（マルヤムに向って）言った、「これマルヤム、かしこくもアッラー様がお前をお選びになり、お前をお浄《きよ》めになり、そしてお前をありとあらゆる女の上に選び挙《あ》げ給うた。三八〔四三〕マルヤムよ、お前はすべて主の御心のままに従い、ひれ伏し跪《ひざまず》いてみんなと一緒にあがめまつらなくてはいけないぞ」と。

三九〔四四〕（ここからアッラーはマホメット一人に向って語りかける）これはみなもともと不可知なる事柄に属する話しであるが、それを特にお前にだけ開示してつかわすのじゃ。お前は、あの連中が占矢《うらないや》を投げて（古アラビアの籤引きの一種）誰がマルヤムの世話をするか決めようとしていた現場に居合わせたわけではなし、また（そのことで）みんなが言い争っていた現場に居合わせもしなかった（ここでマホメット一人に対するひそかな語りかけは終る）。

四〇〔四五〕そこで天使らは宣言した、「これマルヤム。かしこくもアッラー様の嬉しいお告げじゃ、（お前は）神から発する御言葉（前出、神的ロゴスの意）を（産みまつるであろう）。その名はメシア。マルヤムの子イーサー（マリアの子イエス）。その御方は現世にても来世にても高きほまれを受け、神のお傍近き座につかれるであろう。四一〔四六〕揺籃《ゆりかご》の中にあっても、また成人してからも人々に語りかけ、義《ただ》しき人となられるであろう。」

四二(四七)彼女が、「主よ、どうして妾に子供などできましょう、まだ誰も妾のからだに触れた男もありませんものを」と言うと、「このようにアッラーは何でも御心のままに創造し給う。何事でもひと度こうと決《き》め給えば、ただ『なれ』と仰しゃるだけでそうなるのじゃ。四三(四八)そればかりか神はその子に聖典と聖智と律法と福音とをお教えになり、(四九)イスラエルの子らのもとに使徒としてお遣わしになるであろうぞ。(以下イエスの言葉)『さあ、わしはこうしてお前たちのところへ主のお徴《しるし》を持ってやって来た。お前たちの目の前で、泥で鳥の形を作り、それに息を吹き込めば、アッラーのお許しで、忽ちそれは一羽の鳥となろう。それからわしは盲者や癩患者《らいかんじゃ》を癒《なお》し、またアッラーのお許しがあれば死者を蘇《よみがえ》らせもしよう。お前らがどんな物を食べているか、また家の中にどんなものを貯《た》めこんでいるかも言い当てて見せよう。これこそお前らのために(下された)神の御《み》しるし、もしお前らに信仰があるならば。

四四(五〇)わしはまた、わしの前に(下された)律法を確証し(ユダヤ教の律法(トーラー)も福音と同じく唯一なる天地創造の神アッラーの啓示によるものであることを確証し)、かつまたこれまでお前たちに(宗教上)禁じられていたことの一部を解禁してもやろう。わしはほかならぬお前たちの神様の神兆を持ってお前たちのところへ来た者。だからお前たちもアッラーを畏《おそ》れかしこみ、わしの言いつけに従うがよい。(五一)

まことにアッラーはわしの神でもあればまたお前たちの神でもあるのだぞ。だからアッラーをあがめまつれ。それこそ正しい道であるぞ』と。

四五〔五二〕さてイーサー（イエス）が彼らの不信を察知して、「このわしを助けてアッラーにつかえまつる者はおらぬか」と訊ねたとき、例の（十二人の）使徒が言った、「私どもはアッラーの味方になります。私どもはアッラーを信じます故に、どうか私どもの恭順《きょうじゅん》の証人となって下さい。四六〔五三〕主よ、私どもは汝の下し給うたものを信じ、汝の遣わし給うたこの人に従います。なにとぞ私どもを（汝の神性の）証言者たちの列に書き加え給え。」

四七〔五四〕（イエスに対意を抱くユダヤ人たちは）いろいろと策略をかまえた。が、アッラーの方でも策略をかまえ給うた。策略にかけては何者もアッラーにかなうものはない。

四八〔五五〕アッラーは言い給うた、「これイーサー、わしは汝を召し寄せてわがもとまで高く昇らせ、無信仰のやから（のけがれ）から汝を浄《きよ》めてやろうと思う。また汝の後に従って来た者どもは、復活のその日まで無信仰のやからより高いところに置いてやろう。そしていよいよ（復活の時が来たら）、汝らはみなわしのところに連れて来られるのだぞ。汝らがいまそうして論争しておる問題についても、その時わしがみんな裁《さば》いてやろうぞ。

四九〔五六〕信仰なき者どもには、この世でもまたあの世でも、わしが恐ろしい罰で罰してや

ろう。誰一人あの者どもを助けてくれるものはあるまいぞ。」 五〇〔五七〕だが信仰を守り、
正しい行いをなす者どもには、(アッラーは)充分に報酬《ほうしゅう》を与えて下さろう。アッラーは
不義なす者どもを好み給わない。
五一〔五八〕以上はみな我ら(アッラー自称)が特にお前(マホメット)のためにいろいろなお徴《しるし》と貴《とおと》いお諭《さと》しの
一部を読みきかせてやったものじゃ。
五二〔五九〕さて、アッラーのお目から見ると、イーサー(イエス)は丁度アーダム(アダム)と同じよ
うなもの(イエスが処女を母として生れたのと同じく、アダムもまた父母なしに泥から生れた。ともに奇蹟による誕生である)。彼を泥で作っておいて、それに
「なれ」と仰しゃったら本当に彼は(生きた人間に)なったのだから。
五三〔六〇〕これはお前の神様がお示し下さった真理。決して他の者の真似して疑心を抱い
たりしてはならぬぞ。五四〔六一〕だから、お前にこのような有難い知識が授かった今となっ
ても、なおこの点についてお前にとやかく議論をしかけて来る者があったら、こう言っ
てやるがよい、「よし。それでは一つわしらの息子たちとお前らの息子たち、わしらの
妻たちとお前らの妻たち、それからわしら自身にお前ら自身、みんなここに呼び集めて
おいて、お互いに呪《のろ》い掛けあい、嘘ついた方にアッラーの呪いが掛かるようにしようで
はないか」と。
五五〔六二〕これはみな真《まこと》の話し。アッラーのほかに神があってなるものか。アッラーこそ、

かしこくも全能全知の御神。五六（六三）それでもなお彼らが背を向けるようなら、よいか、アッラーは悪事をはたらく者どものことはよく御存知であるぞ。

五七（六四）こう言うがいい、「聖典の民よ（ユダヤ教徒、キリスト教徒への呼びかけ）、さあ、わしらとお前たちとの間に何の差別もない御言葉のところにおいで（回教の啓示に立てば、ユダヤ教とキリスト教との争いはなくなり、三者共同の地盤に立てるのである）、すなわちみなでアッラーだけをあがめまつろうではないか。（アッラー）に何者も結び合わすことなく（アッラーのほかには一切の偶像を認めず）アッラーをよそにして、わしたちお互い同士を主《しゅ》と呼んだりすることを止そうではないか」と。だがもし彼らがそれでも背を向けるようなら、言うがよい、「それではお前たち、わしらだけはすべてを神の御心に委《まか》せた信者（前出、原語は「ムスリム」と言い、同時に「回教徒」ということにもなる）だということだけ、せめて証言してくれよ」と。

五八（六五）啓典の民よ、お前たちなぜイブラーヒーム（アブラハム）のことでそう言い争いするのだ（当時アラビアのユダヤ教徒とキリスト教徒は、アブラハムがユダヤ教徒だった、いやキリスト教徒だったと盛んに論争していた）。律法が啓示されたのも福音が啓示されたのもみんな彼（アブラハム）以後のことではないか。こんなやさしいことがわからないのか。五九（六六）これ、お前たち、元来お前たちは自分のよく知っている問題について論争してきたのに、どうして今ごろになって自分の知りもしないことで喧嘩《けんか》などするのか。（本当のことは）アッラーだけが御存知で、お前たちは何も知りはしないのに。

六〇〔六七〕よいか、イブラーヒームは、ユダヤ教徒でもなかった、キリスト教徒でもなかった。彼は純正な信仰の人、全き帰依者《きえしゃ》だったのだ。偶像崇拝のたぐいではなかった。

六一〔六八〕よいか、あらゆる人間の中で一番イブラーヒームに近いのは、彼の後に従った人たち、それからこの予言者(マホメット)、それから(アッラーを)信ずる人たち。アッラーはすべての信者の保護者におわします。

六二〔六九〕啓典の民の中には、何とかして汝らを邪道に迷い込ませようと思っている者どもがある。結局は自分で自分を迷わせるのがおちなのだが、しかし彼らにはそれがわからない。

六三〔七〇〕啓典の民よ、何故汝らアッラーの神兆を信じようとはしないのか、(それが本当に神兆であることは)汝らはっきり己が目で見ておりながら。

六四〔七一〕啓典の民よ、汝らなぜ真理に虚偽の衣を被《かぶ》せ、なぜ悪いことと知りながら真理を包み隠そうとするのか。

六五〔七二〕啓典の民の中には、「おいみんな、あの信者たち(回教徒を指す)に下された(お告げ)を日の始めには信仰し、日の終りには背を向けてやるがいい。そうすれば、彼らも(迷いからさめて)還って来るかも知れないから(これは性悪のユダヤ人のたくらみで、マホメットの受けた啓示を朝には信仰するような風を見せ、夕方にはそむき去る。そうするとマホメットの受けた啓示を朝には信仰するような風を見せ、夕方にはそむき去る。そうすると回教徒の方に混乱が起り、これは何かマホメットの啓示に変なところがあるのかも知れないと考えて信仰を棄てる者が出るだろうという考え)。六六(七三)だが(本心では)お前たちの宗教(ユダヤ教)を採る人の言うことだけしか信じてはならんぞ」などと言った者がある。(こんな者どもには)こう言い返してやるがよい、「お前たちが戴いた(『聖書』)と同等のものを、誰かが(暗にマホメットを指す)頂戴して(『コーラン』の啓示を指す)、その人々(マホメットに従う人々)が堂々とお前たちの神様の前でお前たちと論争することもあるという、これこそアッラーのお導き、これこそ本当の神の導きというもの」と。こう言ってやるがよい、「限りないお恵《めぐ》みがアッラーの御手の内にあって、それを誰にでも御心のままに分けて下さる。本当にアッラーは宏大《こうだい》無《む》辺《へん》、あらゆることを御存知の御方。六七(七四)誰でも御心のままに選び出してはお情をかけ給う。まことにアッラーは大きな恩恵の持主におわします」と。

六八(七五)啓典の民の中には、キンタール(莫大な金額)を預けてもそっくり返してくる者もあれば、また中には僅か一ディーナールほど預けても、うるさく言わなければ返してよこさない者もある。

六九それというのは、「なあに、異教徒など(ここではアラビア人を指す)にどんなことをしたとて我々がとがめられる筋はない」などと考えてのことだが、これではアッラーに対してみすみす嘘をつくことになってしまう。七〇〔七六〕いやいや、自分の契約は立派に履行《りこう》し、アッラーを畏《おそ》れかしこむ者、アッラーの好み給うのはそういう敬虔《けいけん》な人々のみ。

七一〔七七〕アッラーの契約（アッラーの名においてなされた契約）や、自分の立てた誓言をほごにして、安値で売りとばすような者ども、そのような者どもは来世では何の分け前にも与れないぞ。アッラーはそんな者どもには口もきいて下さらぬ、復活の日にお目を掛けても下さらぬ、穢《けが》れを浄《きよ》めても下さらぬ。苦しい罰が待っているだけ。

七二〔七八〕また彼らの一部には、聖典で舌を捻《ひね》り（いいかげんな文句を聖典から取ったと称して捏造すること）、汝らを〔騙《だま》して〕聖典の文句だと思わせようとはかる者がある、本当は聖典の文句でもないものを。そしてアッラーが下し給うたものでもないのに、これはアッラーからいただいたものだなどと言いふらす。このような者どもはアッラーに対し奉り、何もかも承知の上で嘘を言う。

七三〔七九〕アッラーから聖典ばかりか、（並はずれた）判断力と予言能力とを授けて戴いておきながら、（知らん顔して）人々に「おいみんな、アッラーではなくてこのわしをあがめまつれ」などと言うのは人間としてあるまじきこと。（そういう特別の恩恵を受けた人は）みんなに聖典を教え、また自分でもよく勉強して偉い先生にこそなるべきではないか。七四〔八〇〕（アッラーは）汝らに、天使や予言者を神様あつかいしろなどと御命じになりはせぬ。せっかく汝らが立派な信者になったというのに、どうして今さら不信仰を命じたりなさるものか。

七五〔八一〕かつてアッラーは予言者たち（マホメット出現以前のすべての予言者）と契約を結ばれたことがあった。「わしは汝らに聖典と聖智を授けてやる。だがその後で汝らのもとに一人の使徒が現われて、汝らのもっている（聖典と聖智）を確証する場合、汝らは間違いなく彼を信じ、かつ彼を援助する。」更に語をついで、「さあ、こういう条件でわしの重荷《おもに》（契約の責任）を負《お》うことを承知するか」と。彼らは「承知致しました」とお答えした。すると（アッラー）は、「では汝らも証言せよ。わしの方でも汝らと共に証言しようぞ」と仰しゃった。七六〔八二〕その後で、背を向けた者もあったが、そういう徒《やから》こそ本当に邪悪な人々。七七〔八三〕何ごとぞ、アッラーの宗教でないものが欲しいとでもいうのか。天にあるもの、地にあるもの、すべてが嫌応《いやおう》なしにその御心に帰順し奉り、いずれはすべてが連れ戻されて行かねばならぬ御方なのだぞ。七八さ、こう唱《とな》えるのだ、「我らはアッラーを信じ、我らに啓示されたたもの（『コーラン』）と、イブラーヒーム（アブラハム）、イスマーイール、イスハーク（イサク）、ヤアクーブ（ヤコブ）、及び（イスラエルの十二）支族に啓示されたもの、またムーサー（モーセ）、イーサー

（イエス）、ならびにすべての予言者に神様から下されたものを信じます。我らはこれらの人々の間に差別をつけませぬ。そして我らはみな（アッラー）に帰依《きえ》し奉ります」と。

七九〔八五〕絶対帰依《イスラーム》以外のものを宗教にしたいと思うような者は、全然受け納《い》れては戴けまいぞ。そのような者はまったく損するだけのこと。八〇〔八六〕一たん信仰に入っておきながら、しかもこの使徒（マホメット）は本物ですと証言し、その上明白な御徴《みしるし》まで見せて戴いておきながら、不信の態度に出るような者をどうしてアッラーが導いたりし給うものか。不義なす者どもをアッラーが導いて下さるはずはない。八一〔八七〕そういう人々は、アッラーと天使たちと、それからあらゆる人間の呪詛《じゅそ》を受けるのが当然の報《むく》いというもの。八二〔八八〕常《とこ》とわまでもその（呪《のろ》い）の中に陥《お》ち込んだままで、罰は一向軽くして戴けず、容赦して戴くこともなるまいぞ。八三〔八九〕だが、そうなった後でも、改悛《かいしゅん》して立派な人間になれば話しは別。アッラーはよく罪をお赦しになる、情深いお方におわします。八四〔九〇〕これに反して、一たん信仰に入りながら、信仰を棄て、しかもますますその不信がひどくなりまさる人々は、もはや後悔しても受け納《い》れては戴けぬ。そういう者どもは邪道に踏み迷うて救いようもない人。八五〔九一〕信仰を棄て、無信仰のままで死ぬような者は、たとえ大地に満《み》ちる黄金を身代金《みのしろきん》として出すと言っても全然受け納《い》れては戴けまい。そのような者どもには苦しい罰が待っていて、助けてくれる者もありはせぬ。

八六〔九二〕汝ら、己れが心から愛しているものを喜捨《きしゃ》しなければ本当に敬虔な生き方というわけにはいかぬ。汝らがどのようなものを喜捨するか、アッラーはことごとく御存知。

八七〔九三〕律法《トーラー》が啓示される以前には、イスラーイール（イスラエル、すなわちヤコブのこと）が自分で自分に禁止したもの（ヤコブは駱駝の肉が大好物だったが、ある病気にかかった時、もしこれが癒れば今後絶対に食べないと誓ったという）以外は、あらゆる食物がイスラエルの子らに許されていた（ユダヤ人を縛る面倒な食物の禁忌の規定は、彼らがあまり悪いことばかりするので、その罰としてモーセの「律法」で決められたものという）。彼らにこう言ってやるがよい、「さあ、ここへ律法を持って来て朗読してごらん、もしお前たちの言葉が真実であるのなら」と。八八〔九四〕それでもなおアッラーに関してでたらめを捏《ねっ》造《ぞう》するなら（律法に書いてありもしないことを、さも聖書の言葉であるかのように振り廻すなら）、そのような者こそまことに不義なす人。

八九〔九五〕こう言うがよい、アッラーの御言葉に嘘いつわりはない。されば、汝らイブラーヒーム（アブラハム）の信仰に従えよ。彼こそは純正なる信仰の人だった。偶像崇拝のやからではなかった。

九〇〔九六〕人々のために建てられた最初の聖殿はバッカ（メッカの異名）にあるあれだ。生きとし生けるものの祝福の場所として、また導きとして（建てられた）もの。九一〔九七〕その内部には数々の明白な御徴《おしるし》がある——(たとえば)イブラーヒーム御立処など(メッカの神殿は回教の伝承によるとアブラハムがイスマイルとともに建てたもので、建築の最中に彼が立っていた石は「アブラハムの足跡」を今日まで残している。これを「アブラハム御立処」Maqām Ibrāhīmと言って回教徒は神聖視する)。そして誰でも(罪人でも)一たんこの(聖域)に踏込んでしまえば絶対安全が保証される。そして誰でもここまで旅して来る能力がある限り、この聖殿に巡礼することは、人間としてアッラーに対する(神聖な)義務であるぞ。九二といっても信仰なきやからは(この義務を果しはしなかろうけれど)、元来アッラーは完全自足、誰からも何もして貰う必要はない。

九三〔九八〕言ってやるがよい、「啓典の民よ、なぜお前たちアッラーの下し給う神兆を信じないのか。アッラーはお前のしていることをことごとくその場で視《み》ていらっしゃるのだぞ。」

九四〔九九〕言ってやるがよい、「啓典の民よ、お前たちなぜ信者らの行く手を阻《はば》んで正しい信仰の道から逸《そ》らそうとするのか。扭《ねじ》れ曲った道にしてやろうとでも思ってか、己が目で(その道がまっすぐなことは)見ておりながら。お前たちのしていることをアッラーは見のがしたりはなさらないぞ。」

九五〔一〇〇〕汝ら、信者も、聖典を戴いている人たちだからというて何でも言いなりになっていると、彼らの中には、せっかく信仰に入った汝らをまたもとの(無信仰に)曳《ひ》き戻してしまうような者があるぞ。九六〔一〇一〕だがそれにしても、こうしてアッラーの神兆(『コーラン』を指す)を朗誦《ろうしょう》して聞かせて戴いておりながら、なんで汝ら信仰を棄てたりできるのか。汝らの間に神の使徒(マホメット)までいるではないか。しかしアッラーにしっかりとお縋《すが》り申しておる者は、必ずまっすぐな道に連れて行って戴ける。

九七〔一〇二〕汝ら、信仰ある者どもよ、アッラーを、神にふさわしい畏敬の念をもって畏《おそ》れ奉れ。どのようなことがあろうとも必ず、死ぬ時には立派な帰依者として死ねよ。

九八〔一〇三〕汝ら、みんな一緒にアッラーの結びの綱にしっかりと縋りつき、ちりぢりになるではないぞ。そして汝らにたいするアッラーの恩寵《おんちょう》をよく心に銘じておくのだぞ。アッラーは、初め汝らが互いに敵だったころ、汝らの心を結び合わせて下さり、汝らそのお情けのおかげで兄弟になれたのではないか。九九汝らは劫火の穴の縁《ふち》にいたのを、アッラーがそこから救い出して下さった。これほどにしてアッラーは汝らに神兆を示し給う。それもみんな、もしかしたら汝らが正しい道に入って来るかも知れんとの御心から出たこと。

一〇〇〔一〇四〕汝ら全部が打って一団となり、人々を善に誘い、義《ただ》しいことを勧《すす》め、いけないことを止めさせるよう努めよ。そういう人たちは、栄達の道を行く。
一〇一〔一〇五〕ちりぢりに仲間割れして、せっかく誰の目にも明らかな神兆を見せて戴いておきながらお互いに言い争う、あのような者ども真似《まね》してはならぬぞ。彼らはいまにそれは大変な罰を受けるであろうぞ。一〇二〔一〇六〕みんなの顔が真白になったり、真黒になったりするあの日（最後の審判の日）。顔が真黒に変った者は、「汝ら、一たん信仰に入っておきながら信仰を棄てたのだな。その罰当りな行いのむくいだ、さあ、ゆっくり罰を味わうがよい」と。一〇三〔一〇七〕だが顔が真白になった者は、アッラーのお恵《めぐ》みに浴して、永久にその中に住むことになろう。

一〇四〔一〇八〕これはみなアッラーの神兆を我ら（アッラー自称）が汝らのために誦《よ》み聞かせてやっておるのじゃ。アッラーはいかなるものに対しても決して不当なことをなさりはしない。
一〇五〔一〇九〕天にあるものも地にあるものも、ことごとくアッラーのもの。アッラーの御もとにこそすべてのものは連れ戻される。

一〇六〔一一〇〕汝ら（回教徒）は今まで人類のために生れ出た集団の中で最上のもの。汝らは義《ただ》しいことを勧《すす》め、いけないことを止めさせようとし、アッラーを信仰する。啓典の民（ユダヤ教

徒とキリスト教徒）も（汝らのように）本当の信仰をもったなら、自分らのためにもどんなによかっ
たか知れないに。彼らの中にも立派な信仰をもった者もおる、が、大部分は無信仰。
一〇七（一一一）彼らが汝らに害を加えたところで大したことはない。それに、たとえ彼らが
汝らに手向って来たにしても、すぐに背を向けてしまうであろうぞ。そうなればもはや、
誰にも助けては貰えまい。
一〇八（一一二）どこに行こうと、屈辱《くつじょく》こそ彼らの運命《さだめ》、アッラーの
結び綱に縋《すが》りつくか、人間の結び綱に縋りつくか（回教に改宗してアッラーにすがるか、それとも定めの税を支払って回教徒にすがるか）せぬ
かぎり。アッラーの御怒りを蒙って、困窮の運命《さだめ》を辿る。それというのも彼らがアッラ
ーの神兆を信じようともせず、あまつさえ不当にも予言者たちを殺したりしたからのこ
と、それというのも彼らが（アッラーに）反抗し、掟《おきて》にそむいたからのこと。
一〇九（一一三）とは言え、彼らにしても全部が全部同じなのではない。啓典の民（ユダヤ教徒、キリスト教徒）の
中にもまっとうな者もあって、跪拝《きはい》をしながらアッラーの神兆（啓示された聖典）を一晩中誦み続
けておる。
一一〇（一一四）アッラーと最後《いやはて》の日を信仰もしておれば、義を勧《すす》め悪を抑え、互いに争って
善行にいそしみもする。このような人々は立派なもの。
一一一（一一五）汝ら（回教徒）も何事にあれ善をなせば、決してそれを無にされることはない。ア

ッラーは敬虔《けいけん》な信者のことは何から何まで知り給う。

一二二〔一一六〕だが信仰なき者どもは、いくら金があっても子供があっても、アッラー(の御怒りを防ぐ)なんのたしにもなりはしない。そういう者どもは地獄の劫火《ごうか》の住人となって、永久にその中で暮すことになるだけのこと。一二三〔一一七〕そういう人々が現世で濫費《らんぴ》する財産をものの譬《たと》えで言って見れば、凍寒《とうかん》をもたらす烈風が襲来して、われとわが身に害《あだ》なす(愚かな)人々の田畑を荒らしてしまうようなもの。アッラーが彼らに害をなさったわけではない、彼らが自分で自分に害を加えているだけのこと。

一二四〔一一八〕これ、信徒たち、決して他《よそ》の連中と親しくしてはならぬぞ。彼らは汝らを破滅させるためならどんなことでもいとわぬ者ども。ひたすら汝らがひどい目に遇《あ》うようにとばかり願っておる。はげしい憎悪《ぞうお》が彼らの口にはっきり出ておる、が、胸にひそめたものはそれよりもっと怖ろしい。さあ、こうして我ら(アッラー自称)は汝らに神兆をすっかり説き明かしてやったのだ、ただ汝らの方にそれがわかるだけの頭がありさえすれば。

一二五〔一一九〕これこれ、そこな者ども、汝らは彼らが好きらしい、向うでは汝らのことなど好きでもないのに。汝らは勿論、聖典は全部信じておる。ところが彼らは、汝らに面と向えば「我々も信じている」、などと言うくせに、自分たちだけになると憤怒《ふんぬ》のあまり汝らに向って指を嚙《か》む。言ってやれ、「怒り狂って死んでしまえ。お前らが胸の中でどんなことを考えているかアッラーはすっかり御存知だぞ」と。一一六（一二〇）汝らに好運が訪れれば、それで彼らはくやしがり、不幸が襲って来れば、それで彼らは大喜び。だが汝らさえ忍耐強く我慢して、神を畏れかしこんでおれば、彼らの悪だくみも全然汝らには歯も立たぬ。彼らのしていることはアッラーが全部御存知だから。

一一七（一二一）お前（マホメット）が暁《あかつき》に家族のもとからいで立って、信者たちを戦闘配置につかせた時のこと——アッラーは全てを聞きあらゆることを知り給う——一一八（一二二）お前たちの方では軍隊が二つもすんでのところで意気沮《そ》喪《そう》しそうになった時のこと（これはバドルの合戦の翌年、六二五年、同じ敵を相手として行われたウフドの合戦のことだという。この合戦ではマホメット側は事実上大失敗した）。あの時も本当はアッラーが彼らを守っていて下さったのだ。だから信者はみなアッラーにお頼り申すがよい。一一九（一二三）現に、いつかもバドルの戦い（前出、西紀六二四年に起ったアラビアの異教徒との決戦）で、お前たちがまるで情《なさけ》ない状態になっていたのをアッラーは助けて下さったではないか。されば、アッラーを畏れかしこめよ。さすれば感謝の気持も湧いてこよう（この頃は、戦いが不利だったりするとすぐ信仰の気持がぐらついたのである）。一二〇（一二四）お前（マホメット）は信者たちに言っていた、「神様は三千の天使を天から下してお前たちの援軍にして下さるのだぞ、これでも充分ではないのか。一二一（一二五）いや本当だとも。お前たちが忍耐強く我慢して、敬虔《けいけん》の念を守っていさえすれば、向うがたった今、不意打ちをかけて来たとて、神様は五千の天使をどっと下してお前たちを助けてくださる」と。一二二〔一二六〕これもみんな、ただただ汝らに嬉しい知らせを授けてやろうとの思召《おぼしめ》しから出たこと。そして汝らの心がそれで安心できるようにとてなさったこと。もともと勝利というものは一切全能にして全知なるアッラーだけが授けて下さるもの。〔一二七〕また一方では、これによって信なき者どもの一部を切りくずし、或いは打ちひしいで、すごすごと引きさがらせてやろうとの御心でもあった。一二三〔一二八〕なに、お前（マホメット）の知ったことではない、（アッラー）が彼らをまたお赦《ゆる》しになろうと、もっとひどい目にお遇わせになろうと。彼らは不義なす者どもなのだから。一二四〔一二九〕天にあるものも、地にあるものも、一切を統《す》べ給うアッラーのことであれば、誰を赦し、誰を罰するもすべて御心のまま。だがそれにしても、アッラーはよくお赦しになる、情深いお方。

一二五〔一三〇〕汝ら、信徒の者、二倍をまた二倍にした利息を食《く》らったりしてはならぬぞ。アッラーを畏れまつれ。さすれば汝らもいい目に遇《あ》える時が来よう。一二六〔一三一〕それからまた、信仰なき者どものためにしつらえた劫火《ごうか》を怖れよ。〔一三二〕アッラーと使徒（マホメット）の言いつけに従えよ。さすればお情けをかけても戴けよう。一二七〔一三三〕みな争って神様のお赦しを手に入れるように努めよ。それから、敬虔《けいけん》な信者のためにしつらえられた、あの天地ほどの広さのある楽園をも。一二八〔一三四〕それは、嬉しい時も悲しい時もよく喜捨を出し、怒りを抑え、人に(何か害を加えられても)すすんで赦してやる人達のこと。アッラーは善をなす人々を好み給う。

一二九〔一三五〕それから、何か破廉恥《はれんち》なことをしたり、またはわれとわが身に害《あだ》したり(神の御心にそむく行為をするのは結局自分で自分を害することになる、この考え前出)した後、アッラーのことをはっと思い出して罪の赦《ゆる》しを請《こ》う人たち――元来、アッラー以外の誰が一体人の罪を赦したり出来ようぞ――、そして今までして来たことを悪いと知りながらいつまでもし続けるようなことのない人たち、一三〇〔一三六〕そのような人たちは御褒美に神様のお赦しを頂戴し、潺々《せんせん》と河川流れる楽園に入れて戴いて、そこに永久に住みつくであろう。(善を)なす人々はなんと有難い報酬を頂戴するものか。

一三一〔一三七〕汝ら(が生れる)以前に幾度も天罰が起ったのだぞ。国中を歩き廻って、(天啓を)嘘だと言った者どもの最後がどんなものかよく視るがよい。

一三二〔一三八〕これはすべての人に対する説き明し、また導きであり、敬虔《けいけん》な人々への訓戒であるぞ。

一三三(一三九)汝ら、弱気になってはいけない、悲しんではならぬ。(一一八節からの続きで、ウフドの敗戦を神がなぐさめているところ)ただ信仰さえしておれば、きっと汝らの方が上になる時が来る。一三四(一四〇)汝らが傷を受けるなら、相手も同等の傷を受けておる。こんなふうに勝つ日負ける日をアッラーはかわるがわる人々の間におつかわしになる。それで本当の信仰をもった者は誰々かということもおわかりになり、また汝らの中から証人をお作りにもなれるというわけだ。アッラーは不義なす者どもを好み給わぬぞ。一三五(一四一)またこの方法でアッラーは信者たちを磨《みが》き上げ、信仰なき者どもを払拭《ふっしき》し給う。

一三六(一四二)汝ら、誰が一生懸命に戦い、誰がよく苦境にも堪《た》えたかということをアッラーが御存知ないうちに、天国にはいれるとでも思っているのか。

一三七(一四三)汝ら、死に直面する前はよく死にたいなどと言っていたものだが。さあ、今度こそは本当に自分の眼で(死)を見たであろうが。

一三八(一四四)ムハンマド(マホメット)も結局はただの使徒(ただの人間であって神や天使ではない)。これまでにも随分沢山《たくさん》の使徒が(この世に現われては)過ぎ去って逝《い》った。なんと、彼(マホメット)が死ぬか殺されるかしたら、汝ら早速踵《くびす》を返すつもりなのか。誰が踵を返したとて、アッラーには何の害も及びはせぬ。だが、(どんな苦境に立っても)感謝の気持を忘れない人たちにはアッラーが御褒美を下さろうぞ。

一三九〔一四五〕誰ひとり、定めの時が来て、アッラーのお許しを戴いてでなければ死ぬわけには行かぬ。そしてこの世の報《むく》いが欲しい者にはこの世の報い、あの世の報いが欲しい者にはあの世の報いを与えよう。感謝の気持を忘れない人間には我ら（神の自称）が褒美を与えよう。

一四〇〔一四六〕同志として共に戦う人々を有った予言者がそも幾人《いくたり》あったことか。彼らは神の道での戦いのためならばどのような目に遇《あ》っても意気沮喪《そそう》せず、弱気にならず、（勝誇る敵を前にしても）決して志を屈しなかった。アッラーは忍耐強い人々を好み給う。

一四一〔一四七〕（そんな時でも）彼らの口にする言葉といえば、「主よ、数々の我らの罪を赦《ゆる》し給え。我らの行き過ぎた行いを赦し給え。願わくば我々の脚《あし》をしっかと立たせ、信なき者どもに対して我等を助け、勝利に導き給え」と言うだけであった。〔一四八〕さればこそアッラーは彼らに現世での報酬《ほうしゅう》も、来世の素晴しい報酬をも与え給うた。アッラーは善なす人々を好み給う。

一四二〔一四九〕これ、信徒の者よ、汝らもし信仰なき者どもの言うことを聞いたりすれば、彼らは必ずや汝らをもと来た道に引っ返させ、汝らみじめな敗者となってすごすご後戻りすることになるぞ。

一四三〔一五〇〕いやいや、アッラーこそ汝らの守り主。これ以上の助け手は世にありはせぬ。

一四四〔一五一〕我ら（アッラー自称）は信なき者どもの心の中に恐怖を投げ込もう、もともと何の権能も与えられていない（異神ども）をアッラーとならべて拝んだりした罰として。地獄の劫火が彼らのついの棲家《すみか》。はてさて、不義なす者どもの棲家はひどいもの。

一四五〔一五二〕汝らがアッラーのお許しで彼らを思うさま殺した時（バドルの合戦での大勝利を指す）、アッラーは汝らとの約束を果し給うた。アッラーが汝らに汝らの望むところ（決定的勝利を指す）を見せ給うた後（もう少しで大勝利というところで）、汝らは突然意気沮喪し（ウフドの敗戦を指す）、仲間どうしで互いに争い出し、遂には命に叛いた。一四六汝らの中には現世だけを欲しておる者もあり、また来世を望んでおる者もある。そこでアッラーは汝らを一応彼ら（敵軍）のところからちりぢりに退却するようにしむけて、それで汝らを試み給うたのだ。だが今ではもうアッラーは汝らをみなお赦しになった。アッラーは信者に対していとも情深くおわします。

一四七〔一五三〕（あの時）汝らはみな他人《ひと》のことなど構《かま》いもせずに夢中で遁《に》げ道を登って行った（メディナに向って逃げたこと）、使徒（マホメット）が一番殿《しんが》りに立ってあんなに汝らを喚《よ》んでいたのに。そこで（アッラー）は汝らに禍いにつぐ禍いを振りかけ給うた。汝らがもう二度と、取りそこなったもの（当てにしていた分捕品）のことや、身に襲って来たもの（敗北の禍患）のことを悲しがったりすることも出来ないよう。アッラーは汝らの所業については何から何まで御存知であるぞ。
一四八(一二四)それから(アッラー)は汝らの頭上に、悲嘆のあとで、安らぎをお下《おろ》しになった。すなわち汝らの一部の者は睡気《ねむけ》におそわれてうとうとした。だがその時、心中そぞろに不安になって来て、まるで無道時代(回教が起る以前の時代を指す)の人間でも考えるようなでたらめをアッラーについて思いめぐらし、「一体こんなことが何か俺たちにかかわりがあるのだろうか」などと考えていた者もおったぞ。言ってやるがよい、「この事は一切アッラーにかかわることだ」と。彼らはお前(マホメット)に面と向って言いはせんが、胸の中にはひそかに隠した考えがあって、「これが本当に何か俺たちのためになる事であるのなら、ここで殺されてしまうわけはないではないか」などと考えておる。言ってやれ、「たといお前たち自分の家に引っこんでいたところで、殺される運命に決《きま》っている者は、どうしてもその寝所(死に場所)に出掛けて来るようになる」と。結局こうしてアッラーは汝らの胸中の思いをお試《ため》しなさり、汝らの心中の気持を検査し給う。アッラーは人々の胸の中のものまですっかり御存知。

一四九(一二五)両方の軍勢がぶつかったあの日、汝らの中にも敵に背を見せた者があったが、あれは、彼らがもともと自分で稼《かせ》ぎためていた元手《もとで》の具合で(始めから何か彼らに欠陥があったために)シャイターン(サタン)に足を取られたまでのこと。今ではアッラーはもうすっかり赦し給うた。まことにアッラーはよく罪をお赦しになる、情深いお方。

一五〇(一五六)これ、信徒の者、遠い国々に出征し戦いの庭に(たおれ)た己が同胞《はらから》のことを「彼らも、我々と一緒にいたら死んだり殺されたりしないですんだものを」などと言う者ども無信仰者どもの真似《まね》してはならぬぞ。実はあれはみんなアッラーが彼らの心の中に悲嘆を惹《ひ》き起してやろうとしてなさったこと。生かすも死なすもアッラー次第。アッラーは汝らの所業は何から何まで見ていらっしゃるぞ。

一五一(一五七)もし汝らがアッラーの道で殺されたり死んだりした場合、(汝らが頂戴できる)アッラーのお赦しとお情けとは、人々が積み上げる(すべての財宝)よりもはるかにまさる。一五二(一五八)もし汝らが(戦場で)死んだり殺されたりした場合、必ずアッラーのお傍《そば》に呼び集めて戴けるのだぞ。

一五三(一五九)お前(マホメット)があの者ども(マホメットに従って戦いはしたが心がともすれば動揺しがちだった人々)に優《やさ》しい態度を取ったのも実は、言って見ればアッラーのお恵みであった(まだ、ウフドの敗戦のことを言っているのである)。もしお前がもっと苛酷《かこく》な態度を示したり心を硬《かた》くしたりしたら、彼らはちりぢりになってお前のまわりから逃げ去ったであろうから。ま、ともかく彼らのことは赦《ゆる》してやるがよい。彼らのために(神の)赦しを請《こ》うてやれ。そして今度のこと(ウフド敗戦の結果)について彼らともよく話し合って見るがよい。何事によらず、こうしようと思い立ったら、まずアッラーを絶対に信頼し奉ること。アッラーの方でも御自分に頼り切って来る者は好もしくお思いになる。

一五四(一六〇)アッラーが助けて下さるなら、もう誰ひとり汝らを負かす者はない。だがもし(アッラー)が見棄て給うたら、一体誰が神なきあとの汝らを助けてくれるものか。されば、信者はみんなアッラーにお縋《すが》り申すことが第一。

一五五(一六一)およそ予言者ともあろうものが詐欺《さぎ》を働いたりしてどうしよう。詐欺を働く者は、その詐欺の重荷を復活の日に背負わされる。その時が来ると、すべての人、一人一人、みな自分が(現世で)稼《かせ》いだ分だけ、きっちりと支払いを受ける。誰ひとり不当な報《むく》いを受ける者はない。

一五六(一六二)アッラーの御心のみを奉じて来た人が、アッラーのお怒りを蒙った者と同じであってなるものか。そのような者はジャハンナム(ゲヘナの劫火)が終《つい》の住処《すみか》。いとおぞましい行く末ぞ。一五七(一六三)アッラーの目で御覧になると、彼らにも幾つか段階がある(悪性の度合がいろいろある)。アッラーは、彼らの所業を何から何まで見ていらっしゃるぞ。

一五八(一六四)とにかくアッラーが信徒たちの間に、彼らの中から一人の使徒(マホメットを指す)を

お立てになって、みんなに神兆（『コーラン』）を誦《よ》んできかせたり、みんなを浄《きよ》めたり、また聖
典と聖智とを教えてやるようにし給うたということは、それだけでも、大きなお恵《めぐ》みで
はないか。それまでは、みんな誰が見ても迷妄《めいもう》の中にいた彼らであるものを。
一五九〔一六五〕ところが、今度、不幸にみまわれたとなると（依然としてウフドの敗戦のことを言っている）、この間はその
二倍もの（勝利）を獲《え》た（バドルの合戦）ことを（すっかり忘れて）「これは一体どうしたことだ」な
どと言う。言ってやれ、「みんなお前たち自身から出たことだ」と。まことに、アッラ
ーはいかなることも意のままになし給う。
一六〇〔一六六〕両方の軍勢がぶつかったあの日に汝らに起ったこと（敗北）は、元来アッラーのお
許しがあってああなったまで。あれで（アッラー）は、本当の信者がおわかりになった。
〔一六七〕また信者のふりをしているだけの者どももおわかりになった。「さあお前たち、ア
ッラーの御ために勇敢に戦え。押し返せ」と言われた時、彼らは、「もし我々に戦いの
やり方さえわかっていれば、いくらでもお前たちについて行くんだが」と言う。あの日、
彼らは確かに信仰よりも無信仰に近かった。一六一心にもない（うまい）ことを口先だけで
言っておった。だがアッラーは彼らが隠しているものでもすっかり御存知。
一六二〔一六八〕自分はうしろに引込んだままで、（戦線に出て戦った）仲間のことを「彼らに
しても、我々の言う通りにしていれば殺されないですんだものを」などと言った人々が

ある。言ってやれ、「おい、もしそれが本当ならお前たち、自分自身から死を防いで見
るがいい」と。
一六三〔一六九〕アッラーの御為めに殺された人たちを決して死んだものと思ってはならない
ぞ。彼らは立派に神様のお傍《そば》で生きておる、何でも充分に戴いて。一六四〔一七〇〕あの人たち
はアッラーが授けて下さったお恵《めぐ》みに感激し、またいまだ彼らのところまでは来ていな
いが、後からついて来ている人たちのためにも大いに喜んでおる。もうそういう人たち
には何も恐ろしいことはないのだし、悲しむこともないのだから。一六五〔一七一〕あの人たち
はアッラーの恩寵《おんちょう》と御厚意をしみじみ有難いと思い、アッラーが信者への報酬だけはど
んなことがあっても決してふいになさらないことを嬉しく思っておる。一六六〔一七二〕あのひ
どい痛手（ウフドの敗戦）を蒙《こうむ》った後で、アッラーと予言者の呼びかけに応《こた》えた人たち、中でもそ
の人たちのうちで立派な行いをし、神を畏れかしこんだ人たちはそれは大層な御褒美が
戴けようぞ。一六七〔一七三〕そんな人たちは、みんなが「（敵の）連中がお前たちに向って結集
したぞ。これはうかうかしてはおられないぞ」と言った時も、かえって信仰が増したほ
どであった。そして「いやアッラーさえあれば俺たちは大丈夫。あんな立派な保護者が
どこにある」と言い切った。一六八〔一七四〕だからこそあの連中はアッラーのお情けとお恵み
を受けて帰って来た。全然禍《わざわ》いには遇《あ》わなかった。そして立派にアッラーの嘉《よみ》し給う道

を辿《たど》った。アッラーは大層な恩寵《おんちょう》の持主におわします。一六九〔一七五〕あのシャイターン（サタン）の如きは、自分の手下《てした》だけしか脅《おびや》かすことができぬもの。されば汝らすこしも怖がることはない。このわしをこそ怖がれ、もし本当の信者ならば。

一七〇〔一七六〕お互いに争って不信仰にはしる人々のことでお前（マホメット）までがなにも悲しがることはない。彼らが何をしようとアッラーには何の害も及びはせぬ。アッラーはあのような徒《やから》には来世の分け前を下さりはしない。ただ恐ろしい罰が待っているばかり。

一七一〔一七七〕信仰を売り飛ばして無信仰を買い込むような者どもが何をしようとアッラーには何の害も及びはせぬ。逆に彼らの方がひどい罰を蒙《こうむ》るだけのこと。一七二〔一七八〕あの無信仰者ども、我ら（アッラー自称）が猶予《ゆうよ》を与えてやっておるのをいいことにして喜んでおるが、とんでもないこと。我らがこうして猶予を与えておるのは、彼らにもっともっと罪を重ねさせてやろうがため。やがて、もの凄《すご》い天罰が加えられようぞ。

一七三〔一七九〕アッラーが信仰ある人間を決していつまでも今汝らがいるような状態に放ってお置きになる筈がない。きっとそのうちに悪い者と善い者とをはっきり区別なさるであろう。

一七四アッラーにしても汝らに不可知界のことを何から何まで知らせてやるわけには行かない。だがその代り多くの使徒たちの中からお気に召したものを選び出して(汝らと神との仲介者《ちゅうかいしゃ》になさる)。だから汝ら、まずアッラーとその(遣《つか》わし給う)使徒たちを信仰することだ。信仰し、敬虔《けいけん》にしておれば、必ず大きな御褒美が戴けよう。

一七五(一八〇)せっかくアッラーが下さったお恵みものを(人に施す段になると)けちけちする者どもが、それで得《とく》でも取ったつもりになったら大間違い。なんのなんの、逆に大損するばかり。一七六いまに復活の日になると、彼らは(現世で)けちったものを全部頸輪《くびわ》にして巻きつけられることであろうぞ。天も地もすべてはアッラーの継ぎ給う御財産《みたから》。汝らのしていることは何から何まで御存知。

一七七(一八一)「アッラーなんて貧乏だ、俺たちは金持ちだ」などと言っている者の言葉をアッラーは聞き給うた。よおし、その文句を書き留めておくぞ。それから彼らが不当にも予言者たちを虐殺《ぎゃくさつ》したことも。そして(最後の審判の時)言ってやるぞ、「さあ、火《ひ》炙《あぶ》りの罰をたんまり味わうがよい。一七八(一八二)もともと汝らの自業自得《じごうじとく》。アッラーは奴僕《しもべ》たち(忠実な信徒)を不当に扱ったりはせぬ」と。

一七九(一八三)「アッラーがわしらと契約し給うた。どんな使徒でも、彼の持って来る捧げ物が火炎で食い尽されないかぎり、わしらはその者を信じないようにと」と彼らは言う

(犠牲を神に捧げた場合、もし神がそれを嘉納し給うなら天から火が下りてそれを食いつくすという『旧約聖書』の考え方。例えば「列王紀略」上、第一八章二〇節以下参照。よってここに言われている人たちがユダヤ教徒であることがわかる)。一八〇言ってやれ、「お前たちのところへはわしより以前にも何人も神の使徒がお前たちの言うその明白な神兆(奇蹟を指す)を持って来たことがある。なぜお前たちあの人たちを殺した、もしお前たちが本気でそんなことを言っているのなら」と。一八一〔一八四〕こう言えばきっと彼らはお前(マホメット)のことを嘘つきのなんのと言うであろうが、(そんな目に逢うのは何もお前だけではない)、お前より以前にいろいろと明白な神兆や詩篇や、光りを照らす書物(『新約聖書』、「福音書」のこと)を持って来た使徒たち(ダビデやイエス・キリスト等)が何人も嘘つき呼ばわりされておる。

一八二誰でも人はみな一度は死を味わわねばならぬもの。しかし汝ら、復活の日には寸分くるいもない報酬を頂戴しようぞ。その時、劫火のところから遠ざけられて、楽園に入れて戴けたらそれこそ身の幸いというもの。要するに現世の生活は、いつわりの快楽に過ぎない。

一八三〔一八六〕汝らは、財産のことでも、また自分自身のことでも、色々試《こころ》みられることであろう。そしてまた汝らより以前に聖典を授けられた人々(ユダヤ教徒とキリスト教徒)や多神教徒たちからたくさんひどいことを聞かされもしよう。だが汝ら、どこまでも辛抱して、ただ神様を畏れかしこんで行きさえすれば……、それこそ本当の確乎《かっこ》不動《ふどう》というもの。

一八四〔一八七〕アッラーが、聖典を授けられた人々と契約を結ばれた時のこと、「誰にでも堂々と公開して見せよ。決して隠したりしてはならぬぞ」ということであったのに、彼らはそれを背中のうしろに抛《ほう》りなげ、ほんのはした金《がね》で売り飛ばしてしまった。実に浅ましい商売をしたものぞ。

一八五〔一八八〕あんなことをしていい気持になり、自分がやりもしないことで賞《ほ》められようと思っている者どものことを、天罰を受けずに済むだろうなどとゆめ考えてはならぬ。彼らには痛い苦しい罰が備《もう》けてある。

一八六〔一八九〕天の王国も地の王国もともにアッラーのもの。アッラーは一切をなす権能を持ち給う。

一八七〔一九〇〕まこと、天と地の創造、夜と昼との交替《こうたい》、心ある者にとっては、これすなわち神兆ではないか。

一八八〔一九一〕そういう人たちは立っても坐っても、また横になっても、絶えず心にアッラーを念じ、天と地の創造に思いをひそめ、「神よ、かくばかりのものを、汝は徒《あだ》おろそかにお創《つく》りなされたのではございますまい。ああもったいないことでござります。なにとぞ私どもを地獄の責苦からお護《まも》り下さいませ。一八九(一九二)神よ、ひとたび汝に劫火の中へ投げ込まれた者は、屈辱に打ちひしがれてしまいまする。不義なす人など誰一人助けてはくれますまい。一九〇(一九三)神よ、私どもは『汝らの主を信ぜよ』と誰か呼ぶその喚び声を聞いて、そのまま信仰に入った者にござります。一九一神よ、どうか私どもの罪を赦《ゆる》し、私どもの犯《おか》した数々の悪事を見逭《みのが》し給うて、義《ただ》しき人々と一緒におそばに召し寄せ給え。一九二(一九四)神よ、汝の使徒たちを通じて私どもに約し給うたものを与え給え。復活の日に、私どもを恥かしめ給うな。汝が約束をたがえたりなさることはよもやございますすまいが」と。

一九三(一九五)すると神は彼らにお答えになった、「汝らの中の働き者(信仰にもとづいて善をなす者の意)がなしとげたことをわしは決して無にしたりはしない。男も女も分けへだてはしない。もともと(男女)お互い同士じゃ。一九四それから、(メッカからメディナへ)移住して(前出、西紀六二二年、マホメットは故郷メッカの状勢があまり思わしくなく、かえって隣町のメディナ――当時ヤスリブと言っていた――の方がすべてに好条件であるのを見てとって、親しい信徒を伴って脱出を敢行し、そこに移住した。回教暦第一年はそこからはじまる)、もといた自分たちの家を追われ、わしのために危害を蒙り、奮戦し、そして殺された人たち、そういう人たちについては、それまでにどんな悪事を犯《おか》しておっても、一切水に流し、潺々《せんせん》と河川の流れる楽園に入れてやろうぞ。」一九五これがアッラーからの御褒賞。まことアッラーのお手もとには素晴しい御褒賞のあることよ。

一九六お前（マホメット）、信仰なき者どもが国中を大きな顔して動きまわっているのを見て思い違いしてはいけない。（一九七）あれはほんの束《つか》の間《ま》の楽しみのみ。いずれ落ち行く先はジャハンナム（ゲヘナ）、それはまたいともおぞましい寝床《ねどこ》となろう。

一九七（一九八）だが、神様を畏れかしこむ人々、そういう人々のためには潺々と河川流れる楽園がしつらえてあって、そこに永久に住みつき、アッラーの御饗応《ごきょうおう》を受けるのじゃ。義《ただ》しい人々にとっては、アッラーの下さるものは実に素晴しかろうぞ。

一九八（一九九）また啓典の民（ユダヤ教徒とキリスト教徒）の中にも、アッラーを信じ、汝ら（回教徒）に下されたもの（『コーラン』）と、自分たちに下されたもの（『旧約聖書』『新約聖書』）とを（分けへだてなく）信仰し、アッラーの前に自らを低うし、アッラーの神兆（啓示）を安値で売り飛ばしたりしない（立派な者）もおる。一九九そういう人たちは神様から報酬を戴ける。まことにアッラーは勘定《かんじょう》早くおわします。

二〇〇汝ら、信徒の者、忍耐強くあれ。互いに忍耐を競《きそ》い合え。己が護りを固うせよ。アッラーを畏《おそ》れかしこめ。さすれば汝らやがて栄達の道に行くであろう。

四　女　——メディナ啓示、全一七五（一七六）節——

慈悲ふかく慈愛あまねきアッラーの御名において……

一 人間どもよ、汝らの主を畏《おそ》れまつれ。汝らをただひとりの者から創《つく》り出し、その一部から配偶者を創り出し（アダムの肋骨からイヴを創ったことを指す）、この両人から無数の男と女とを（地上に）播《ま》き散らし給うたお方《かた》にましますぞ。アッラーを畏れまつれ。汝らお互い同士で頼みごとする時に、いつもその御名を引合いに出し奉る（「後生だから……」というような意で「アッラーによってお願いする」と言う）お方ではないか。また（汝らを宿《やど》してくれた）母の胎《たい》をも（尊重せよ）。アッラーは汝らを絶えず厳重に監視し給う。

二 孤児《みなしご》にはその財産を渡してやれよ。よいものを（自分でせしめて）その代りに悪いものをやったりしてはいけない。彼らの財産を自分の財産と一緒にして使ってはいけない。そのようなことをすれば大罪を犯すことになる。

三 もし汝ら（自分だけでは）孤児《みなしご》に公正にしてやれそうもないと思ったら、誰か気に入った女をめとるがよい、二人なり、三人なり、四人なり。だがもし（妻が多くては）公平にできないようならば一人だけにしておくか、さもなくばお前たちの右手が所有しているもの（女奴隷を指す）だけで我慢しておけ。その方が片手落ちになる心配が少くてすむ。（四）妻たちには贈与《ぞうよ》財《ざい》（sadāq 又は mahr と言い、結婚契約の成立と共に夫の側から妻の側に贈る財産で、回教以前の古代アラビアから存在した風習。元来は嫁を「買い取る」金であった）をこころよく払ってやれよ。だが、女の方で汝らに特に好意を示して、その一部を返してくれた場合には、遠慮なく喜んで頂戴するがよい。

四（五）だがアッラーから保管を委託された財産を白痴《はくち》（後見している孤児が白痴の場合）には渡してはいけない。その金で食べさせたり着せたりしてやるがよい。決して惨い口をきいたりしてはならぬぞ。

五（六）孤児はよく試《ため》して見て、やがて結婚適齢に達したとき、立派な分別《ふんべつ》があるものと認めたなら、そこではじめて（預かっていた）財産を渡してやること。彼らが成長しないうちに、先廻りしてやたらに使い込んだりしてはいけない。六金持ならば慾を慎《つつし》め。貧乏者なら適度に使え（孤児の財産を保管している人に対する注意である）。七そして（預っていた）財産を相手に渡す時には、正式に証人を立てよ。やがてアッラーがおひとりで全てを清算し給う。

八（七）両親、及び親戚《しんせき》の遺産の一部は男子に。女にもまた両親、及び親戚の遺産の一部を。少額のこともあろう、多額のこともあろう、がともかく所定の割当《わりあ》て分を。九〔八〕もしその分配の席に縁つづきの者（遠縁で、法律的には遺産の分け前を貰う権利のない者）や孤児や貧民が居合わせたなら、そういう人たちにも何分かの志を出してやり、やさしい言葉の一つもかけてやること。

一〇〔九〕自分のあとに脆弱《ぜいじゃく》な子孫を残したらさぞそのことで心配せねばなるまいと思う者は（今から）心配しておくこと（七〔六〕の続きで、己れの後に弱い子孫を残す人が本気で心配するように、後見人たる者も自分の被後見人のことを心配すべきである、と解する人もある）。まずアッラーを畏れかしこむこと。そしていつもまっとうな言葉を喋ること。一一〔一〇〕孤児の財産を不当にも食らう者どもは、結局自分の腹の中に燃えさかる火を食っているようなもの。そのうち必ず、ぼうぼうと燃える火に焼かれることであろうぞ。

一二〔一一〕汝らの子供に関してアッラーはこうお命じになっておられる。男の子には女の子の二人分を。もし女が二人以上ある場合は、（彼女らは）遺産の三分の二を貰う。女の子が一人きりの場合は、彼女の貰い分は全体の半分。それから両親の方は、（被相続人に）男の子がある場合は、どちらも遺産の六分の一ずつ。子供がいなくて、両親が相続人である場合には、母親に三分の一。彼に（子供はないが）兄弟があれば、母親は、彼が（他の誰かのために）遺言《ゆいごん》しておいた分とそれから負債《ふさい》とを引き去った残額の六分の一を貰う。自分の親と子供たち――このどちらが汝ら自身にとってより得《とく》になるものか結局は汝らにも分りはしない。とにかくこれがアッラーのおきめになった分配法。まことアッラーは全知にして至高の賢者におわします。

一三(一二)また妻の遺《のこ》したものについては、彼女らに子供がない場合は汝ら(夫)はその半分。もし子供があれば、彼女たちが特に遺言しておいた分と負債《ふさい》とを差引いた残りの四分の一を汝らが取る。一四また汝ら(夫の側)の遺産については、もし汝らに子供がない場合は、妻たちがその四分の一を貰う。だがもし子供があれば、遺産から汝らが特に遺言《ゆいごん》しておいた分と負債とを差引いた残りの八分の一を彼女らが貰う。

一五男でも女でもこれを正当に相続する者がなくて(つまり子供も両親もなくて)、ただ兄か弟また姉か妹が一人いるような場合には、そのいずれも六分の一を貰う。しかしそれ以上の人数であれば、本人が特に遺言しておいた分と負債とを差引いた残額の三分の一を皆で均等に分配する。一六決して害を被《こうむ》らせるようなことがあってはならぬぞ。これがアッラーのおきめになった分配法。まことにアッラーは全知にして心ゆたかにおわします。

一七(一三)以上がアッラーのおきめになった戒めの線。誰でもアッラーとその使徒(マホメット)の言い付けに従う者は潺々《せんせん》と河川流れる楽園に入れて戴いて、そこに永久に住むことになろう。それこそこの上もない栄達ではないか。一八(一四)だが、誰でもアッラーとその使徒の言い付けにそむき、戒めの線を踏み越えるような者は、劫火《ごうか》の中につき落されて、そこに永久に住みつき、恥しい罰を受けることになろうぞ。

一九(一五)妻が不貞をなした場合は、まず証人を四人喚《よ》んで来ること。もし彼らが(四人と
も)証言したなら、女を家の中に監禁し、死が女を連れ去るか、またはアッラーが何か
(救いの)道を講じ給うまでそのままにしておくこと。二〇(一六)また汝らのうち二人で不義
をはたらいた場合は二人とも痛い目に合わせてやるがよい。だが二人が改悛《かいしゅん》して、充分
に償《つぐな》いをしたなら、そのままにしておいてやること。アッラーはまことによくお赦しに
なる、実に情深いお方におわします。

二一(一七)と言っても(アッラーの)お赦しが働くのは、知らずに悪い事をして、しかもす
ぐ後で改悛する人の場合に限る。そういう人たちにだけはアッラーも赦しのお顔を向け
給う。まことアッラーは全知にして至高の智者におわします。

二二(一八)散々悪事をした後で、いよいよ臨終《りんじゅう》という時になってから、「私も今はすっかり後悔いたしました」などと言ってもお赦しは頂戴できはせぬ。また信仰をもたずに死ぬ連中も然り。こういう者どもには、我ら(アッラー自称)が痛い苦しい罰を用意しておいた。

二三(一九)汝ら、信徒の者、向うが嫌だと言うのに無理やり女を相続し(回教以前の古代アラビアでは妻も財産の一部とし

(て遺産相続の対象となった)てはならぬ。また自分でくれてやったもの(前出、贈与財のこと)を幾らかでも取戻そうという料簡から(離別した)女の(再婚を)妨害したりしてはならぬ。尤も、向うが歴然と不義を犯した場合は別だが。できるだけ仲よく添いとげることが第一。汝らの方では嫌いな相手でも、もしかしたらアッラーが立派にしておやりになった者かも知れないから。

二四(二〇)どうしても妻を取り換《か》えたくなった場合、その(追出そうとする方の)女にたとえ百の大金をやってしまった後でも、びた一文《いちもん》たりと取り返してはならぬぞ。ありもしない罪で中傷《ちゅうしょう》してまで金を取り返そうとでもいうのか。二五(二一)取り上げたりできる道理か、あれほどぴたりと添い合った二人の仲ではないか。それに向うはれっきとした証文まで汝らから貰っているではないか。

二六(二二)それから、自分の父親の妻であった女を己が妻にしてはならぬ。今までにもう出来てしまった分は仕方がないが。これは浅ましくも憎むべきこと。実に不埒《ふらち》な行いじゃ。

二七(二三)汝らの娶《めと》ってならぬ相手としては、自分の母親、娘、姉妹、父方の叔母に母方の叔母、兄弟の娘に姉妹の娘、自分に乳を飲ませてくれた母(乳母)、乳姉妹、妻の母親、汝らが肉体的交渉をもった妻が(以前に)生んで(連れて来た)継娘で(今は)汝らが後見している者——だが勿論、まだ交渉をもたぬうちなら(その連れ子を妻にしても)罪にはならぬ――それからまた自分の腰から出た息子の配偶者《はいぐうしゃ》。姉妹を二人同時に妻にすることもいけない。ただし過去のことは問わない。まことにアッラーは慈悲深く、情深くおわします。

二八(二四)それから(娶《めと》っていけないのは)正式の夫をもつ女。但し汝らの右手の所有にかかるもの(奴隷とか戦争で分捕って来た女)はそのかぎりにあらず。これが汝らに対するアッラーの御掟《おんおきて》であるが、この掟の外《そと》であれば、己が財力の許すかぎりで、といっても放縦《ほうしょう》な野合はならぬが、正式に結婚して、妻を求めることは差支ない。そして、女たちから快楽をえたならば(これは所謂「一時結婚」、つまり一定の時日を限って同棲する方式を指す)、所定の報酬を払ってやること。その場合、所定の報酬額以上のことは、当事者の間で自由に取りきめてよろしい。まことアッラーは全知にして至高の智者におわします。

二九(二五)資産が足りなくて、信仰深い身分のよい女を娶れない者は、自分の右手の所有にかかる(前出、奴隷として所有している、の意)信仰深い端女《はしため》を(妻にする)がよい。汝らの信仰についてはアッラーがよく御存知。それにいずれも同じ(宗団)に所属するもの(主人と奴隷という身分の違いはあっても回教徒としては同じ)。されば、女の家族の承諾をえて(遅疑することなく)妻にするがよい。(相手が奴隷であっても)立派に所定の金は支払って、正式に結婚せよ。女の方でも決して放縦な野合のつもりや、色男でもつくるつもりでいてはならない。

三〇だが正式に妻となった後で、女が不貞をはたらいた時は、その罰は自由身分の婦人の場合の半分。これは（この奴隷を妻にするということは）特に放蕩を心配する人々のためにもうけた規定だが、どのような場合でもできれば欲情の度を過さぬことこそ望ましい。アッラーはよく赦し給う、お情深い方におわします。

三一（二六）こうしてアッラーは汝らのためにいろいろと説き明かし、汝らより前の時代の人々の踏み行った正しい道に汝らを連れて行って下さろうとしておられる。そして汝らの方に赦しのお顔を向けようとしておられる。アッラーはすべてを知り、すべてを暁《さと》り給う。

三二（二七）アッラーは汝らの方に赦しのお顔を向けようとして下さるのに、浅ましい欲情のとりこになった人々は汝らを（正しい道から）大きく横曲りさせてやろうとしておる。

（二八）アッラーは汝らの背の荷をなるたけ軽くしてやろうとしておられる。人間は弱く創《つく》られたもの故に。

三三（二九）これ、信徒の者よ、お互い同士でくだらぬことに財産を浪費してはならぬぞ、協定の上で商売する場合は別として。またお互いに殺し合ってはならぬ。アッラーもこれほど汝らに対して慈悲深くおわすではないか。

三四〔三〇〕万一、悪意をもって不当にもそのようなことをする者があれば、必ず我ら（アッラーの自称）が地獄の劫火で火あぶりの刑に処す。アッラーにとってはいとやすいこと。

三五〔三一〕汝ら、禁じられた大罪さえ避けるなら、些細《ささい》な悪事はみんな赦して、（天国に）晴れがましく入れてやろうぞ。

三六〔三二〕アッラーが汝らの誰かに、ほかの人より沢山《たくさん》（財産）を授け給うたとて、それを羨《うらや》んではならぬ。男も自分の稼《かせ》ぎ高の中から分け前を戴き、女もやはり自分の稼ぎ高の中から分け前を戴くだけのこと。なにはともあれアッラーのお恵みをお願い申すことが第一。アッラーはどんなことでも全部御存知であるぞ。

三七〔三三〕我ら（アッラーの自称）は全ての人について、両親や親族や、それから汝らが固《かた》い契約を結んだ人たちの遺産を受ける権利ある者を規定しておいたから、それぞれの分け前を間違いなく渡してやるように。アッラーはどのようなことにも一々立会っていらっしゃるぞ。

三八〔三四〕アッラーはもともと男と(女)との間には優劣をおつけになったのだし、また(生活に必要な)金は男が出すのだから、この点で男の方が女の上に立つべきもの。だから貞淑《ていしゅく》な女は(男にたいして)ひたすら従順に、またアッラーが大切に守って下さる(夫婦間の)秘《ひ》めごとを他人《ひと》に知られぬようそっと守ることが肝要(この一文は色々な解釈の可能性がある)。反抗的になりそうな心配のある女はよく諭《さと》し、(それでも駄目なら)寝床に追いやって(こらしめ、それも効がない場合は)打擲《ちょうちゃく》を加えるもよい。だが、それで言うことをきくようなら、それ以上のことをしようとしてはならぬ。アッラーはいと高く、いとも偉大におわします。

三九〔三五〕二人の間にひびが入りそうな心配のある時は、男の一族から調停人を一人、それから女の一族からも調停人を一人喚《よ》んで来るがよい、もし両人に仲直りしたいという気持があるならば。アッラーが二人の仲をうまく合わせて下さるであろうぞ。アッラーは何ごとも全て御存知、あらゆることに通暁《つうぎょう》し給う。

四〇〔三六〕アッラーに仕《つか》えまつれ。他の何者をもともに崇《あが》めてはならぬぞ。両親にはやさしくしてやれよ。それから近い親戚や孤児《みなしご》や貧民にも、また縁つづきのものや血縁の遠い被保護者、(僅かな期間でも)一緒に暮した友、道の子(旅人)、自分の右手の所有にかかるもの（奴隷たち）にも。威張《いば》りかえった高慢な人はアッラーは好み給わぬぞ。四一〔三七〕というのは、すなわち、己れも吝嗇《けち》の上に他人《ひと》にも吝嗇《けち》を勧め、アッラーから授かったお恵みは隠してひとに見せない人々のこと。あのような無信心ものどもには、われら（アッラー自称）が屈辱的な罰を用意しておいた。四二〔三八〕それからまた、他人《ひと》に見せびらかすために金を使い、自分ではアッラーも信じなければ最後《いやはて》の日も信じないような者どもも同じこと。シャイターン（サタン）を仲間にしている者があるが、まことに悪い者を仲間にしたというもの。四三〔三九〕アッラーと最後の日を信じ、アッラーが恵んで下さったものを幾分か喜捨《きしゃ》するくらいのことで一体、何が損だというのであろう。彼らのことはアッラーはすっかり御存知じゃ。

四四〔四〇〕まこと、アッラーは蟻《あり》一匹の重さだに誰にも不当なことをなさりはせぬ。よいことをすれば、必ず二倍にもして返して下さる上に、御自分の方から大きな御褒美を下さる。

四五〔四一〕これ、一体どのようなことになると思う、あらゆる部族から各々一人ずつ証人を喚《よ》び出し、お前（マホメット）も喚び出してあの者どもの悪事を証言させてやったら……。そんな日が来たら、信仰を拒《こば》み、この使徒（マホメット）にそむいた人々は、大地もろとも平になって(消えて)しまいたいと願うことであろう。だが、ただの一事たりともアッラーから隠しおおせはしないであろうぞ。

四六(四三)これ汝ら、信徒の者、酔うている時には、自分で自分の言っていることがはっきりわかるようになるまで祈りに近づいてはならぬ。また身が穢《けが》れている場合には、すっかり洗い浄《きよ》めるまで。但し路を歩いている途中では仕方がない。だが病気の時とか旅に出ている時、また不浄の場所から出て来た時、女に接して来た時などに、水が見つからなかったなら、きれいな地面の砂を使って、顔と手をこするがよい。まことにアッラーは何事もよく赦して下さる心やさしい御方におわします。

四七(四四)お前(マホメット)気がつかなかったか、聖典のおすそわけをして戴いているくせに(ユダヤ教徒を指す)、ことさらに迷妄を買い込み、あまつさえ汝らに道を踏み迷わせようとしている者どもがある。(四五)だが汝らの仇敵《きゅうてき》のことは誰よりもアッラーが一番よく御存知。アッラーに保護者になっていただけたらもうそれだけで大丈夫。アッラーが助け手になって下さったらもうそれだけで大丈夫。

四八(四六)ユダヤ教徒の中には(たちの悪い者があって)わざと(天啓の)言葉を捩《ね》じ曲げて

『コーラン』の文句をもじっていたずらをするのである)「承《うけたまわ》りましたが、まっぴらごめん」とか「聞かされないで聞いて見よ」とか、そして「わしらの面倒見て下さい」というのを舌先《したさき》でちょっとひねって発音し(前出、「牝牛」九八節参照)、この宗教(教回)を嘲《あざけ》ろうとする。四九「承りました、お言いつけに従います」「お聞き下さい、わしらを御覧下さい(或いは「しばらく猶予をお与え下さい」)」と言ったなら、どんなに身のためにもなり、立派でもあることだろうに。だが、あのような罰当《ばちあた》りなことをするから、アッラーは彼らを呪《のろ》い給うたのじゃ。されば彼らは、ごく少数の者以外、本当の信仰には入れないであろうよ。

五〇(四七)これ汝ら、聖典を授かっておる人々よ、我ら(アッラー自称)が特に汝らの手もとにあるもの(モーセの律法を指す)を確証しようとて下してつかわしたもの(『コーラン』を指す)を信仰せよ、我らに顔をくしゃくしゃに潰され、うしろ向きに捩じまげられぬ前《さき》に。(その昔)安息日(の禁)を破った者どもが呪われたように彼ら(「お前たち」と言うべきところ)も呪われぬ前《さき》にアッラーの命令は完全に遂行されるものと知れ。

五一(四八)アッラーは、御自分が他の(偶像)と一緒にならべられたら絶対にお赦しにはならない。だがそれより手前のことなら(多神崇拝ほど重くない罪ならば)気のお向きになった者には赦して下さりもしよう。アッラーに仲間を認める(アッラーとならべて他の神を同時に拝む)ような者はまことに恐るべき罪を犯《おか》したことになるぞ。

五二(四九)お前(マホメット)気がつかなかったか、自分の手で自分を浄《きよ》めようとしている連中のことを。否々《いないな》、ただアッラーのみ、御心のままに人を浄め給う。誰ひとり、椰子糸《やしいと》一本ほども不当な扱いをされることはなかろうぞ。

五三(五〇)見よ、彼らのアッラーにたいし奉り虚偽《きょぎ》を捏造《ねつぞう》する様《さま》を。この一事だけでも、すでにまぎれもない大罪ではないか。

五四(五一)お前気がつかなかったか、聖典のおすそ分けを戴いておりながら、ジブトやターグートでいるの(ともに古アラビアの鬼神)を信仰して、「(回教の)信者より、こちらの方がずっと正しい道を踏んだぞ」などと信仰なき人々に言いきかせている者どもがある。五五(五二)あのような徒《やから》こそアッラーの呪詛《じゅそ》を受けている。一度アッラーの呪いを受けたが最後、どこにも助け手などありはせぬ。

五六(五三)彼らは、あれでも(天上の)王国に入れて戴くつもりなのか。たとえそのようなことになっても、他人には棗椰子《なつめやし》の核《たね》一つだってくれようとしはすまい。

五七(五四)それとも他人《ひと》がアッラーから沢山《たくさん》お恵《めぐ》みを頂戴するのを見て、ねたましいのか。

だが(ねたんだとて何になろう)、我らがすでにイブラーヒーム(アブラハム)には聖典と聖智、(その一族)には偉大な王国を授けてしまった(今となっては)。

五八(五五)彼ら(アブラハムの後裔)の中には信仰には入った者もあれば、また背《そむ》き去った者もある。だが、ジャハンナム(ゲヘナ)の火さえあれば(悪い奴らを)焼き尽すにはことかかぬ。五九(五六)まこと、我らの神兆を信じないような者ども、そういう者どもはいまに燃えさかる火に焼いてくれようぞ。皮膚がすっかり焼けてしまったら、何遍でも新しいのと取り換えて、天罰をじっくり味わわせてやるぞ。まことにアッラーは偉大な力の持主、あらゆることに通暁《つうぎょう》し給う。

六〇(五七)だが信仰を抱《いだ》き、義《ただ》しい道を踏み行う者、そういう人たちは潺々《せんせん》と河川流れる楽園に入れて、そこに永久に住みつかせてやろう。そこでは清浄な妻(前出、天女フーリーのこと)を何人もあてがおう。そして影濃《こ》き木影にはいらせよう。

六一(五八)預り物はきちんと預け主に還《かえ》すようにとアッラーは命じ給う。また他人の間を裁《さば》く場合には、公正を旨《むね》として裁くように、と。まことに何んたる結構なお諭《さと》しを汝らにアッラーは与え給うものか。まことにアッラーは全てを聞き、あらゆることを見透し給う。

六二〔五九〕これ汝ら、信徒のもの、アッラーのお言いつけをよく守り、またこの使徒（マホメット）と、それから汝らの中で特に権威ある地位にある人々の言いつけをよく守るのだぞ。何かのことで争いが生じた場合は直ちにアッラーとこの使徒のところへ持ち込むがよい、もし汝らが本当にアッラーと最後《いやはて》の日を信じておるのであるならば。それが一番よい、そしてそれが一番よい結果にもなる。

六三〔六〇〕お前（マホメット）見なかったか、お前に下されたもの（『コーラン』）やもっと昔に下されたもの（ユダヤ教・キリスト教の聖典）を信仰しているようなことを口先だけで言っている人々が、内心では（アッラーではなくて）ターグート（前出、古アラビアの鬼神）に裁判を頼みに行こうと思っているのを。あのような（偶像神《でく》）は信じてはならぬとあれほど言いきかされておるのに。これはみんなシャイターン（サタン）がとりかえしのつかないほど道を迷わしてやろうと企《たくら》んでおるのじゃ。六四〔六一〕彼らに向って「さあ、アッラーの啓示し給うたところへ、使徒のもとへ早く来い」と言って見るがよい、あの偽善者《ぎぜんしゃ》どもきっとお前から顔をそむけてしまうであろう。六五〔六二〕一体彼らはどんなことになるだろう、われとわが手でしたことがもとで災難に襲われたなら。そうなったら、きっとお前のところへやって来て、アッラーかけて誓言を立て、「わしらはただひたすら親切と和解を求めただけ」などと言うであろう。

六六〔六三〕あのような人々が心の中にどんなものをひそめているかアッラーはすっかり御存
知。だからお前はさっさと彼らから離れて、警告してやるがよい。胸にぐさりと突き刺
さるような言葉を言ってやるがよい。
六七〔六四〕（お前にかぎらず）今までも、我ら（アッラー自称）が誰か使徒を遣《つか》わしたのは、必ず人々
に言うことをきかせるため。勿論それもアッラーの御許しによって。だがたとえ彼らが
何かなすべからざる不義をしても、もしその本人がアッラーのお赦しを請《こ》い、かつこの
使徒（マホメット）も彼らのために赦しを請うならば、アッラーは相変らず赦しの御顔を向けて
下さる、情深いお方にましますことを見せてやりもしよう。
六八〔六五〕いや、いや、神かけて。彼らがお互い同士の揉《も》め事にもお前（マホメット）の裁決を頼
みに来るようでなければ、彼らはまだ本当の信者ではない。だがもしそうなったなら、
お前の下す判決に不満のあろう筈はなし、絶対服従あるのみじゃ。
六九〔六六〕しかしそれでも、もし彼らに「自分で自分の命を絶《た》て」とか「自分の家から出
て行ってしまえ」とかいう規定を作ってやったら、ごく少数のものしか言いつけに従わ
ないに違いない。言われた通りにしたら実際は自分にもどれほど得か知れないし、その
方がはるかに（信仰の）固めにもなるのだが。
七〇〔六七〕そのようなことになったなら、我ら
（アッラー自称）も今度はこちらから大きな褒美をくれてやろうに。
〔六八〕まっすぐな（救いの）道に

手引きしてやりもしように。

七一〔六九〕誰であれアッラーとこの使徒の言いつけをよく守る人、そういう人はアッラーの祝福を受けた予言者たちや義人たち、殉教者《じゅんきょうしゃ》たちや有徳の人々の仲間に入る。まことにこれほど立派な仲間はない。七二〔七〇〕これがアッラーの下さるお恵《めぐ》みじゃ。アッラーは御自分で何から何まですっかり御存知。

七三〔七一〕（ここから話題が替って聖戦のことになる）これ汝ら、信徒の者よ、（戦闘に臨《のぞ》む場合には）充分に警戒して、隊を分けて前進し、或いは全軍一時に前進せよ。

七四〔七二〕汝らの中にはぐずぐずと後に残る者がおるぞ。あのような徒《やから》は、万一汝らに災難がふりかかると、「やれやれ、これも神様のおかげ、あいつらと一緒に殉教者《じゅんきょうしゃ》にならずに済《す》んだ」などと言う。七五〔七三〕ところが逆に汝らがアッラーからお恵みを頂戴すれば今度は、（その同じ人間が）まるで縁もゆかりもないような顔をして、「ああ、あいつらと一緒にいたらよかったに。そうすれば大もうけできたのに」などと言うにきまっている。

七六〔七四〕とにかく、現世を棄ててその代りに来世を獲ようと志す者は、大いにアッラーの道に（回教のために）戦うがよい。アッラーの道に戦う者は、戦死してもまた凱旋《がいせん》しても、我らがきっと大きな褒美を授けてやろうぞ。

七七〔七五〕これ、汝ら、何ゆえアッラーの御為めに、またあの力弱い男や女や子供たちのために戦おうとしないのか。みんなああして訴えておるではないか、「神様、どうぞ私どもをこの市《まち》から連れ出し給え。ここの住民は不義なす徒《やから》ばかりでございます。どうぞ貴方様《あなたさま》の側から私どもに誰か保護者をお立て下さい。どうぞ貴方様の側から私どもに誰か助け手をお立て下さい」と。

七八〔七六〕信仰ある人々はアッラーの道に勇んで戦い、信なきものどもはターグート（前出、邪神）の道に戦う。さればシャイターン（サタン）の手先どもに戦いを挑《いど》め。まことシャイターンの策略などものの数《かず》ではないぞ。

七九〔七七〕お前気がつかなかったか、いつか「（戦いから）手を引け。礼拝の務めを正しく果し、喜捨《きしゃ》を出せ」との命を受けた人々が、後になってから戦いの義務を負《お》わされたら、中の一部の者は人間（敵を指す）をまるで神様かのように、いやそれ以上にも、こわがって、「主よ、何故、我らに、戦いの義務を課し給う。せめてもう少しの間だけでも遅らせて戴けないものでございましょうか」などと言い出した。言ってやるがよい、「この世の享楽《きょうらく》は些細《ささい》なもの。神を懼《おそ》れかしこむ者にとっては来世《らいせ》こそ有難いもの。お前たち椰子糸一筋《ひとすじ》ほども不当な報《むく》いを受けることはあるまいよ」と。

八〇(七八)汝らがどのような処に居たとて結局、死は汝らに追いついてしまう。どれほど
高い楼観《ろうかん》にひそんでみても甲斐《かい》はない。
何かうまいことが起れば、彼ら「これはみんなアッラーから戴いたもの」と言い、何
か悪い目に逢えば「これはみんなお前(マホメット)のせいだ」と言う。言ってやるがよい「一
切はアッラーの御もとから起って来る」と。一体どうしたことぞ、この人々のなにを聞
いても殆んど理解できないとは。
八一(七九)お前にふりかかる幸運はアッラーの授け給うたもの、お前にふりかかる災難は、
これはみなお前自身から出たこと。我らはお前を使徒《しと》として人々に遣わした。(このこ
との)証言はアッラーだけでこと足りる。
八二(八〇)この使徒の言いつけに従うことは、すなわちアッラーのお言いつけに従うこと。
だがこれに背《そむ》く者があっても、別にお前をそのような人々の張り番につけたわけではな
い。八三(八一)彼らは口先では恭順《きょうじゅん》だ恭順だと言っておるが、お前の傍《かたわら》から退《しりぞ》くと、お前の
教えとは全然違ったものを一晩中念じて過すような者どもがおる。だが彼らが夜中にど
んなことを念じておるかは全部アッラーが記録をつけていらっしゃるぞ。さればあのよ
うな徒《やから》とは縁を切って、アッラーだけにお頼《たよ》り申すがよい。保護者はアッラーだけでこ
と足りる。

〈八四〉〔八二〕何事ぞ、彼らクルアーン（『コーラン』）のことをよく考えても見ないのか。もしアッラー以外のもの（例えば悪魔。当時、敵方ではマホメットの受ける啓示は本当の神の声ではなくて悪霊の声だと言ってののしった）から出ているのだったら、いろいろ矛盾《むじゅん》が見つかるはずではないか。

〈八五〉〔八三〕安全だとか危いとかいう報知が来ると彼らはいきなりそれを公表してしまう。もし使徒（マホメット）およびその方面の担当者《たんとうしゃ》に廻してよこせば、（事の真相）を知りたい人はみな（それを然《しか》るべき時に然るべき形で公表できる人から）知らせてもらうということになるだろうに（これは当時、戦争中に実際に起ったことを言っているのであろう。事件の詳しい内容はわからない）。とにかくアッラーの御好意がなかったら、汝らのうちたいていの者はシャイターン（サタン）について行ってしまうことだろう。

〈八六〉〔八四〕アッラーの御為めに戦うのじゃ。お前（マホメット）は自分のことだけ責任を取ればよろしい。信者たちを鼓舞激励《こぶげきれい》せよ。恐らくアッラーが、信なき者どもの腕力を抑えつけて下さるであろう。アッラーの方がはるかに腕力もお強いし、その罰もはるかに恐ろしいぞ。

八七〔八五〕よい口添《くちぞ》えした者は(来世で)その一部を受け、悪い事に口添えした者は(同じく来世で)その同額の報いを貰う。アッラーは一切を厳に取締り給う。

八八〔八六〕誰かに丁寧《ていねい》に挨拶されたら、それよりもっと丁寧に挨拶し返すか、さもなくば、せめて同じ程の挨拶を返せ。アッラーは一切を正確に勘定《かんじょう》し給う。

八九〔八七〕アッラー、そのほかには絶対に神はない。必ず必ず汝らを復活の日に喚《よ》び集め給うであろう。ゆめ疑うまいぞ。アッラーの御言《みこと》より確かな言葉を誰が言おう。

九〇〔八八〕どうしたということだ、汝ら、偽善者《ぎぜんしゃ》どものことで二派に分れるとは。彼らの所業のゆえに、アッラーが直々《じきじき》に顛覆させ給うた彼らではないか。それとも、汝ら、アッラーが迷わせ給うた人々を自分で手引きしてやろうとでもいうのか。アッラーが迷わせ給うた者をお前(マホメット)でもどうしようもありはせぬ。九一〔八九〕あの徒《やから》は、自分が無信仰なように、汝らにも無信仰になってもらいたくてしかたがない。両方とも同等になろうとして。されば、あのような者どもを頼りとしてはならぬぞ、彼らが宿替《やどか》えしてアッラーの道(回教)の方に移って来る時までは。だがそうなってからも、もし彼らが背を向けるようなら、つかまえて、どこでも手当りしだい殺してしまうがよい。彼らを仲間にしたり助け手にしたりしてはならぬぞ。

九二〔九〇〕但し、彼らが、汝らとしっかりした協定を結んでいる部族のところへ身を寄せて行ったとか、あるいは汝らと戦ったり、自分の身内《みうち》（マホメット側についている同族の人たち）と戦ったりするのが嫌になって直接汝らのところに（降服して）来るとかした場合は別だ。もしアッラーさえその気になり給えば、彼らを汝らより優勢にして必ず汝らに戦いをしかけて来るようにさせることもいとやすい。だからもし彼らが身を引いて、汝らに戦いをしかけず、和平を申し出て来るようなら、それはアッラーが、もはや汝らに彼らを攻める道をお与えにならないということ。

九三〔九一〕またそれ以外にも（えせ信仰者の中には）、汝らと平和に暮し、自分の身内の者（前出、同部族民だが現在は敵方、すなわちマホメット側についている人々）と平和に暮したいと望む者もあろう。だがそのような徒《やから》は騒動が再発するたびに足をすくわれて顚落《てんらく》して行く。されば彼らがあくまで退《しりぞ》かず手を引いて和平を申し出て来ないようならば、つかまえて、どこでも手当り次第に殺してしまうがよい。そのような徒《やから》に対しては、我ら（アッラー自称）が汝らに（討伐の）歴々たる権能を与えてつかわすぞ。

九四〔九二〕信徒が信徒を殺すことは絶対に許されぬ、誤ってした場合は別として。もし誰か信徒を誤って殺した場合には、(その罪ほろぼしに)信仰深い奴隷を一人解放してやること。無論、血の代償《だいしょう》は相手方の家族に支払うこと。但し相手方がそれを自由意志で喜《き》捨《しゃ》するならそれでもよい。また(被害者が)汝らの敵方の部族の者で、しかも信者である場合は、信仰深い奴隷を一人解放すること。また汝らとの間に協定関係のある部族の者である場合は、血の代価を相手の家族に支払った上、信仰深い奴隷を一人解放すること。もしそれだけの資力がないなら、二ヵ月間連続断食《だんじき》する。これはアッラーの定め給うた贖罪《しょくざい》じゃ。まことにアッラーは全てを知り、一切に通じ給う。

九五〔九三〕だが信徒を故意《こい》に殺した者は、ジャハンナム(ゲヘナ)を罰として、そこに永久に住みつこうぞ。アッラーこれに怒り給い、これを呪い給い、恐ろしい罰をそなえ給う。

九六〔九四〕これ汝ら、信徒の者、汝らがアッラーの道に出《い》で立つ時、よく落付いて物を見きわめよ。こちらに挨拶の言葉をかけてくる人間に向って(或いは「平和を求めて来る人に向って」の意)、現世のくだらぬ欲にかられて、やたらに「お前は、信者ではない」などと言って(殺害の口実をつくったりして)はならぬ。戦利品ならアッラーのお手《て》元《もと》に沢山ある。以前は(回教の起る以前)汝らはいつもそうであった。だが今では汝らもアッラーのお恵《めぐ》みを戴いた身、はっきり物事を見きわめて（慎重に振舞わ）なくてはならぬ。アッラーは汝らの所業を全部知っていらっしゃるぞ。

九七〔九五〕別にこれといって支障《ししょう》もないのに、（戦争の時）家に居残っている者は同じ信者といっても、自分の財産も生命もなげうってアッラーの道に奮戦する者と同列ではありえない。財産も生命もなげうって奮戦する者をアッラーは、家に居残る連中より何段も上に嘉《よみ》し給う。勿論どちらの者にもアッラーは最上の御褒美を約束なさりはした。だが居残り組よりも奮戦組の方にずっと沢山報酬《たくさんほうしゅう》を下さる。九八〔九六〕すなわち、彼らを数段も上にお据《す》えになり、お赦《ゆる》しもお恵みも（はるかに多く与え給う）。アッラーは、何でも赦して下さる、まことにお情深いお方。

九九〔九七〕われとわが身に害《あだ》なしているところ（具体的には、マホメットと共にメッカを去ることを肯ぜず、不信の徒の間に安閑として暮すことを好んだ人々を指す）を天使らに召された（死んだ）人たち。天使らがこれに「汝らどのような状態であったのか」とお訊ねになると答えて言う、「わしらは地上では、ひどくいためつけられておりました。」すると（天使らは）「だがアッラーの大地はあれほど広いものを、どこへでも居を移せばよかったではないか」と言う。このような徒《やから》の行きつく先は、ジャハンナム

(ゲヘナ)。まことに情ない行き先きよ。

一〇〇〔九八〕但し男でも女でも、また子供たちなどで本当に脆弱で、(自分の力で不幸を遁《のが》れるだけ)の手をどうにも打てない、また正しい(信仰の)道にも行きつけない、というような者は除外する。〔九九〕そういう人々のことは、おそらくアッラーもお赦し下さることであろう。まことアッラーは寛大で情深くおわす故に。

一〇一〔一〇〇〕誰であれアッラーの御為めに家郷を棄てる人は、この地上にいくらでも身を寄せる場所と余裕《よゆう》とを見出すであろう。また誰でも己が家を後にしてアッラーとその使徒(マホメット)のもとに居を移し、その後で死に追いつかれた場合、その人の報酬はかしこくもアッラーが引き受け給う。アッラーは情深く慈悲深くおわす故に。

一〇二〔一〇一〕他国に旅に出ている時、もし信仰なき者どもにいじめられそうな懸念《けねん》がある場合には、礼拝を簡略にしてもかまわない。まことに信仰なき者どもは汝らの公然の敵。

一〇三〔一〇二〕お前(マホメット)がみんなと一緒にいて、みんなのために礼拝をしてやる場合には、必ずその一部の者に武器を執らせ、お前と一緒に(祈りの位置に)立たせるがよい(異教徒、すなわち上述の「無信仰者」の攻撃に備えて、礼拝中も警戒を怠らないのである)。そして彼らが拝し終ったなら後列に廻り、(それに替《かわ》って)今度はまだ礼拝を済ませてない方の一隊が(前に)出てお前と一緒に礼拝する。その際にも警戒を怠らず、武器を手傍《てもと》に引きつけておくこと。元来《がんらい》、信仰なき者どもは、汝らがついうっかり武器や荷物のことを忘れるのを今か今かと待っていて、そうなったら一度にどっとばかり押し寄せてくる。だが勿論、雨に邪魔されるとか、病気とかの場合は武器を手に持っていなくとも差支えない。だが油断はせぬように。信仰なき者どもにはアッラーが恥かしい罰をしつらえて待っていらっしゃるぞ。

一〇四〔一〇三〕さて、礼拝を済ませたなら、立ちながらでも、坐りながらでも、また横になっている時でも常にアッラーを念ずるようにせよ。安全な場合はいつでも礼拝を守るようにせよ。礼拝というものは、一定の時を以ってすべての信者に課された規定であるぞ。

一〇五〔一〇四〕異教徒を追求するに弱気を起してはならぬ。汝らも苦しかろうが、向うも汝らが苦しいのと同じように苦しいのだし、それに彼らには全然望みえぬことを（天国に入れて戴けるということ）汝らはアッラーにおねがいできる身ではないか。アッラーは、全てを知り、一切の事に通じ給う。

一〇六〔一〇五〕まことに我ら（アッラー自称）が真理《まこと》を以ってお前（マホメット）にこの聖典（『コーラン』）を下したのは、お前にアッラーの示し給うところに従って人々の間を裁かしめんがためじゃ。決して裏切り者たちの弁護人になってはならぬぞ。〔一〇六〕アッラーのお赦しを請《こ》い奉るのじゃ。アッラーはよくお赦し下さる情深いお方におわします。

一〇七また、われとわが身を裏切る者ども（自分自身を裏切るとは、神の命にもとる行為をすること）のために弁論したりするのもいけない。アッラーは罪深い裏切り根性《こんじょう》の人を好み給わぬ。一〇八彼らは人間の目はごまかせるが、アッラーの目をごまかすわけには行かない。彼らが夜中によろしからざることを思いめぐらしている時、（アッラー）はその場にいらっしゃる。彼らのしていることをアッラーは全部手に取るように御存知《ごぞんじ》。

一〇九これ、汝ら、何んたることぞ、汝らは、あの者どものために弁論するが、それも現世だけのこと。復活の日にアッラーを相手にして誰があんな彼らの弁護などできようか。さ、誰が一体あんな者どもの保護者になれるものか。

一一〇何か悪いことをして、われとわが身に害《あだ》しても、すぐアッラーのお赦しを請《こ》いさえすれば、アッラーはいつでも情深く赦して下さろう。一一一何か罪を背負《せお》いこむ者は、結局自分で自分の身にそれを背負いこむだけのこと。アッラーは何から何まですっかり御存知。一一二また、何か過《あやま》ちとか罪とかを犯《おか》しておいて、それを潔白な人に投げつける（責を転嫁する）のは、それは明らかに中傷罪《ちゅうしょうざい》、明白な罪。

二三お前(マホメット)にしてもアッラーのお恵みとお情けがなかったなら、彼らの一部の者にあやうく迷わされてしまうところだった。だが結局彼らは自分自身を迷わすだけのこと、お前に害など絶対にさせるものか。アッラーはお前に聖典と聖智とを啓示し給うた上、お前がそれまで全然知らなかったことを教えて下さったほどではないか。まことにお前にたいするアッラーのお恵《めぐ》みの何んと大きいことよ。

二四彼らもいろいろとお互いだけで話し合ったりしておるようだが、大部分は何の役にも立ちはしない。但し(彼らの中でも)喜捨《きしゃ》や善行や、また人々の間の協調を勧《すす》める者だけは別で、こういうことを、アッラーの御心にかなうようにとてなす者には、やがて我らが大きな褒美を与えるであろうぞ。

二五だが、せっかく本当の御導きを見せて戴いておきながら、それでもなおこの使徒(マホメット)と手を切って、正しい信者たちとは違った道を辿《たど》る者、そういう者には自分で勝手に選んだ役目を任せてやろうぞ。そしてついにはジャハンナム(ゲヘナ)で焼いてやろうぞ。辿り行く道の果ての恐ろしさよ。

二六まことに、アッラーは御自分が他の何者とも並べられることをおゆるしにならない。だがそれほど(重い罪)でない場合は、御心ならば赦しても下さろう。アッラーのほかに何か(邪神を)並べて拝む者は、とり返しのつかぬ迷妄《めいもう》の道に踏みこんでしまったのじゃ。二七彼らがアッラーをさし措《お》いて拝んでおるのは、あろうことか、女(当時アラビア沙漠ではマナートとかアッラートとかその他沢山女の神が崇拝されていた)ではないか。あろうことか、叛逆者《はんぎゃくしゃ》のシャイターン(サタン)ではないか。二八アッラーの呪いを受けよ。(シャイターンめ)、(神様に向って)「汝の奴隷たち(信者を指す)のうち、割当ての分だけは頂戴いたします。〔一一九〕その者どもだけは必ず迷いの道にさそい込み、その胸に(邪曲《よこしま》な)欲情を煽《あお》り立て、思いのままに操縦し、必ず家畜の耳を切り取るようにしむけてお見せしましょう(これは次章に詳しく出て来る。古いアラビアの奇習の一つで、回教ではそれを禁止した)。そして彼らに号令して、アッラーの創《つく》り給うた(秩序)を変えさせてごらんにいれましょう」などと公言したとは。アッラーをさし措《お》いてシャイターンにつくような者は、誰の目にも明らかに大損したというものじゃ。

二九〔一二〇〕シャイターンは人にいろいろと約束し、その欲情を煽り立てるけれど、彼の約束することはどれもみな誑《たばか》りばかり。三〇〔一二一〕(それにだまされるような)人々の行きつく先はジャハンナム(ゲヘナ)、逃げようにもすべはない。

三一〔一二二〕だが正しい信仰を抱き、よい行いをなす人々、そういう人々は我らが潺々《せんせん》と河川流れる楽園に入れ、そこに永《とこ》しえに住まわせてやろうぞ。ゆめ違《たが》うことなきアッラーの御約束。アッラーの御言葉よりもっと信頼できるものがどこにあろう。三二〔一二三〕汝らの身勝手な希望でそうなるのでもなく、また啓典の民（ユダヤ教徒とキリスト教徒）の身勝手な希望でそうなるというのでもない。誰でも悪いことをすれば必ずその報いを受ける。そしてアッラーを措いては、ほかに味方《みかた》になる人も助けてくれる者も見つかりはせぬ。一二三（一二四）だが、義《ただ》しいことを行い、しかも信仰深い者は、男でも女でも、みな楽園に入れて戴いて、棗椰子《なつめやし》の皮一すじほども不当な目には遇《あ》いはせぬ。

一二四（一二五）宗教ということになれば、自分の意志をそっくりアッラーにお委《まか》せ申し、善行に励《はげ》み、純正な信仰の人イブラーヒーム（アブラハム）の跡に従う人間にまさるものがどこにあろうか。アッラー御自らイブラーヒームを伴侶《はんりょ》となし給うたではないか。

一二五（一二六）天にあるものも、地にあるものも、すべては挙げてアッラーに属す。アッラーはあらゆるものを包含《ほうがん》し給う。

一二六（一二七）みなの者がお前（マホメット）に女のことで判定を求めて来るであろう。言ってやるがよい、「女についてはアッラーが御自身でお前たちに判定をお下しになる。それからまたお前たちが規定された財産を（まだ）与えずしかも自分の嫁《よめ》にしようと考えておる孤児《みなしご》の女だとか、哀れな子供たちだとか、また孤児は義《ただ》しい取扱いをしてやらなければいけないことだとか、聖典の中に特にそういうことに関した箇所をお前たちいろいろ読み聞かせて戴いておる（それも神の示し給う判定である）。とにかくお前たちが何でもよいことをすれば、アッラーは必ずそれを御心に留め給うであろう」と。

一二七〔一二八〕もし女がその夫から虐待《ぎゃくたい》されるとか嫌われるとかいう心配がある場合、両人の間をうまくするような手を打つことは差支えない。なんといっても仲直りが一番よい。人間の心というものは、とかく強慾《ごうよく》になりやすいもの。だが、もし汝らが善意をもって行動し、神を懼《おそ》れる心を忘れないなら、かならずやアッラーは汝らの行為をすっかり知って下さろう。

一二八〔一二九〕大勢の妻に対して全部に公平にしようというのは、いかにそのつもりになったとてできることではない。しかしそれとて、あまり公平を欠きすぎて、誰か一人をまるで宙づりのように放っておいてはいけない。汝らみなが仲よくして神を懼《おそ》れる心を忘れないなら、アッラーはまことに情深く、慈悲深くおわします。

一二九〔一三〇〕だが二人が別れても、勿論アッラーは大御心《おおみこころ》から双方ともそれぞれに世話して下さろう。まことにアッラーは宏大無辺《こうだいむへん》、限りない智恵の持主におわします。

一三〇〔一三一〕天にあるものも、地にあるものも、すべては挙げてアッラーに属す。汝らより先に聖典を頂戴した者ども（ユダヤ教徒およびキリスト教徒）にも、それからまた汝ら自身にも、我ら（アッラー自称)は「アッラーを懼《おそ》れよ」との厳命を下しておいたはず。たとい汝らが命に叛《そむ》いたところで、天上地上あらゆるものを所有し給うアッラーのこと、もともとアッラーには何も不用、いとも尊き御神にまします。

一三一(一三二)天にあるものも、地にあるものも、すべては挙げてアッラーに属す。アッラーが保護者になって下さったらそれでもうほかには何も要《い》りはせぬ。一三二(一三三)もしその気になり給えば、これ皆のもの、汝らを一挙に滅ぼして、かわりに他の人々をお据えになるかも知れないぞ。それしきのことアッラーにはいとやすい。

一三三(一三四)現世の御褒美がほしいという者もあろうが、アッラーの御手もとには現世の御褒美も、それからまた来世のも、いくらでもある。アッラーすべてを聞き、あらゆることを見《み》透《すか》し給う。

一三四(一三五)これ汝ら、信徒の者よ、毅《き》然《ぜん》として正義を遵守《じゅんしゅ》し、アッラーの前に証言せよ。たとえ(その証言が)自分自身や両親や、或いは近親の者に不利であろうとも。また(相手が)金持であろうと貧乏であろうと。いずれにせよ(相手方の貧富に拘らず)本当に取りさばくのは(汝らではなくて)アッラーただおひとり(汝らはただありのままに証言さえすればよい)。ついむら気を起して道を踏みはずしたりしてはならぬぞ。もし汝ら、ことさらに(証言)を曲げあらぬ方に逸《そ》れたりしたら、よいか、アッラーは汝らの所業を全て御存知《ごぞんじ》であるぞ。

一三五(一三六)これ汝ら、信徒の者よ、アッラーと使徒(マホメット)と、使徒に下された聖典と、それ以前に下された聖典とを信仰せよ。アッラーとその諸天使と、聖典と使徒たちと、最後《いやはて》の日を信ぜぬ者は、取り返しのつかぬほど遠く迷いの道に踏みこんでしまった者。

一三六(一三七)信仰に入っては見たがまた背信し、それからまた信仰に入り、また背信し、そしていよいよひどい無信仰者になって行くような者、そういう者どもはアッラーも赦し給うまい。正しい道に手を引いて下さりもすまい。

一三七(一三八)似非《えせ》信者《しんじゃ》どもに嬉しい便りを伝えてやるがよい。彼らのために苦しい天罰が用意してある、と。一三八(一三九)信仰深い人たちをさしおいて無信の徒《やから》と仲よくしている人々は、権勢でも貰おうというつもりなのか。権勢はことごとくアッラーだけのものと知らずに。一三九(一四〇)汝ら、聖典(今までに啓示された『コーラン』の章句)の中で、戒めを受けておるはずではないか、「汝ら、アッラーの御徴《みしるし》が嘘よばわりされたり、馬鹿にされたりしているのを聞いたならば、相手が何か別の話題に入って行かないかぎり、そんな人々と同席してはならぬ。さもないと、汝ら自ら彼らと同類になってしまうぞ」と。似非信者や無信の徒《やから》は、アッラーがやがてことごとくジャハンナム(ゲヘナ)の中に呼び集めておしまいになろう。

一四〇(一四一)汝らにたいして日和見の態度をとり、汝らがアッラーから勝利を戴けば「わしらは君たちと一緒だったではないか」と言い、無信仰者の側にぶがいい時は「ほれごらん、わしらが勝った。わしらがお前たちを信者どもから守ってやったのだぞ」などと言う。どちらが正しいか復活の日が来ればアッラーが裁《さば》いて下さろう。どんなことがあろうとアッラーが無信の徒《やから》に信者たちを打ち負かしたりなどさせ給うものか。一四一(一四二)本当にあの似非信者ども、自分ではアッラーを騙《だま》そうとかかっているが、実は逆にこっちから騙されているだけのこと。礼拝に立ち上る時にしても、さも大儀そうに立ち上り、見てくれればかりつくろって、心の中ではほんの一寸アッラーを念ずるだけで、一四二(一四三)あちらでもなし、こちらでもなし、始終《しじゅう》ふらふら。まったく一たんアッラーが迷わせ給うた人間は、もうお前(マホメット)にも助けてやりようがない。

一四三(一四四)これ汝ら、信徒のもの、信仰ある人々をさし措《お》いて、無信仰者に頼ってはならぬぞ。汝らまさかアッラーに、汝らを糾弾《きゅうだん》する公然たる権利を差上げたいわけではあるまいが。

一四四(一四五)まことに、似非信者は、(地獄の)劫火の一番底に投げ込まれて、助け手は誰一人見つかりはしなかろう。一四五(一四六)だがそれでも、改悛《かいしゅん》して、罪ほろぼしをし、アッラーにしっかりとおすがり申し、ただアッラーのみを純一に信仰するようになれば、そういう者は信徒の真の仲間。必ずアッラーは信者には大きな御褒美を下さろう。一四六〔一四七〕アッラーとても汝らが感謝し、信仰しているというのに、その汝らを罰して何としよう。アッラーはすぐ感謝なさる御性質、何から何まで御存知ではないか。

一四七〔一四八〕きたない言葉を大声で叫ぶ者があるが、これはアッラーはお好みにならない、但し何か不当な目に遇《あ》った人の場合は別だが（不当に害を与えられた人は相手を呪詛することが許される）。まことにアッラーは耳敏《さと》く、一切を知り給う。

一四八〔一四九〕汝ら、公然と善行をするにしても、そっと隠れてするにしても、また受けた害を赦《ゆる》してやっても、（全てアッラーは御存知）、アッラー御自身もよく赦し給う、実にお偉いお方におわします。

一四九〔一五〇〕アッラーをも、（アッラーの遣《つか》わし給うた）使徒たちをも信じようとせず、かえってアッラーと使徒達の間を裂こうとして、「われらには信じられるところと信じられないところとある」などと言い、丁度どちらつかずのところを行こうとする者があるが、一五〇〔一五一〕あのような者どもは正真正銘《しょうしんしょうめい》の無信仰者。無信仰の徒《やから》には我ら（アッラー自称）の方でも、恥かしい罰を用意しておいた。

一五一(一五二)だがアッラーとその使徒たちを信じ、彼ら(数多い使徒たち)の間に全然差別をつけない人々、そういう人たちには我らがきっとふさわしい報酬を授けようぞ。アッラーは何でも赦して下さる情深いお方《かた》におわします。

一五二(一五三)啓典の民(ユダヤ教徒)はお前(マホメット)を(困惑させようとして)今ここで天から聖典を下ろして見せろなどと要求することであろう。だが、実は彼らは(その昔)ムーサー(モーセ)にもっとひどい難題を吹っかけて、なんと、「われらに神を目のあたり見せてくれ」とまで言ったこともある。かかる不正の故に、忽ち霹靂一下《へきれきいっか》、彼らは撃《う》たれた。だがその後も彼らは、いろいろの神兆をはっきり見せて戴いておきながら仔牛を拝《おが》んだりした(前出、イスラエル人が黄金の仔牛を神として崇めたこと)。それをしも我らは赦して、ムーサーに歴々たる権能の徴《しるし》を授けた。

一五三(一五四)かくて我らは彼らの頭上に(シナイ)山を聳立《そびえた》たせ(前章に既出。このあたりは『聖書』の記事に一部一致する)、彼らとの契約のしるしとなし、それから彼らに命じた、「さあひれ伏してこの門を入るがよい」と。更に「安息日のいましめを破るなよ」と命じた。そして我らは彼らから厳粛《げんしゅく》な契約を取った。

一五四(一五五)だが彼らは契約に違反し、アッラーの神兆を信じようともせず、予言者たち

を故なくして殺害し、さらに「わしらの心は割礼を受けておらんので」（これはユダヤ人の口癖。例えば「エレミヤ
記」第六章一〇節に「みよ、その耳は割礼を受けざるによりて聴えず」とあり。割礼を受けていないのでいくらアッラーに話しかけられても何んのことやらわけがわかりませんという意）などと言い出した。
否、実はアッラーが（始めから）彼らには無信仰の刻印を捺して置き給うたので、それで
本当の信仰に入る者が少いだけのこと。
一五五〔一五六〕彼らは信仰に背《そむ》きマルヤム（聖母マリア）についても大変なたわごとを言った。一五六〔一五七〕
それはかりか「わしらは救世主《メシア》、神の使徒、マルヤムの子イーサー（イエス）を殺したぞ」
などと言う。どうして殺せるものか、どうして十字架に掛けられるものか。ただそのよ
うに見えただけのこと（回教ではイエスが十字架にかけられて死んだことをユダヤ人の嘘言として否定する。イエスでなくてイエスに似た男が殺されたにすぎない）。もともと
（啓典の民の中で）この点について論争している人々は彼（イエス）について（本当にイエスが殺されたか十字架にかけられたか
どうかについて）疑問をもっている。彼らにそれに関して何もしっかりした知識があるわけでな
し、ただいいかげんに臆測《おくそく》しているだけのこと。いや、彼らは断じて彼（イエス）を殺しは
しなかった。〔一五八〕アッラーが御自分のお傍《そば》に引き上げ給うたのじゃ。アッラーは無限の
能力と智恵をもち給う。
一五七〔一五九〕啓典の民（ここではキリスト教徒を指す。ユダヤ教徒、キリスト教徒に対する回教徒の態度は時期によって異る。最初は両者に対する親愛と信頼。この期待はまずユダヤ教徒に裏切られ、憎悪に転ずるがキリスト教徒は味方だと思っている。今のこの箇所は丁度そういう時期に当る。次にはユダヤ教徒もキリスト教徒もともに不倶戴天の敵となる）の中にはただの一人だに死ぬ前に彼
（イエス）への信仰を抱くようにならぬものはないであろう。やがて復活の日が来る時、彼

はあの者ども（ユダヤ教徒）に不利な証人となるであろう。
一五八（一六〇）ユダヤ教を信奉する者どもの悪業の罰として、従来は許可されていた美味《おい》し
い（食物）の幾つかを我らは禁止した。それからまた彼らがアッラーの道を塞《ふさ》いで多くの
人々を妨げた罰として。
一五九（一六一）それからまた彼らは、禁を犯《おか》して利息を取り、みんなの財産を下らぬことに
浪費した。彼ら（ユダヤ教徒）の中の信なき者どもには苦しい天罰を用意しておいたぞ。
一六〇（一六二）けれど、彼らの中でも、（宗教上のことについて）確乎《かっこ》不抜《ふばつ》の知識をもってい
る人々、それからお前（マホメット）に下された天啓と以前に下された天啓とを信じて疑わぬ信
者たち、それから礼拝をきちんと守り、定《さだ》めの喜捨《きしゃ》を（こころよく）出し、アッラーと最《いや》
後《はて》の日を信仰する人々、そういう人々には我らが必ず大きな褒美を与えようぞ。
一六一（一六三）まことに、我ら（アッラー自称）がお前（マホメット）に啓示したのは、かつてヌーフ（ノア）とそれ
に続く予言者たちに啓示し、またイブラーヒーム（アブラハム）とイスマーイール（イスマエル）とイス
ハーク（イサク）とヤアクーブ（ヤコブ）と（十二）支族と、イーサー（イエス）とアイユーブ（ヨブ）とユーヌ
ス（ヨナ）とハルーン（アロン）とスレイマーン（ソロモン）とに啓示し、かつダーウド（ダビデ）に詩篇を与え
たのと全く同性質のもの。
一六二（一六四）その他、既にお前に話してきかせた使徒たちもあれ

ば、まだ話してない使徒たちもある。特にムーサー（モーセ）にはアッラーが親しく語りかけ給うた。一六三〔一六五〕使徒たちが遣《つか》わされたのは、人々に嬉しい音信（信者は天国に行けるという福音）を伝えたり、警告（無信仰者は地獄に行くであろうという警告）を与えたりするため。使徒が来た以上は、誰もアッラーに対し奉りとやかく言う理由もなくなってしまうというおはからい。まことにアッラーはその力かぎりなく、その智かぎりなき御方におわします。

一六四〔一六六〕だが御自らお前（マホメット）に啓示し給うたものについてはアッラーが証人に立ち給う。元来何もかも御承知の上で啓示し給うたこと。それに天使たちもみんな証言に立つであろう、証人はアッラーだけで充分ではあるが。

一六五〔一六七〕信仰を拒否《きょひ》し、その上（他人が）アッラーの道に入ろうとするのを邪魔だてするような者は、まことに、取り返しのつかないほど迷いの道に深入りした人々。一六六〔一六八〕信仰を拒否し、不義なす者ども、あの徒《やから》はアッラーも赦しては下さるまい、正しい道に案内しても下さるまい。一六七〔一六九〕どうせ連れて行かれる先はジャハンナム（ゲヘナ）。そこに永久に住みつくことになろう。これくらいアッラーにはいともたやすい事。

一六八〔一七〇〕人々よ、これこの通り使徒（マホメットを指す）が神様のところから真理を携《たずさ》えて来ておる。

さ、信仰せよ。その方がずっと身のためにもなる。だがたとい汝らが信仰を受け容《い》れずとも、アッラーは天にあるもの地にあるもの一切を所有し給う。アッラーは全てを知り、一切に通じ給う。

一六九〔一七一〕これ啓典の民よ（ここではキリスト教徒への喚び掛け）、汝ら、宗教上のことで度を過し（三位一体やキリストの神性の教義などを指す）てはならぬぞ。アッラーに関しては真理ならぬことを一ことも言うてはならぬぞ。よくきけ、救主《メシア》イーサー、マルヤムの息子はただのアッラーの使徒であるにすぎぬ。また（アッラー）がマルヤムに託された御言葉（「ロゴス」の直訳）であり、（アッラー）から発した霊力にすぎぬ（神でもないし、「神の独り子」でもない）。されば汝ら、アッラーとその（遣わし給うた）使徒たちを信ぜよ（とくにキリストだけを有難がるな、という意）。決して「三」などと言うてはならぬぞ（三位一体の否定）。差《さ》し控《ひか》えよ。その方が身のためにもなる。アッラーはただ独りの神にましますぞ。ああ勿体ない、神に息子があるとは何事ぞ。天にあるもの地にあるものすべてを所有し給うお方《かた》ではないか。保護者はアッラーお独りで沢山《たくさん》ではないか。

一七〇〔一七二〕たとえ救主《メシア》たりとて、よもやアッラーの僕《しもべ》となるのをいやとは申すまい。それからまた御側《おそば》近く伺候《しこう》する天使たちにしても。一七一なまいきにも（アッラーに）お仕《つか》え申すことをいやがって偉らぶる者は、みなもろともに（アッラーのおそばに）喚《よ》びつけられるぞ。

一七二〔一七三〕だが信仰に入って正しい業に精進《しょうじん》する人々、そういう人々には充分に報酬を下さるばかりか、なおその上にあちらから沢山お恵みを加えて下さるであろう。しかし(神への奉仕を)潔《いさぎよ》しとせず、偉《え》らぶる者どもは、やがてアッラーからひどい罰を頂戴しようぞ。一七三そうなってから(騒いだところで)アッラーのほかに助けてくれる者も救ってくれる者も見つかりはせぬ。

一七四これ、みなの者、汝らのもとには神様のところから確かな証拠《しょうこ》が来ておる。我ら(アッラー自称)が汝らに皓々《こうこう》たる光明を下してやったから。〔一七五〕それでアッラーを信仰し、(アッラーに)きつくおすがり申す者は、きっとお情けとお恵みの中に入れて戴き、まっすぐな道を一路そのお傍《そば》に連れて行って戴けよう。

一七五〔一七六〕みながお前(マホメット)に(遺産相続の問題で)判決を求めて来たら、こう言ってやるがよい。「親子関係より遠い相続者についてのアッラーの御判決は次の通り。もし誰か男が死んで、子供がなく、姉か妹だけがある場合は、その遺産の半分が彼女の所有に帰す。逆に彼女の方が(先に死んで)これにもやはり子供がない場合は、男の方が彼女の遺産を相続する。また姉妹が二人の場合は、彼の遺産の三分の二が二人のものとなり、兄弟・姉妹共にある場合には、男子一人の取り分は女子二人の取分《とりわけ》と同じとする。これはみんな、汝らが道を踏み迷わぬようにとて、アッラー御自ら説き明《あ》かし給う。アッラーはいかなることも全て知り給う。」

五　食卓　——メディナ啓示、全一二〇節——

慈悲ふかく慈愛あまねきアッラーの御名において……

一これ、汝ら、信徒の者よ、一度取りきめた契約はすべて必ず果たすよう。

家畜の獣類は食べてもよろしい。但しこれから読み上げるものは除く。また聖地巡礼の禁忌《きんき》状態にあって（メッカ巡礼に赴く信者は一種のタブー状態にある）狩猟をしてならぬことは言うまでもない。アッラーは御心のままに掟《おきて》を作り給う。

二これ、汝ら、信徒の者、アッラーの聖なる儀礼や、神聖月（この頃の「神聖月」についてはいまだ不明の点が多い。とにかくここではメッカ巡礼の行われる月であることは確かである）や、捧げ物（神に犠牲として捧げるけもの）や、その頸輪《くびわ》（犠牲用の聖なるけものの頸には葉や花の輪をかける習慣があった）や、それからまた神様からお恵みと御嘉賞を戴こうと思って聖殿（メッカの神殿カアバ）に赴く途中の人々を絶対に犯《おか》してはならぬぞ。

三狩猟は、禁忌状態が解けてからにせよ。また、神聖な礼拝堂（メッカのカアバを指す）に行くところを邪魔されたからとて、（禁忌があけた後でも）相手憎《にく》さのあまり不当な暴力をふるってはならぬ。互いに仲良く助け合って義《ただ》しいことを行い、信仰を深めて行くようにせよ。互いに助け合って罪を犯したり悪事をはたらいたりしてはならぬ。アッラーを懼《おそ》れかしこみまつれ。まことにアッラーの罰ひとたび下れば恐ろしい。

四〔三〕汝らが食べてはならぬものは、死獣の肉、血、豚肉、それからアッラーならぬ（邪神）に捧げられたもの、絞《し》め殺された動物、打ち殺された動物、墜落死《ついらくし》した動物、角《つの》で突き殺された動物、また他の猛獣の啖《くら》ったもの——（この種のものでも）汝らが自ら手を下して最後の止《とど》めをさしたもの（まだ生命があるうちに間に合って、自分で正式に殺したもの）はよろしい——それに偶像神の石壇で屠《ほふ》られたもの。それからまた賭矢を使って（肉を）分配することも許されぬ（人々が集ってする賭。矢をくじの代りに使って運をきめ、賭けた駱駝の肉を取る）。これはまことに罪深い行いであるぞ。

今日では信仰なき者どもも汝らの信仰にはすっかりあきらめておる。されば彼らをこわがることはない。このわしをこそ怖れよ。

五今日、ここにわしは汝らのために宗教を建立し終った（この言葉の故に、この箇所は全『コーラン』の中で一番最後に啓示されたものということになっている）。わしは汝らの上にわが恩寵をそそぎ尽し、かつ汝らのための宗教としてイスラームを認承した。

だが（話しはまた先刻中断された食物のことにもどる）はげしい饑饉の時、自ら好んで罪を犯そうとてするのでなく、無理強いされる（前掲の禁止された食物を食べざるを得ない）者にたいしては、まことにアッラーは限りなき寛容と慈悲を示し給う。

六(四)許されている（食物）は何と何かと訊《たず》ねて来たら、答えるがよい、「お前たちに許されているのは、全てまともな食物。次に、お前たちアッラーが教え給うた通りに自分で訓練して馴《な》らした動物（犬や鷹などを指す）がお前たちのために捉《とら》えて来る獲物は食べてよろしい。必ずアッラーの御名を唱《とな》えてから食べるように。アッラーを懼《おそ》れまつれ。まことにアッラーは勘定《かんじょう》がお早くましますぞ」と。

七(五)今日、まともな食物は全部汝らに許された。また聖典を戴いた人たち（ユダヤ教徒とキリスト教徒）の食物は汝らにも許されており、汝らの食物も彼らに許されておる。

また（嫁取りについても同様で）、回教信者の操《みさお》正しい女も、汝らが（『コーラン』の啓示を受ける）以前に聖典を戴いた人たち（ユダヤ人とキリスト教徒）の中の操正しい女も（全く同資格で汝らの妻にしてよろしい）。（その場合も）払うべきものは相手に支払うことは勿論、正規の手続きを踏んで結婚すべきであって、放埓《ほうらつ》な関係を結んだり、情人でもつくるつもりではいけない。とにかく信仰をないがしろにするような人間は、(現世で)何を為ようとその甲斐《かい》はなく、あの世でも敗者の数に入るのみ。

八〔六〕これ、汝ら、信徒の者、礼拝のために立ち上る場合は、まず顔を洗い、次に両手を肘《ひじ》まで洗え。それから頭を擦《こす》り、両足を踝《くるぶし》のところまで擦れ(これは斎めの象徴的動作で心身の清浄を来す)。九けがれの状態にあるときは、それを特に浄めなくてはならぬ。だが病気の時、または旅路にある時、あるいはまた汝らのうち誰でも隠れ場(便所のこと)から出て来たとか妻に触れて来たとかした場合、もし水が見付からなかったら、きれいな砂を取って、それで顔と手を擦ればよろしい。アッラーは汝らをことさらいじめようとし給うわけではない。ただ汝らを浄《きよ》め、そして汝らに充分の恵《めぐ》みを授けて、なろうことなら汝らが(神に)感謝の気持を抱くようにしてやりたいと思っておられるだけのこと。

一〇〔七〕汝らにたいするアッラーのお恵みを憶《おも》い起すがよい。それからまた汝らが、「うけたまわりました。お言葉に順います」と申し上げた、あの時の(アッラーとの)契約のことを。アッラーを懼《おそ》れかしこむことが第一。(汝らの)胸の思いはアッラーが全部御存《ごぞん》知《じ》。

一一〔八〕これ、汝ら、信徒の者、正々堂々《せいせいどうどう》とアッラーの前に立ち、正義の証人たれ。(自分の敵とする)人々を憎むあまり正義の道を踏みはずしてはならぬ。常に公正であれ。それこそ真の敬神に近い。アッラーを懼れまつれ。アッラーは汝らの所業一切に通暁し給う。

一二〔九〕アッラーは信仰深い人々、義《ただ》しいことを行う人々に約束し給うた、(罪の)お赦しとそれから大層な御褒美を。一三〔一〇〕だが信仰に背を向け、我らの神兆を嘘よばわりする者ども、ああいう者どもは地獄の住人になろう。

一四〔一一〕これ、汝ら、信徒の者、汝らにたいするアッラーのお恵みを憶い出すがよい、(汝らに敵意を抱く)者どもが、まさに汝らに向って手を伸《の》ばそうとした瞬間、その手をぱっと抑えて守って下さったあの時のことを。アッラーを懼《おそ》れまつれ。すべて信者たるものはアッラーにこそ全幅の信頼を寄せ奉るが当然。

一五〔一二〕かつてアッラーはイスラエルの子らと契約を結ばれたことがある。その時我ら(ここで人称が急にかわる。アッラーの自称)彼らの間から十二人の首長(十二支族の首長)を興し、アッラーが仰せられるには、「わしは汝らとともにあるぞよ。汝らもし礼拝を怠らず、定《さだ》めの喜《き》捨《しゃ》をこころよく出し、わしの遣《つか》わす使徒たちを信じてこれを助け、アッラーに立派な貸しつけをする(善行をすること。善行はアッラーに対する一種の貸しである)ならば、わしの方でも必ず汝らの悪業を赦し、必ず潺々《せんせん》と河川流れる楽園に入れてつかわそうぞ。だが万一汝らのうち誰か、これほどまでにして戴いておきながらなお信仰にそむくなら、まことにそれこそ正しい道から遠く迷うというもの。

一六(一三)さればこそ彼らが契約に違反した時、我らはこれに呪詛《じゅそ》をあびせ、その心を頑《かたく》なにした。それで彼らは(聖典の)言葉を曲げて解釈し(前出、ユダヤ人は聖書の文句を自分に都合がいいような意味に曲解しているという)たりしているうちに、ついには教えて戴いたものの一部をすっかり忘れてしまった。お前(マホメット)にしても、今後いつまでも彼らの裏切りに遇《あ》うことであろう。勿論ごく少数の例外はあるが。だが、赦してやれ、勘弁《かんべん》しておいてやれ。よいことをすれば必ずアッラーに愛していただけよう。

一七(一四)また「我々はナザレびと(キリスト教徒)じゃ」と自称する者どもとも我らは契約を結んだが、彼らは(神から)教えて戴いたものの一部をすっかり忘れてしまったので、我らは彼らの間に敵意と憎悪《ぞうお》とをかき立てた。復活《よみがえり》のその日までも続く憎しみを。(その日に

なったら)アッラー御自ら、彼らがどんな(悪事)をはたらいて来たかを一々彼らに説明
してきかせ給うであろう(既述の通り晩年においてはマホメットはユダヤ教徒ばかりでなくキリスト教徒をも公然の敵として宣言した)。
一八(一五)汝ら、聖典の民(ここではキリスト教徒を指す)よ、我らの遣わした使徒(マホメット)がこうして汝らのと
ころに来て、汝らが従来『聖書』について秘密にしてきたことを明るみに出し、また
(明るみに出す必要のない)多くの部分はそのままにしている。これぞアッラーの下され
た光明、皓々《こうこう》たる聖典。これによってアッラーは、その御旨《みむね》にそい奉る人々を平安の路
にいざない給い、彼らを暗闇《くらやみ》の中から引き出して御心のままに光明の中に入れ、かつ正
しい大道へと導き給う。
一九(一七)「神はすなわちマルヤム(マリア)の子メシアである」などと言う者ども(キリスト教徒を指す)は
まぎれもない邪宗の徒。言うがいい、「もし(アッラーが)、マルヤムの子メシア、その
母(聖母マリア)、否《いな》、地上のあらゆる人間を滅ぼしてしまおうとなさったなら、アッラーをい
ささかたりとも取り抑えることが誰にできよう」と。二〇天も地も、その間にある一切の
ものも、すべては挙げてアッラーの統《す》べ給うところ。何ものでも御心のままに創造し給
う御神なるぞ。アッラーはあらゆることをなす権能を有し給う。
二一(一八)ユダヤ人やキリスト教徒は、「我らはアッラーの子、その愛《めぐ》し子」などと称して

いるが、彼らに言ってやるがよい「それなら何故アッラーはお前たちを罪を犯《おか》したといって懲戒《ちょうかい》したりなさるのか。否々《いないな》、お前らはただの人間だ。(アッラー)のお創《つく》りになったものだ。アッラーは御心のままに誰のことでも赦し、御心のままに誰でも懲《こら》しめ給う」と。天も地も、その間にある一切のものも、すべては挙げてアッラーの統べ給うところ。すべてはそのお傍に還《かえ》り行く。

二二(一九)啓典の民よ、こうして我らの使徒(マホメット)が、使徒の(遣わされる)一定の合間《あいま》を置いて、汝らのところにも遣わされて来て、いろいろなことを説き明《あ》かしてくれておる。これは汝らに、「我々のところへは福音《ふくいん》を告げる人も、警告する人も誰も来ませんでした」などと言わせないため。なにしろ、こうして現に、福音を告げ警告を与える人間が来ておるからには。アッラーはいかなることをもなし得給う。

二三(二〇)ムーサー(モーセ)がその民に向って次のように言った時のこと。「これ、皆の衆、お前たちにたいするアッラーの恩寵を憶いおこすがよい。お前たちの中から幾多の予言者を興し、歴代の王を立て、いまだかつて何者にもお授けになったことのないようなものをお前たちには授け給うたのだぞ。二四(二一)さあ、皆の衆、アッラーが特にお前たちのために指定して下さった聖なる土地（パレスチナ）にはいって行け。途中でくるりと向き返り、引き返して来て大損するでないぞ。」

二五（二二）するとみんなが言うことには、「ムーサー、あそこには巨大な人間がいる（古代パレスチナには巨人が住んでいたと伝えられる。『旧約聖書』の「申命記」第二章一〇節など参照）。彼らが出て行かないかぎり俺たちは絶対にはいらないぞ。彼らが出て行ってしまったら、その時こそ俺たちが入ることにしよう」と。

二六（二三）ここに深い敬神の念を抱いた二人の男があって——御《み》恵み両名の上にあれかし——言うことには、「さ、門から入ってそいつらに攻め掛かれ。お前たち、門を入ってしまえば、きっと勝者になれる。お前たちもし本当の信者なら、アッラーにすべてをおまかせ申せ」と。

二七（二四）（だがそれでもみなは）「いやムーサー、俺たちは絶対に入らないぞ、彼らがあそこにいる限りは。お前神様と二人して出掛けて行って、戦っておいで。俺たちここに坐って待ってるから」と言う。

二八（二五）（ムーサー）は言った、「主《しゅ》よ、私に自由にできるのは、私自身とこの兄（アロンを指す）だけでございます。願わくば我ら両人と、この邪曲《よこしま》な民との間を分け給え」と。

二九すると（主が）仰せられるには「よし、さらばここを今後四十年の間この者どもにたいして禁断の地としよう。その間、この者どもは地上をあてもなく彷徨《ほうこう》し続けるのみ。

されば かかる邪曲な者どものことで気を落してはならぬぞ」と。

三〇〔二七〕それからまたアーダム（アダム）の二人の息子の物語りをありのままにみんなに聴かせてやるがよい（有名なカインとアベルの物語り、『旧約聖書』の「創世記」第四章）。二人が神に供物《そなえもの》を捧げた時のこと、一人（弟のアベル）の供物だけ受納されて、もう一人（兄のカイン）の方は受納して戴けなかった。そこで「よし、貴様を殺してやる」と言う。「神様はただ本当に敬虔な者からだけ御受納なさるのです」と相手は答えた。三一〔二八〕「たとい貴方《あなた》が私を殺そうとして手を伸ばしても、私の方では貴方を殺すために手を伸ばしはしますまい。私は万有の主アッラーが怖ろしい。三二〔二九〕いや、貴方が私の罪を御自分の罪と一緒に背負《せお》いこんで（或いは、「私に対する罪を公然と認めることによって」）劫火の住人におなりなさるというのなら、かえってこちらの望むところです。それこそ悪人には当然の酬《むく》いでしょう」と。

三三〔三〇〕これを聞いて思わず心がかっとなった彼（カイン）は、それに煽《あお》られて殺意を起し、遂に弟を殺してしまった。こうして彼はもはや救われぬ人間の一人となりおおせた。

三四〔三一〕やがてアッラーに遣わされて一羽の鴉《からす》がやって来て、さかんに地を引掻き、弟の穢《けが》れ身（死骸）を匿《かく》す方法を教えた。（それを見てカインは）言った、「ああ何たる情《なさけ》ないことだ。俺はもうこの鴉にもかなわないのか、弟の穢れ身を匿す力すらないのか」と。そう言って彼は後悔に責めさいなまれる人となったのであった。

三五〔三二〕こんな事情があったればこそ我ら（アッラー自称）はイスラエルの子らにたいして明文の法規を定め、人を殺したとか、あるいは地上で何か悪事をなしたとかいう理由もないのに他人を殺害する者は、全人類を一度に殺したのと同等に見なされ、反対に誰か他人の生命を一つでも救った者はあたかも全人類を一度に救ったのと同等に見なされる、とした。

三六（この事については）既に何人も我らの使徒が彼らのもとに遣わされて、歴然たる徴《しるし》を見せてやったのだが、それでもなお地上に無軌道ぶりを発揮する者が多かった。

三七〔三三〕アッラーとその使徒（マホメット）に戦いをいどみ、地上に頽廃《たいはい》を播《ま》き散らして歩く者どもの受ける罰としては、殺されるか、磔にされるか、手と足とを反対側から切り落される（例えば右腕を切ったら次に左の脚を切るというふうに交互に切って行く極刑）か、さもなければ国外に追放されるほかはない。これは彼らが現世で受ける辱め、来世には大きな罰が待っている。三八〔三四〕だが、汝ら（回教徒）に取り抑えられるより先に改悛《かいしゅん》した者だけはゆるされよう。アッラーは本当によく赦して下さる情深《なさけぶか》い御神におわします、と知れ。

三九〔三五〕これ汝ら、信徒の者、アッラーを懼《おそ》れ、なんぞしてお傍《そば》に辿《たど》りつけるよう努力をおこたらず、その御為めに戦えよ。そうすれば必ず汝らはよい目に遇《あ》えよう。

四〇〔三六〕信仰なき者どもは、たとい復活《よみがえり》の日の罰を免除されようとてこの世の一切の富を積み上げ、更に同じような(富を)も一つそれに重ねたところで、受け取ってはいただけまい。彼らには苦しい罰が待っている。四一〔三七〕劫火の中からさぞ出たがることであろう。だが絶対に出られはせぬ。いつまでも、どこまでも果てしない罰が続くだけ。

四二〔三八〕それから泥棒した者は、男でも女でも容赦《ようしゃ》なく両手を切り落してしまえ。それもみな自分で稼《かせ》いだ報い。アッラーが見せしめのために懲《こら》しめ給うのじゃ。アッラーは全能、全知におわします。

四三〔三九〕だが、悪いことをした後でも、立派に改悛して、その償《つぐな》いをする者には、アッラーも(赦しの)御顔を向けて下さろう。アッラーは何でもお赦しになる情深い御神だから。

四四〔四〇〕アッラーは天と地の一切を統《す》べ給うということを知らないのか。誰を懲《こら》しめ給うもすべて御心のまま。誰を赦し給うもすべて御心のまま。アッラーは全能におわします。

四五〔四一〕これ、使徒(マホメットに喚びかける)よ、互いに争って不信にはしる人々のことでお前がそう気をもむことはない。つまり、口では「信じます」と言いながら心では少しも信仰せぬ人々とか、それからまたいいかげんな嘘言にばかり耳を傾けたがり、他人の言うことばかり聴いて、少しもお前のところへは寄りつかず、あまつさえ(『聖書』の)文句を勝手に歪曲《わいきょく》しておいて「お前たちの戴いた(啓示の文句)がこれと同じなら、有難く頂戴しておくがよい。だがもしこれと違った(文句)だったら、気をつけた方がいい」などと言うあのユダヤ人たち。

しかし、アッラーが一度試《こころ》みにかけようとお決めになった人間は、もうお前にも、相手がアッラーではどうしてやりようもない。もともとアッラーがその心を浄《きよ》めてやろうという気にもおなりにならぬ人々のことだ、彼らは現世では屈辱、そして来世では大きな懲罰を頂戴するだけ。

四六(四二)いいかげんな嘘言にばかり耳を傾け、違法の利稼《りかせぎ》ばかり食っておる彼ら。それでももし彼らがお前のところに(何か事件の裁《さば》きを求めて)やって来たら、裁いてやれ。だがそ知らぬ顔して(裁判することを拒否して)やってもかまわない。お前がそ知らぬ顔しても、彼らにはお前に害をしようことはできはせぬ。だがもし裁くなら、義《ただ》しく裁いてやるがよい。アッラーは義しい人間を好み給う。

四七(四三)だが、一体どうして彼らがわざわざお前(マホメット)に裁きを頼みに来ることがあろう、アッラーの判決の載っている律法《トーラー》をもっておりながら。しかし、せっかくこういう(立派な)ものを戴いておりながら、結局彼らは背《そむ》いてしまう。すなわち彼らは本当の信者ではない。

四八(四四)まことに我ら(アッラー自称)は正しい導きと光明の書、律法《トーラー》を啓示した。神にすべてをお委《まか》せした(正しい信仰に入った、という意)歴代の予言者は、それに拠《よ》ってユダヤの人々を裁き、またユダヤ教のラビたちや律法学者なども、それぞれ己《おの》が託された『聖書』の章句に拠って(ユダヤ人の間で裁き人と)なりそれ(神の啓示した聖典)の証《あか》し人《びと》となった。されば汝ら、人間をこわがってはならぬ、このわしをこそ怖れよ。わしのつかわした神兆(啓示)を安値《やすね》で売ってはならぬぞ。アッラーの下し給うた(聖典)に拠って裁き事をせぬ者は全て無信の徒《やから》であるぞ。

四九(四五)我らはあの中で(ユダヤ人に与えた「律法」の中で)次のような規定を与えておいた。すなわち、「生命《いのち》には生命を、目には目を、鼻には鼻を、耳には耳を、歯には歯を、そして受けた傷には同等の仕返しを」と(ユダヤ人の間で加害者に対して被害者が返報する正当な復讐量をきめた有名な竹篦返しの法規である)。だが(被害者が)この(報復)を棄権する場合は、それは一種の贖罪行為となる。アッラーが下し給うた(聖典)に拠って裁き事をなさぬ者、そういう者どもは全て不義の徒であるぞ。

五〇（四六）さらに我らはかの者ども（『旧約聖書』の予言者たちを指す）の跡に続けてマルヤムの子イーサー（マリアの子イエス）を遣わし、それよりさきに（啓示された）律法の固めとなし、またこれに福音書を授けた。これは正しい導きと光明とを含む（聖典）であって、それよりさきに（啓示された）律法《トーラー》の固めとなり、また神を懼《おそ》れかしこむ者どもへの導きともなり戒《いまし》めともなるもの。

五一（四七）されば福音の民（キリスト教徒）たるものは、アッラーがこの（聖典）に示し給うたところに拠って裁《さば》き事をなすべきであって、およそアッラーが啓示し給うたもので裁き事をなさぬ者は、すべて邪曲の徒であるぞ。

五二（四八）さらに我らはお前（マホメット）には真理の書（『コーラン』）を下し与えて、それに先立って啓示された聖典（律法と福音書）の固《かた》めとなし、確めとなした。されば お前は、彼ら（ユダヤ教徒やキリスト教徒）の間を裁《さば》くにあたっても、必ずアッラーが啓示し給うたところに依拠《いきょ》して行うべきであって、決して彼らの根拠なき思惑《おもわく》に乗せられて真理に背くようなことがあってはならぬ。我らは汝らのそれぞれに（ユダヤ教徒、キリスト教徒、回教徒、それぞれ別々に）行くべき路と踏むべき大道（法規や道徳的行動の規準）を定めておいたのだから。

五三 勿論、アッラーさえその気になり給えば、汝ら（ユダヤ教徒、キリスト教徒、および回教徒の三者）をただ一つの統一体にすることもおできになったはず。だが、汝らに（別々の啓示を）授けてそれで試みて見ようとの御心なのじゃ。されば汝ら、互いに争って善行に励《はげ》まねばならぬぞ。結局はみなアッラーのお傍に還《かえ》り行く身。その時（アッラー）は汝らが今こうして言い争いしている問題について一々教えて下さるだろう。

五四〔四九〕されば、彼らを裁く場合にもアッラーが啓示し給うたところに依拠すべきであって、決して彼らの根拠なき思惑に乗せられてはならぬ。彼らにだまされて、せっかくアッラーがお前に啓示して下さった御教えから離れたりすることのないよう、よく警戒せよ。だがもし彼らの方で（お前に）背を向けるなら、すなわちアッラーが彼らをその犯《おか》したいくつかの罪ゆえに一撃なさろうとしておられることと知れ。まこと、人間は性邪曲《よこしま》の者が多い。

五五〔五〇〕（お前に背を向けるとは）一体彼らは無道時代（神の啓示が下る以前の状態）の裁きを懐《なつか》しがっているのか。しかし、確乎《かっこ》不《ふ》動《どう》の信仰をもつ人々から見れば、アッラーよりも立派な裁きのできる者は誰一人ありはせぬ。

五六〔五一〕これ、汝ら、信徒の者、ユダヤ人やキリスト教徒を仲間にするでないぞ。彼らはお互い同士だけが親しい仲間。汝らの中で彼らと仲よくするものがあれば、その者もやはり彼らの一味。悪いことばかりしているあの徒をアッラーが導いたりし給うものか。

五七〔五二〕あれ見よ、心の中に病気をもつ者ども（回教徒の中で、信仰がふらついている弱者）が先を競《あらそ》って彼ら（ユダヤ人とキリスト教徒)のもとに趨《はし》り、「わしたち何か運命が急変してひどい目に遇うのではないかと心配なので(逃げて来ました)」などとさかんに訴えている。ここでもしかしてアッラーがこちらに勝利をお与えになるとか、または何か(こちら側にぶのいい)命令を出して下さるとかすれば、彼らはたちまちに後悔して、ああ何故あのような(よからぬ)ことを心ひそかに考えたのだろうとくやしがるであろうに。五八(五三)そして信者の側からは、「あれ見よ、必ず味方になりますと神かけて固《かた》く厳粛な誓言を立てたこれがあの人々の為態《ていたらく》か。まったく彼らの所業もこれですべて空《くう》に帰し、完全な敗者となってしまったではないか」と言われるだけのこと。

五九(五四)これ、汝ら、信徒の者、汝らもし己が宗教を棄てるようなことをしたら、アッラーはきっと(汝らの代りに)別の集団を興し給うぞ。すなわち、アッラーに愛されアッラーを愛し、信仰者たちに向っては心ひくく、無信仰者には権高で、アッラーの道に骨身を惜しまず、中傷者《ちゅうしょうしゃ》の中傷など平気で受け流す、というような人たちを。もともとこれはアッラーのお恵《めぐ》みであって、誰に下さるかはすべてお心のまま。まことにアッラーは宏大無辺、あらゆることを熟知し給う。

六〇〔五五〕汝らの本当の伴侶《はんりょ》はアッラーとその使徒と、それから正しい信仰を抱き、礼拝を欠かさず行い、定められた喜捨《きしゃ》をこころよく出し、常に熱心に跪《ひざまず》く（祈りを捧げる）人々を措《お》いてほかにはない。六一〔五六〕アッラーとその使徒と信仰あつき人々だけを友とする人々、こういうアッラーの一党こそ真の勝者となろう。

六二〔五七〕これ、汝ら、信徒の者、汝らより以前に聖典を授けられ、汝らの宗教を嘲笑《ちょうしょう》したり馬鹿にしたりしている者ども（ユダヤ人とキリスト教徒）や、信仰なき者どもを決して仲間と思ってはならないぞ。アッラーを懼《おそ》れまつれ、もし汝らが本当の信者であるならば。六三〔五八〕彼らは汝らの礼拝の時を告げる喚《よ》び声を聞いてはそれを嘲笑し馬鹿にする。これもみんなもとはと言えば、彼らがものが分らないからのこと。

六四〔五九〕言ってやるがよい、「お前たち、聖典を頂戴しておりながら、我々がアッラーを信仰するからといってそれで我々を非難するのか。我々が自分に啓示されたもの（『コーラン』）と、以前に啓示されたもの（『旧約聖書』『新約聖書』）とを信仰するからといってそれで我々を非難するのか。これはただお前たちが大部分心邪曲であるためではないか」と。

六五〔六〇〕言ってやるがよい、「これよりもっとひどいアッラーの御褒美（天罰のことを皮肉に言う）のことを話してきかそうか。凡そアッラーに呪《のろ》われ、その御怒りを蒙《こうむ》り、猿や豚に変えられてターグート（前出、古アラビアの鬼神）を崇拝するような者、こういう徒《やから》の立場こそいとも恐ろしいもの。もう正しい道からは遠く迷い出してしまったのだからな」と。
六六〔六一〕彼らが、（最初）汝らのところへやって来た時、「わしらは信仰いたします」と言
ったものだが、実ははいって来た時から既に無信仰を抱いていたので、すぐにまたその
まま（無信仰を抱いたまま）出て行ってしまった。いかに隠したとてアッラーはすべて御存知。
六七〔六二〕あれ見よ、彼らが大勢で互いに争って罪と悖逆《はいぎゃく》にふけり、禁断を犯《おか》している。
何というひどいことをするものか。六八〔六三〕どうしてまたラビや律法学者たちが、罪深い
ことを口にしたり禁断の利益をむさぼったりすることを彼らに禁じないのか。まことに
彼らの何とよからぬことをしていることか。

六九〔六四〕「アッラーの手は鎖で縛られている」（人間に自由に恵みを授けることはできぬ）などとユダヤ人は言う。自
分の手こそ縛られてしまうがいい。そして、そんなことを言った罰に呪われてしまうが
いい。否々《いないな》、アッラーの両手は大きく拡がっていて、御心のままに何でも惜しみなく与
え給う。お前（マホメット）が神様から戴いたものを見たら、彼らの中の多くは、きっと、ます
ます反抗的になり、ますます信仰を失うことであろう。我ら（アッラー自称）は彼らの間に、
復活《よみがえり》のその日まで果《はて》しなく続く敵意と憎悪《ぞうお》とを播《ま》いてやった。いかに彼らが戦争に火を
つけようとしても、その度ごとにアッラーが消し止めておしまいになる。地上をあちこ

ちとせわしく歩き廻って頽廃《たいはい》を惹き起そうとしているが、アッラーは悪の種を播く者どもを好み給わぬ。

七〇〔六五〕もしも啓典の民（ユダヤ教徒とキリスト教徒）が本当に信仰し神を懼《おそ》れる人間であれば、今までの悪事は全部水に流して幸福の楽園に入れてやろうものを。もしも彼らが律法《トーラー》と福音と、そのほか神様の啓示して下さったものを立派に実践するようならば、頭上からも脚下からもいろいろと美味《おい》しいものを食べさせて戴けるだろうに。彼らの中にも、たしかに節度を心得た一団がいるにはいる。が、多くの者はまことによからぬことをするばかり。

七一〔六七〕これ、使徒（マホメットにたいする喚びかけ）よ、神様から啓示されたことを人々に伝達せよ。さもないと、アッラーから託された伝言が伝わらないことになる。（心配することはない）みなから害《あだ》されないようにアッラーがお前をしっかり守っていて下さる。信なき者どもをアッラーが導き給う筈がない。

七二〔六八〕言ってやるがよい、「啓典の民よ、律法《トーラー》の福音と、そのほか神様の啓示して下さったものを全部実践しないかぎり、お前たち何の拠り所もありはしないぞ」と。だが神様からお前（マホメット）が啓示して戴いたものを見たら、彼らの中の多くは、きっとますます反抗的になり、ますます信仰を失うことであろう。しかし、無信仰者どものことで何もお前が気を落すことはない。

七三〔六九〕まことに、信仰ある人々（回教徒）、ユダヤ教を奉ずる人々、サバ人（前出、「牝牛」の章五九節参照）、キリスト教徒、すべてアッラーと最後の日を信じて義《ただ》しい行いをなす者、すべてこの人々は何の怖ろしい目にも遇《あ》いはせぬ、悲しい目にも遇いはせぬ。

七四〔七〇〕かつて我ら（アッラー）イスラエルの子らと契約を結び、これに次々と使徒（予言者）を遣わした。しかるに、使徒が何か彼らの気に入らぬこと（嫌なことをしろという命令とか、譴責の言葉とか）をもたらすたびに、彼らは或者には嘘つき呼ばわりし、或者は殺しさえした。

七五〔七一〕彼らは（これほどのことをしながら）それでも何事もあるまいと思いこんでいた。まったく盲《めくら》で聾《つんぼ》であった。後になってアッラーは彼らに（赦《ゆる》しの）お顔を向け給うた。それなのにまだ彼らの多くは盲で聾のまま。彼らがどのようなことをしているかアッラーは全部見ていらっしゃる。

七六〔七二〕「神はすなわちマルヤム（マリア）の子救主《メシア》である」などと言う者は無信の徒《やから》。メシアが自ら断言しておるではないか、「これイスラエルの子ら、我が主《しゅ》にして汝らの主なるアッラーに仕えまつれ。まことに、アッラーとならべて他の何者でも崇《あが》めるような者には、アッラーが楽園を禁断の地となし給う。落ち行く先は(地獄の)劫火《ごうか》。不義なす者どもには助け手もあるまいぞ」と。

七七〔七三〕「まことに、神こそは三の第三」(三位一体の中の一つということ)などと言う者は無信の徒《やから》。神というからにはただ独りの神しかありはせぬはず。あのようなことを言うのを止めないと、無信の徒は、やがて苦しい天罰を蒙ろうぞ。七八〔七四〕彼ら、早くアッラーの方に向きなおって(改悛して)お赦しを請《こ》えばいいのに。アッラーは何でもすぐお赦しになる情深いお方なのに。

七九〔七五〕マルヤムの子救主《メシア》はただの使徒に過ぎぬ(キリストの神性の否定)。彼以前にも使徒は何人も出た。また彼の母親もただの正直な女であったに過ぎぬ。二人とももものを食う(普通の人間)であった。見よ(マホメットにたいする喚びかけ)、こうして色々と神兆を説明してやっても、よく見るがよい、彼らはああして背《そむ》いて行く。

八〇〔七六〕言ってやるがよい、「これ、お前たちアッラーをさし措《お》いて、毒にも薬にもならないようなものを拝むのか。アッラーはまことに耳敏《さと》く、何から何まで知り給う」と。

八一〔七七〕言ってやるがよい、「お前たち(キリスト教徒)も聖典を頂戴している身ではないか、まことの宗教の限界を踏み破って真理の外に出る（キリストを神聖視することを指す）のはよさないか。かつて道を踏み迷い、他人も大勢迷わせた上、今またこうして正しい道から迷い出してしまったあの人々（ユダヤ人を指す）の気まぐれにうかうかとついて行くのはやめないか」と。

〔八二〕〔七八〕イスラエルの子らの中で信仰に背いた者どもは、かつてダーウド（ダビデ）やマルヤムの子イーサー（マリアの子イエス）の口で呪われた人々。それというのも彼らがどこまでも反抗し、罪を犯してばかりいたからのこと。〔七九〕彼らはどんな破廉恥《はれんち》なことをしても少しもお互いに止めようとはしなかった。まことにおそるべき悪事をはたらいていたものぞ。

〔八三〕〔八〇〕あれ見よ、彼らの中の多くの者が無信仰者を仲間にしている様《さま》を。何というひどい事を我れから進んでするものか。アッラーもこれには大層お立腹で、もう天罰（地獄の火）から永遠に出られはしない。

〔八四〕〔八一〕彼らにしても、もしアッラーの予言者（マホメット）と、彼に啓示されたもの（『コーラン』）を信仰さえしていたら、まさかあのような者どもの仲間になったりはしなかったろうに。だが彼らの大部分はもともと邪曲《よこしま》な徒。

〔八五〕〔八二〕ね、お前（マホメット）もきっと気がつくだろうが信仰者（回教徒）にたいして一番ひどい敵意を抱いているのはユダヤ人と、それから多神教徒またこれもすぐ気がつくだろうが、信仰者にたいして一番親愛の気持を抱いているのは「我々はナザレ人」と自称する人々（前出、キリスト教徒のこと）。それというのは、彼らの中には司祭とか修道士とかいう者が沢山あって、みだりに傲慢《ごうまん》な心を起したりしないからだ（この章だけでもわかる通り、キリスト教徒に対する回教の態度には時期によって非常に変動がある）。八六〔八三〕この人たちが使徒（マホメット）に啓示されたもの（『コーラン』）を聞くとき、見るがよい、真理を認めて、感激の涙が目に溢れ出る。そして言うのだ、「我らが主よ、我らは信じます。なにとぞ我らをも証《あか》し人《びと》の列に書き加え給え。八七〔八四〕どうしてアッラーと、その遣わし給うた真理とを信じないでおられましょう。主が我らをも義《ただ》しい人々とともにお納《い》れ下さるよう願わずにおられましょう」と。

八八〔八五〕そこでアッラーもこの言葉を嘉《よみ》し給うて、彼らに御褒美を下さる。すなわち潺々《せんせん》と河川流れる楽園を。そこに永遠に住まわせていただく。これこそ善行をなす人間のいただくにふさわしい報酬ではないか。〔八六〕しかし、信仰に背《そむ》き、我ら（アッラー）の神兆（啓示）を嘘よばわりする者ども、そういう者どもはみな地獄の住人となる。

八九〔八七〕これ、汝ら、信徒の者よ、せっかくアッラーが許し給うたおいしいものを勝手に禁忌《きんき》にしたりしてはいけない。何事でも規《のり》を越してはいけない。アッラーは規を越す人を好み給わぬぞ。

九〇〔八八〕さあ、アッラーが授けて下さったお許しの美味《うま》いもの、遠慮なく食べるがよい。汝らのお信じ申し上げているアッラーを懼《おそ》れまつれ。

九一〔八九〕誓約する際に少し軽はずみな言葉使いをしたくらいでアッラーは別に汝らをお咎《とが》めになりはせぬ。だが正式に誓約しておきながら（それを破れば）咎め給う。そのような場合、罪の贖《あがな》いとしては、汝らが普段家族に食わせている食物の中くらいのものを貧者十人に供すること、あるいは衣類を与えること、さもなければ奴隷を一人解放してやること。これだけの資力がない場合は、三日間の断食《だんじき》でもよい。これが正式に立てた誓約（を破った場合）の贖いである。だが勿論、誓約は守るにしくはない。こうしてアッラーがいろいろと神兆を説き明し給うのも、みな汝らに感謝の心を起させようがため。

九二〔九〇〕これ、汝ら、信徒の者よ、酒と賭矢《かけや》（前出）と偶像神と占矢《うらないや》（吉凶二種の矢で、旅行その他重要な仕事に手をつける前にその可否を占う）とはいずれも厭《いと》うべきこと、シャイターン（サタン）の業《わざ》。心して避けよ。さすれば汝ら運がよくなろう。九三〔九一〕シャイターンの狙いは酒や賭矢などで汝らの間に敵意と憎悪を煽《あお》り立て、アッラーを忘れさせ、礼拝を怠るようにしむけるところにある。汝らきっぱりとやめられぬか。〔九二〕アッラーのお言葉に従い、使徒（マホメット）の言うことをきけ。よくよく警戒せよ。だが、これでもなお、汝ら背を向けるつもりなら、我ら（アッラー）の使徒としては、ただはっきりと（神から託された）伝言を伝えさえすればそれでよい。

九四〔九三〕立派な信仰をもち、義《ただ》しい行いをしている人たちなら、食物のことで非難されるいわれはない（回教徒の食べ物について、何かユダヤ人から非難が出たのであろう）。本当に神を懼《おそ》れ、信仰を抱き、義しいことを行い、またその上にも神を懼れて信仰を深め、またその上にも神を懼れて善行に励んでおりさえすれば。アッラーは善行に励む人間を愛し給う。

九五〔九四〕これ、汝ら、信徒の者よ。汝らが手で摑《つか》まえたり槍で捕ったりした獲物《えもの》を以って、アッラーは汝らを試《こころ》み給うであろう。目に見えぬアッラーを（或は「誰も見ていないたった独りの時にアッラーを……」）本当に懼れ奉る人は誰かということをお確かめになるために（或種の狩りを禁止して見て、それで誰が言いつけに順い、誰が叛くかを調べるというわけ）。その（規則が決められた）後でもし禁を破る者があれば、苦しい罰を喰わされようぞ。

九六〔九五〕これ、汝ら、信徒の者、メッカ巡礼で禁忌状態にある時には決して獲物を殺してはならぬ。もし万一それと知りつつ殺した者は、その報《むく》いとして、公正な人間二人に判定して貰った上で、殺した獲物と同価のものを自分の家畜の中から選び、それを捧げ物としてカアバ（メッカの神殿）に届けねばならぬ。さもなければ、貧者に食物を供するとか、またはそれに代わるだけの（日数）断食してその償《つぐな》いとする。過ぎたことは、アッラーもお赦し下さろう。だが（同じ過ちを）繰返す者は、アッラーのきつい報復を頂戴するであろうぞ。アッラーはその権勢かぎりなく、復讐の神におわします（罪人にたいして復讐する神という考えはきわめて旧約的な神観である）。

九七海で取れるものを食うことは差支《さしつか》えない。これは汝ら及び旅する人たちのために備えた食料である。だが汝らメッカ巡礼で禁忌状態にある時は、陸で取れる動物は厳禁である（タブーとして手をつけることが許されない）。アッラーを懼《おそ》れまつれ。いずれ汝らみなそのお傍《そば》に召し寄せられる御神を。

九八〔九七〕アッラーはカアバの聖殿を人々のために（祭儀の）基礎として指定し給うた。それからまた神聖月と、（カアバへの）捧げ物（犠牲として捧げる動物）と、その（動物に懸《か》ける）飾り頸輪《くびわ》（前出）とを。これはもともとアッラーが天にあるもの地にあるもの一切事に明るく、すべてに通暁し給うことを汝らに知らせんがため。知れよ汝ら、アッラーはその罰の烈しいことを。〔九八〕またアッラーのあくまでも気がやさしくて情深くおわすことを。

九九使徒の務《つと》めはただ（神からの）伝言を伝えるだけ。アッラーは、汝らが外に見せることも、そっと隠していることも全部御存知。

一〇〇言ってやるがよい、「悪いものとよいものとは同じではあり得ない、いくらお前の方では悪の多いのが好きでも」と。アッラーを懼れまつれ、汝らとても心はあるのだから。さすれば、いまに必ずいい目に遇えよう。

一〇一〔一〇一〕これ、汝ら、信徒の者よ、そうむやみに質問ばかりするものではない。はっきりわかるとかえって身の害になるものもある。だがそういう種類の事柄についても、もし汝ら、『コーラン』が下されている最中にお伺いを立てれば、説明して戴けよう（マホメットが忘我の状態に入っている最中に質問を出せば、わかるとかえって害になることでも自ずと神の答えが下ってしまう）。アッラーは大目《おおめ》に見て下さろう（度を過した好奇心ではあるが赦して下さる）。アッラーはもともとよく赦して下さる慈悲深い御神だから。〔一〇二〕そう言えば汝らより前にもこの種の問題について質問した者どもがあった。だが（お答えを聞いたら）すぐに信仰を失ってしまった。

一〇二〔一〇三〕「耳裂《みみざ》き」（牝駱駝が五頭の仔を生み、しかも最後に生れたのが牡だった場合、その牝駱駝の耳を裂いて自由に放し飼う。回教以前の古代アラビアの奇習の一つ。以下これに類する）とか「神聖駱駝《らくだ》」（牝駱駝で邪神に捧げたもの。一切の労役から免除され自由に飲み食いする）とか「兄妹羊」（牝の羊で牝牡二匹の仔を同時に生んだもの）とか「禁背」（牡駱駝でそのたねから十頭の仔が生れた場合その「背を禁ず」と称して乗用に使わない）とかいうようなものをアッラーが定め給うたことはない。ただ無信仰者どもがありもせぬことをアッラーにおしつけてしまっただけのこと。彼らの大部分はまったくわけのわからん者どもじゃ。

一〇三〔一〇四〕彼らに向って「さあ、アッラーの啓示（『コーラン』）と使徒（マホメット）のもとに寄っておいで」とせっかくさそってやっても、「わしらは父祖伝来の（宗教）だけで沢山」と言う。ああ何んたる事か、その父祖とやらが何にも知らない馬鹿者で、あてもなくふらふら迷っていたに過ぎないのに、それでもいいのか。

一〇四〔一〇五〕これ、信徒の者、汝らは、自分のことだけ自分で責《せめ》を負えばよろしい。自分が正しい道を踏みはずしさえしなければ、迷妄《めいもう》の徒も決して汝らに害《あだ》なすことはできはせぬ。汝らやがては一人残らずアッラーのお傍《そば》に還《かえ》って行く身。その時が来たら、汝らが（現世で）したことを全部アッラーが話してきかせて下さろう。

一〇五〔一〇六〕これ、信徒の者よ、汝らの中の誰でも、いよいよ臨終《りんじゅう》で遺言《ゆいごん》したいと思う時には、同族の公正な男を二人だけ証人に立てるようにせよ。また旅先《たびさき》で不幸にも死にみまわれた場合は、他部族の男二人でもよい。（これぞと思う）二人を礼拝の直後に引き止めて（頼む）がよい。もしあやしいと感じたら、二人にアッラーにかけてこう誓言させよ、「我ら両人は、たとい近い親戚縁者《しんせきえんじゃ》にでも決してこの（証言）を売りません。またアッラーの証言を決して隠すようなこともしません。万一そのようなことをしたならば、我らは完全に罪を負《お》います」と。

一〇六〔一〇七〕だがもしその両人が明らかに何か罪を犯していることが発覚した場合には、その代りに、当事者の中で一番適当で、一番近い者二名を別に選出して、「我々の証言はあの二人の証言より確かであることを誓います。また我々は罪を犯したこともまったくありません。もしこれにいつわりがある時は、我々は完全に悪人であります」とアッラーにかけて誓言させるがよい。

一〇七〔一〇八〕証言を正しい形にさせるにはこれが一番簡単な仕方である。さもないと、（いい加減《かげん》な）誓言を立ててしまった後では、今度はどんな誓言もみな受け容《い》れて貰えないようになる虞《おそ》れがある。アッラーを懼れかしこみ、よくその（お言葉）に耳傾けよ。邪悪な徒《やから》をアッラーは決して導いては下さるまいぞ。

一〇八〔一〇九〕アッラーがすべての使徒を召喚《しょうかん》し給うその日。こう仰せられよう、「汝ら、どのような答えを貰って来たか（お前たちが派遣されて行った民は、お前たちの呼びかけに対していかに応じたか、の意）」と。すると一同は申し上げる、「私どもには何もわかりませぬ。目に見えぬ一切のことに通じ給うのは汝ただお独《ひと》りでございます」と。

一〇九(一一〇)時にアッラーの仰せられるには、「これマルヤムの子イーサー(マリアの子イエス)、汝と
汝の母に与えた我が恩恵を憶《おも》い起すがよい。わしは神聖な息吹《いぶ》き(聖霊)をもって汝を助け、
揺籃《ゆりかご》の中からも、また成人して後も人々に語りかけるようにしてつかわした。
一一〇それからまたわしは汝に聖典と聖智と律法《トーラー》と『福音書《ふくいんしょ》』とを教えた。汝はまたわしの許しを得て泥で鳥の形を造り、それにふっと息を吹き込むと、はやそれはわしの許しを得て(生きた)鳥になっておった。また汝はわしの許しを得て盲人と癩者《らいしゃ》を癒《い》やし、わしの許を得て死者をよみがえらせ、さらにまた、汝が明らかな神兆(奇蹟を指す)を携《たずさ》えてイスラエルの子らのもとを訪れた時、わしは彼らの手を抑えて汝を守ってやりもした。あの時、彼らの中の信なき者どもは「これこそ明らかに妖術《ようじゅつ》に違いない」と言いさわいだものであったが。

一一一また(憶い起すがよい)、いつかわしが使徒たち(ここではキリストに従う弟子たちのこと)に啓示を与えて、「お前たち、わしと、このわしの遣《つか》わした者(イエス)とを信仰せよ」と言ったら、「信仰いたします。なにとぞ私どもが真の信者であることをお認証下さいませ」と答えた時のことを。

一一二さてその弟子たちが言うことには、「マルヤムの子イーサー様、貴方《あなた》の主《しゅ》は私たちに天から食卓を下すことがおできになるでしょうか」と。彼は「アッラーを懼《おそ》れまつれ、もしお前たち本当の信者であるならば」と答える。

一一三彼らが言うに、「私たち実

際に(そういう有難い食卓から)食べて見たら、気持もすっかり落ちついて、貴方の仰しゃったことが本当だったということもわかって、立派な証人になることができようと思いまして」と。

一一四マルヤムの子イーサーは言った、「おお神よ、我らが主よ、我らの上に天から食卓を下して、我らのために、我らの最初の者にも、最後の者にも、饗宴を設け、かつはまた汝よりの神兆たらしめ給え。なにとぞ我らに食を与え給え。まことに汝こそはこよなき養い主《ぬし》におわします。」

一一五するとアッラーの答え給うには、「それではこれからその(食卓)を汝らに下そう。そのかわり、後になって、もし汝らのうち誰か信仰を裏切る者があれば、よいか、わしは必ずその者に、世界中の他の何者にも加えることのないような罰を与えようぞ」と。

一一六それからまたアッラーがこうたずね給うた時のこと。「これ、マルヤムの子イーサー、汝みなに『アッラーではなく、このわしとわしの母親とを神として崇《あが》めよ』などと言ったのか」と。(イーサー)がお答え申すには「ああ何んというもったいないことを。私がなんでそのようないいかげんなことを申しましょう。もし私が本当にそのようなことを口にしたことがあるとすれば、汝はすでに御存知のはず。汝の御心の内は私にはわかりませぬが、汝は私の心の内を全部御存知でいらっしゃいます。まことに、まことに、汝こそ隠れたことを何から何まで御存知の方でございます。一一七私はただ貴方が御命じになったことをみなの者に申し伝えて『我が主にしてまた汝らの主なるアッラーを崇めまつれ』と言っただけでございます。彼らの間に留《とど》まっているあいだ中、私は彼らにたいして(正しい信仰のための)証人の役をつとめました。しかし汝が私をお傍にお召しになってから後は、汝が御自分で彼らを監督なさることになったのでございます。汝こそ一切のものの証人でございます。一一八彼らを処罰なさいましても、それはもとより汝の奴隷たる彼らのこと。またもし赦しておやりになりましても、それはもう偉大で賢明な汝のことでございますれば……」

一一九そこでアッラーはこう仰せられた、「これぞ正しい人間がその正しさの故に得《とく》をする日。彼らには潺々《せんせん》と河川流れる楽園が許されて、そこに永遠に住みつき、アッラーも彼らに御満足、みんなも(アッラーに)満足しきって暮すことになろうぞ。それこそ大した成功ではないか。」

一二〇天も地も、またそこにある一切のものも、すべては挙げてアッラーに属す。(アッラー)は一切にわたる権能をもち給う。

六　家　畜　――メッカ啓示、全一六五節――

慈悲ふかく慈愛あまねきアッラーの御名において……

一 ああなんたる有難いことぞ、アッラーは天と地を創《つく》り、暗闇《くらやみ》と光りを置き給うた。それなのに、信仰なき者どもは、主《しゅ》とならべて(他の邪神)を崇《あが》めておるのか。

二 彼こそは汝らを泥から創造し、それから一定の期限(生命の期限、すなわち寿命のこと)を決《き》めて下さったお方《かた》。期限はみなその御胸の中ではっきりと定まっておる。それなのに汝らまだ疑っておるのか。

三 彼こそは天と地にましますアッラー。汝らの秘《ひ》めごとも、汝らの明かしごとも、すべて御存知《ごぞんじ》。そしてまた汝らが現にどんな稼《かせ》ぎをしているか(よいことをどれだけやり、悪いことをどれだけやっているか)もすべて御存知。

四 彼らは、神様からどんなお徴《しるし》を見せて戴いても必ずきまったように顔をそむけてしまう。

五以前にも、真理が目の前に現われたときでもそれを敢て嘘よばわりした。だが、やがて、散々《さんざん》馬鹿にしていた知らせ（地獄の火の中に投げこまれるぞという警告）が本当になって現われようぞ。

六一体彼らは気がつかなかったのか。我らはこれまでにも、どれほど多くの世代《せだい》を滅ぼしたことか。もともと彼らを我らは、汝らにもしてやらなかったほどしっかりと地上に打ち建ててやり、空を弛《ゆる》めて充分に慈雨《じう》を降らせ、足下にはいくつもの河川《かせん》を流してやっておいたのだが。しかしその数々の罪の故に我らは彼らをうち滅ぼし、代りに他の世代《せだい》を興したのであった。

七たとい我らが立派に文書にしたためた聖典をお前（マホメット）に下して、彼らに手で触らせてやったところで（『コーラン』は当時まだ書き物になっていなかったので、立派な書き物の形の聖書を持っていたユダヤ人がそれを嘲笑したのであろう）、どうせ信仰なき彼らのこと、「これは明らかに妖術だ」などと言うだけであろう。

八「一体、なぜ彼（マホメットを指す）のところには天使が遣《つか》わされて来ないのか」と彼らは言うが、もし我ら（アッラー）が天使を遣わしでもしたら、もう一切はそれで片がつき、彼らも猶予しては戴けまいに（マホメットだから本当にまだ「警告」の程度で済んでいるのであるが、本当に天使が来たらもうおしまいである）。

九また、かりに我らが（使徒）を天使にしたところで、やはり人間（の形）にして（下界に遣わした）はずだから、結局今でもごたごたして彼らがとまどっている事柄がますますもってごたつくだけであったろう。

一〇お前（マホメット）より以前にも嗤《わら》いものにされた使徒は沢山《たくさん》ある。だが今では、そういう嘲笑者《ちょうしょうしゃ》たちこそ、自分たちが散々馬鹿にしていたもの（天罰）にすっかり取り囲まれて（逃げることもできなく）なっている。一一言ってやるがよい、「地上どこでも歩き廻って、（天啓）を嘘言だといいふらした人々の末路がどのようなことになったかよく観《み》てみるがいい」と。一二言ってやるがよい、「天と地にあるものはすべて誰のものか」と。言ってやるがよい、「全てアッラーのもの。（アッラー）は慈悲を信条にしていらっしゃる。やがて必ず汝らを復活《よみがえり》の日に喚《よ》び集め給うであろう、疑いの余地なきかの日に」と。だが、魂を喪失《そうしつ》してしまった人々であってみれば、どのみち信じはしなかろう。

一三夜の中に棲《す》むものも、陽光の中に棲むものも、すべては挙げてアッラーのもの。まことに耳敏《さと》く、一切を知り給う。

一四言ってやるがよい、「アッラー以外の者の加護をどうして願う気になれるものか。（アッラーこそは）天と地の創始者で、（一切のものを）養い、（御自分は他の何者からも）養って貰うことのない神様ではないか」と。さ、こう言うがよい「このわし（マホメット自称）は、まず率先《そっせん》してすべてを（神に）お委《まか》せするように（真の信仰に入るように）との御命令を戴いた者。『お前だけは邪宗徒の一人になるなよ』と。」一五さ、こう言うがよい、「まことにわしは、神様に背《そむ》いたりしたら、大変な日（最後の審判の日）の罰《ばつ》が怖《おそ》ろしい」と。一六その日、罰を受けずに済《す》む者は、それで（アッラーの）お情《なさ》けを頂戴したわけで、そのようなことになればそれこそ本当に誰の目にも明らかな成功というものではないか。

一七アッラーがひとたび禍殃《かおう》をもって人に触《ふ》れ給う時は御自身を措《お》いては何者もそれを取り除くことはできぬ。反対に吉福をもって触れ給うとすれば、それはすなわち（アッラー）が一切事にたいする権能をもち給うが故にほかならぬ。

一八彼こそはその奴隷たち（信者のこと）に絶対の君主として臨《のぞ》み給う。全知にして一切に通暁《つうぎょう》し給う。

一九言ってやるがよい、「何ものの証言が一番強力か」と。言うがいい、「アッラーこそ、わし（マホメット）とお前たちとの間の証人《あかしびと》。もともとこのクルアーン（『コーラン』）がわしに啓示されたのは、これによってわしがお前たちに警告を与えんがためであるぞ、さらにまた（お前たちばかりでなく）及ぶかぎりの人たちにも。一体お前たち本気で、アッラーのほかにいくらも神はあるなどと証言するつもりなのか」と。言ってやるがよい、「わしは（そのような）証言はしない。」言ってやれ、「アッラーだけが唯一の神。お前たちが（アッラーのほかに）崇《あが》めている邪神どもにわしは何の関わりもない」と。

二〇我ら（アッラー）が聖典を授けた人々は、丁度自分の息子を識《し》っていると同じくらいにそれ

（聖典）を識っているはず。だが自分の魂を喪失《そうしつ》してしまった人々であってみれば、どのみち信じはしないであろう。

二一それにしても、アッラーにありもせぬでたらめをおしつけたり、その下し給う神兆《しんちょう》を嘘よばわりする者ほど悪い人間がどこにある。まことにこのような不義の徒《やから》は決していい目は見られまいぞ。

二二我ら（アッラー）が彼らを全部一緒に召喚《しょうかん》するその日（最後の審判の日を指す）、（アッラーのほかに）沢山の邪神どもを崇拝したあの者どもに「これ、汝らが盛んに言い張っていたあの汝らの仲間たち（邪神たちのこと）はどこへ行った」と訊《き》いてやろうぞ。二三その時こそ、さすがの彼らも、「我らが主、アッラーに誓って申し上げます。私たちは決してほかの神々なんか信仰してはおりませんでした」とでも言うよりほかに言い訳のしようはあるまい。二四あれ見よ（既に最後の審判の日になった気持で言う）、彼らはあのようにわれとわが身を欺《あざむ》いている。今までいくらいいかげんに作りごとして来たものが（偶像神どもが）みな彼らを見離して行く（一切は無となって彼らだけ独りとりのこされる）。

二五彼らの中にもお前（マホメット）の言葉を聴きにやって来る者もある。だがその心には我らが蓋《ふた》をして理解できないようにしておいたし、耳は鈍くしておいたから、目《ま》のあたり神兆を見ても信仰しようとはしない。あまつさえ、ついにはお前のところへやって来て議論を吹きかける。そういう信仰なき者どもは(『コーラン』を聞いても)「なんだ、これは結局昔々のお伽話《とぎばなし》ではないか」などと言う。二六そこで彼らはそんなものは真平《まっぴ》らだとばかり逃げて行く。要するに我れと我が身を台なしにするだけのことだが、彼らはそれに気付かない。

二七ああお前(マホメット)に見せてやりたいもの、やがて彼らが火(ゲヘナの火)の前に立たされて、「ああなんぞしてもう一度(地上に)帰して貰えないものか。そうすれば俺たちも、神様のお徴《しるし》を嘘よばわりなどせずに、立派な信者になって見せようものを」と言ってるところを。二八何んの何んの。今まで隠して来た(自分たちの本性《ほんしょう》)がとうとう自分の目の前にあばき出されたところではないか。たとい、もう一度帰らせて戴いたにしても、またまた禁を犯《おか》すだけのこと。まことに彼らこそ本当の嘘つきじゃ。二九また「どうせこの現世の生命《いのち》があるだけ(来世などというのは存在しない)。俺たちが(死んだ後で)また喚《よ》び起されることなどあるもんか(復活の否定)」などと言う者もある。三〇ああお前に見せてやりたいもの、彼らが神様の面前に立たされて、「これが真実でないというのか」と仰しゃると、「ははっ、恐れ入りました」とお答えする、そうすると「ならば、天罰を心ゆくまで味わうがよい、今まで信仰に背いて来た報《むく》いとして」と仰しゃる、その時の彼らの様《さま》を。

三一アッラーとの対面(死後よみがえらされて神の前にひき出されること)など嘘だと言って来た者どもは、いざそうなれば一大事。いよいよその時が突然にやって来ると、「さあこれは大変じゃ、ついうかうかとしておった」と騒ぎ立てる。背中には重い荷物を背負《せお》わされて。まことにひどい荷物を背負わされるものよ（重荷とは現世で犯した罪の重み）。

三二現世の生命、ほんの遊びごと。ただ束《つか》の間《ま》のたわむれにすぎぬ。終《つい》の住処《すみか》（来世）の方が、神を懼《おそ》れる人々にとっては、どれほど有難いことか。これ、汝ら、これくらいのことがわからないのか。

三三我らにはすっかり分っておるぞ、お前（マホメット）が彼らの言うことを聞いて悲しがっていることは。だがしかし、彼らはお前のことを嘘つきだと言っているのではない。あの悪人どもが否定しようとしているのはアッラーの神兆（啓示すなわち『コーラン』のこと）そのものなのじゃ。

三四お前より以前にも沢山の使徒が嘘つき呼ばわりされた。だが、いくら嘘つき呼ばわりされても、散々いためつけられても、みなよく辛抱《しんぼう》し通して、ついに我ら（アッラー）の救助を得た。アッラーの言葉を変えることのできる者はただの一人もありはせぬ。（以前に）遣わされた人たち（使徒、すなわち予言者を指す）の噂《うわさ》はお前の耳にも入っているはず。

三五彼らが背を向けて行ってしまうのが、それほど悲しいのなら、では地下の抜け穴か、さもなければ天（に昇る）梯子でも作って、彼らのところへ神兆でも取って来るがいい、もしできるものなら。だがしかし、アッラーがひと度その気にさえなり給えば、彼らを一人のこらず正しい道に呼び集めることもいとやすい。されば、お前は決して馬鹿な気を起してはならぬぞ（どうしても駄目な連中を無理にも信仰に入れようと努めてはいけない）。三六結局は聞く耳をもった人間だけがこちらの喚《よ》びかけに応《こた》えて来る。死んだ人々は、いずれアッラーが喚び起して（復活させて）、お傍《そば》に還《かえ》らせ給うであろう（お前が気を揉むことはない）。

三七彼らはまた、「だがそれにしても、どうして彼（マホメット）には神兆（ここでは奇蹟を意味する）が神様のところから下されないのか」などと言う。言うがいい、「アッラーはいくらでも神兆ぐらいお下しになれる。だが（たとい目前に神兆を示されたとて）彼らの大多数はそれに気がつかぬ」と（回教の立場から言うと、『コーラン』自身が既に最高の奇蹟なのである）。

三八地を行くけものでも、羽をひろげて飛ぶ鳥でも、みな汝ら（人間）と同じようにそれぞれ集団をなしている（天地の一切のものを支配する美しい秩序、これも偉大な奇蹟ではないか）。聖典の中で我ら（アッラー）が言い残したものは一つもない。後日、みなお傍に喚び集められるであろう。

三九我らの示す神兆の数々を嘘よばわりするような者は、みな暗闇《くらやみ》の中にいる盲《めくら》と聾《つんぼ》。アッラーは誰でも御心のままに迷わせ、また誰でも御心のままに正しい（信仰の）道に導き給う。

四〇言ってやるがよい、「さあ、どう思う。もし、いま、アッラーの罰がふりかかって来るとか、例の時（天地終末の時）がやって来るとかしたら、それでもお前たちアッラーならぬ（邪神）にお祈りするであろうか、もしお前たちの言っていることが本当だとすれば」と。

四一「とんでもない、きっとお前たちだってあちら（アッラー）にお祈りするにきまっている。そしてもし（アッラーが）、その気になり給えば、お前たちを（これほど熱心に）お祈りする気にさせたもの（神罰の禍）を晴らして下さるかも知れない（別解「お前たちが今まで祈って来たもの、すなわち邪神どもをお前たちの心から取りのぞいて下さるかも知れない」）。そうなればお前たちも（アッラーのほかに）崇《あが》めていたもの（邪神たち）をすっかり忘れるということにもなるであろう。」

四二お前（が生れる）以前にも、我ら（アッラー）はさまざまな民族に（予言者を）遣わしたことがある。彼らをなんぞして心ひくい人間にしてやろうと思ってさまざまな不幸と禍難《かなん》をふりかけて見た。

四三ああ本当に、せめて我らの臂力《ひりょく》（天譴を打ちおろす神の力を指す）が彼らの頭上に伸びたその時にでも、彼らが心のひくい人間になってくれさえしたら。だが、彼らの心は石のように硬《かた》かった。シャイターン（サタン）の詐《いつわ》りで、彼らにはなんとなく自分のしていることが立派な行為であるかのように思われた。

四四かくて、彼らがせっかくの警告を忘れはてた時、我らは、まずあらゆる物の門扉を彼らに大きく開け放っておいて(現世のありとあらゆる享楽を自由に味わせてやって)、素晴《すば》しい(幸福)を授かって大喜びしているところを不意に捉えてやった。すると、たちまち絶望に陥《お》ちこんでしまった。四五こうして、不義の徒《やから》はその最後の生き残りまできれいに切り落とされてしまった。万有の主、アッラーに讃えあれ。

四六(ここで昔の思い出から急にまた目下の情勢に話しがもどる)言ってやるがよい、「これ、お前たちどう思う。いまアッラーがお前たちの聴力と視力を取り上げて、お前たちの心に封印を捺《お》し(感覚を閉じ)てしまいになったなら、アッラー以外のどの神様がそれを(喪失した能力を)お前たちに返してくれるか」と。見よ、我らはこれほどまでにして手をかえ品をかえして神兆を示そうとしておるものを、彼らはそれでもやはり背き去る。

四七言ってやるがよい、「これ、お前たちどう思う。アッラーの懲罰《ちょうばつ》がいま不意に、或いは公然と(不意打ちでなくはじめから予想させておいて)ふりかかって来たとしたら、不義の徒《やから》ならぬ者(善良な信者)が一人でも滅ぼされるようなことがあろうか」と。

四八我ら(アッラー)が次々に使徒を遣わすのは、ただ喜びの音信を伝えたり、警告を発したりさせるため。されば(それに触れて)信仰に入り、行いを正しくする者は、もう決して怖い目をみることもないし、悲しい目に遇《あ》うこともない。四九だが、我らの下す神兆を嘘だと言いふらすような者ども、そういう者どもこそその邪悪の性の故にやがて天罰を加えられるであろうぞ。

五〇言ってやるがよい、「わし(マホメット自称)はなにも自分がアッラーの御宝を預っているなどと言ってはいない。第一、わしは目に見えぬ世界のことは何も知らん。また、わしは自分が天使だなどと言ってはいない。わしはただ啓示の導きのままに歩いて行くのみ」と。言ってやるがよい、「目くらと目あきとが同等か。これ、少しはものの道理を考えて見たらどうだ。」

五一神様のところに召し出されやしないかと恐れている者どもをこう言って戒《いま》しめてやるがよい。(アッラー)を措《お》いてほかには保護者も、執成《とりな》してくれる者も絶対にありはしない。(この点に気がついたら)あの者どもも神を懼《おそ》れるようになるかも知れぬ。

五二朝な夕なに自分たちの神様に祈りを捧げてその御顔を願っている(神様が恵みの顔を自分の方に向けて下さるようにと願っている)人たちをお前(マホメット)追払ったりしてはならぬ。あの人たちのことは全然お前には関係ないし、またお前のことはあの人たちには何の関係もない。されば、お前があの人たちを追払ったりして、わざわざ悪者になることはない。

五三また我らは彼らを互い同士で試《こころ》みさせて見た。すると彼ら（邪宗徒《たち》）は、「人もあろうにこんな連中に（社会の下積になっている貧民や弱者に）アッラーは特別の思召《おぼしめし》をかけているのか」などと言い出した。誰が本当に（神に）感謝の念を抱いているかということは（つまり誰が一番神の特別の思召に価するかということは）、アッラーが一番よく御存知ではないか。

五四我ら（アッラー）の神兆を信仰する人たちがお前（マホメット）のところへ訪ねて来たら、言うがよい、「君らの上に平安あれ。君らの神様は慈悲深いことを御自分の信条としていらせられる。されば君らのうちで誰かがそれと知らずに過《あやま》ちを犯《おか》しても、後になってから改悛《かいしゅん》して行《おこな》いを改めるならば、（神様）はどんな罪でもやさしく赦《ゆる》して下さろう」と。

五五このようにして我らは神兆（ここでは神の意志、神の教えというような意味）をいろいろに説《と》き明《あ》かし、罪人たちの道（がどのようなものであるかを）教えようとしておるのじゃ。

五六言ってやるがよい、「お前たちがアッラーをよそにして拝《おが》んでいる（邪神たち）を、わし（マホメット）は崇《あが》めてはならぬと言いつけられておるのだ。」言ってやるがよい、「わしはお前たちのいいかげんな思惑《おもわく》に乗せられはせぬ。万《まん》が一《いち》、そのようなことがあれば、わしは道に迷った人間。正しい道を歩む人間ではない」と。

五七言ってやるがよい、「わしの拠って立つところは、神様が示し給うた皓々《こうこう》たるお徴《しるし》あるのみ。お前らはそれを嘘だと思っているが。(だが)お前らが早く早くとせき立てていること(「最後の審判などというものが本当にあるのなら今すぐここでそれを起して見ろ」と無信仰者が言うのである)はわしの権限の外のこと。(最後の)判定はアッラーお独りがなし給う。(アッラー)は真理の道を取り給う。物事の判決にかけては誰よりもすぐれたお方」と。

五八言ってやるがよい、「もしお前たちが早く早くとせき立てていることがわしの権限に属することならば、わしとお前たちの間はすぐにも決着してしまうだろうに。悪者(がどちらかということ)についてはアッラーが誰よりもよく知り給う。

五九また(アッラー)のお手元《てもと》には目に見えぬ世界の鍵《かぎ》まで全部揃っている。ほかの者は誰一人(その鍵のありか)を知りはせぬ。陸上のこと海上のこと一切御存知で、木の葉がたった一枚落ちても必ずそれを知り給う。地下の暗闇《くらやみ》にひそむ穀粒《こくつぶ》一つも、青々としたものも、朽《く》ち枯れたものも、一切は皓々《こうこう》たる天書(天にある神の書物で、すべての啓示の源泉である)に書きつけてある。

六〇彼(アッラー)は、御自《おんみずか》ら、夜、汝らをお傍《そば》に召寄《めしよ》せ給い(夜、眠ることを指す)、汝らが昼間したことを残らずお取り調べになったうえ、また昼の中によみがえらせ(朝目がさめること)、かくして定めの期間（定められた寿命）を過ごさしめ給う。やがて（その定めの時が来れば）汝らはただちにお傍に還り行き、そこで自分が（現世で）して来たことをすっかり聞かされなければならないのじゃ。

六一（アッラー）はその奴隷（前出、信徒は神の奴隷である）の上に絶対君主として臨《のぞ》み給う。（汝らがこの世に生きている間は）汝らのもとに記録者たち（記録天使のこと）を遣わし、やがて汝らの中で死ぬ人が出れば、我ら（人称がここで急に変るが、やはりアッラーを指す）の使い（天使ら）がその者を引取って、万事手ぬかりなく処理して下さる。六二そのあとで、今度は本当の保護者たるアッラーのもとに連れ戻される。（最後の）判決は彼（アッラー）だけのもの。これほど勘定《かんじょう》の早い者はほかにはない」（神の審判はその人その人の現世で稼いできた点数の勘定である）。

六三言ってやるがよい、「陸地や海の暗黒からお前たちを救い出して下さるのは誰だ。お前たちも（真の危険に直面する時は）心の奥底でしおらしく、『もし私どもをこのような（恐ろしいもの）から救い出して下さいますなら、必ず必ず深く感謝いたしましょう』と申し上げているのではないか。」六四言ってやるがよい、「お前たちをこのようなものから救い出して下さるのも、あらゆる悲哀から救い出して下さるのも、アッラーだ。それなのにお前たち、ほかの邪神どもを（アッラーと）一緒にして崇《あが》めるとは」と。

六五言ってやるがよい、「（アッラー）は、お前たちに、頭の上からでも足の下からでも、罰を惹《ひ》き起し、またお前たちを四分五裂に仲間割れさせて、お互い同士で暴力を味わせてやることもおできになるぞ」と。見よ、我らはこれほどまでして神兆を詳《くわ》しく説き明かしておる。これもみな、彼らに何んぞして目をひらかせてやりたいと思うから。

六六お前（マホメット）のつれている人々は、こういうことを嘘だと言う、まごうかたない真実なのに。言ってやるがよい、「わし（マホメット自称）は別にお前たちの監督ではない。〔六七〕一つ一つの予言にはそれぞれきまった時があるのだ。いまにお前たちにもわかる時が来よう」と。

六七〔六八〕お前（マホメット）、我らの神兆（『コーラン』その他回教の信仰上のすべての教えを指す）をほじくり返し議論している人々に出遇《であ》った時は、彼らが何か別の話題に入って行くまで、遠ざかっていなければいけない。だが、もし万一、シャイターン（サタン）にそそのかされてついうっかり（そのような人々と同席）してしまった場合でも、それと気づいてからは絶対に不義の徒《やから》と一緒に坐《すわ》っていてはいけない。六八〔六九〕神を懼《おそ》れる（本当の信者）たちは、そのような徒《やから》にたいしてはなんの責任もない。せいぜい忠告してやるくらいのもの。もしかすれば彼らでも神を懼れるようになるかも知れないから。

六九〔七〇〕自分の宗教を遊びや冗談《じょうだん》ほどに考えて、この世の生活にうつつをぬかしている人々など構わないでおくがよい。自分の稼《かせ》ぎ（自分のした悪事の量）がもとで人間一人が破滅することもあるということを、これ（を実例とし）てみんなに思いしらせてやるがよい。（もしそういうことになってしまったら）もうアッラーのほかには、助けてくれる者も執成《とりな》してくれる者も絶対にありはせぬ。どのような償《つぐな》いを申し出たとて受け納《い》れて戴けぬ。結局そういう人々は我《わ》れと我《わ》が稼ぎで抜きさしならぬ破滅の道に深入りしてしまった人々。その背信《はいしん》行為の罰として、ぐらぐら煮《に》えたぎる熱湯を飲まされて、苦しい懲戒《ちょうかい》を蒙《こうむ》るだけのこと。

七〇〔七一〕言ってやるがよい、「アッラーをさし措《お》いて、毒にも薬にもならないようなもの（偶像）を崇《あが》めたりできようか。せっかくアッラーの御導きを戴いておきながら、今さら引き返したりできようか。（それでは）まるで、立派な友だちが幾人もいて、『こちらへおいで』と正しい道の方に呼んでくれるのに、まんまとこの世でシャイターン（サタン）どもの誘惑にかかって正気を失い右往左往する人間ではないか。」言ってやるがよい、「アッラーの御手引きこそ、唯一の正しい御手引き。わしらは万有の主にこそ一切をお委《まか》せ申すようにと言いつけられておるのだ。」七一〔七二〕「そしてまた、『必ず礼拝の務めを守り、神を懼れまつれ。汝らみな最後にはそのお傍に召し寄せられるのだぞ』とも言いつけられておるのだ」と。

七二 彼（アッラー）こそは真実《まこと》をもって天と地とを創《つく》り給うたお方《かた》。ただ「なれ」とひと言仰しゃったその日、（天地は）出来上った。七三 その御言葉は真理。（天上の）喇叭《らっぱ》が一吹き奏されるその日（最後の審判の日）、一切の権能はその御手に帰す。不可視界《ふかしかい》、可視界ふたつながらに知悉《ちしつ》し給う。まことに限りなき智恵と知識をそなえ給う。

七四（ここから急に話題が一転する）またイブラーヒーム（アブラハム）がその父アーザル（この名の由来については諸説あって不明。『旧約聖書』にはアブラハムの父がアーザルと呼ばれた形跡は全くない。回教徒の間でも普通は、アブラハムの父の名は正しくターラハTarahと呼ばれている）にむかって、「偶像を本当の神とお考えになるのですか。まことに、私の見るところでは、お父上も、お父上の御一党《ごいっとう》も、みんな明らかに迷いの道を歩んでおいでです」と言った時のこと。七五 さらに我ら（アッラー）は次のごとくイブラーヒームに天と地の王国を見せ、彼を確乎《かっこ》不動《ふどう》の信仰者に仕立ててやろうとした。

七六 すなわち、夜のとばりが彼の頭上にうち拡《ひろ》がった頃、彼は一つの星を見て、「これぞ我が主《しゅ》じゃ」と言った。だが、やがてそれが沈んでしまった時、「わしは姿を没するようなものは気にくわない」と言った。

七七 それから、月が昇って来るのを見た時も、「これぞ我が主じゃ」と言った。だが、やがてそれも沈んでしまったので、「やれやれ、神様が手引きして下さらなかったら、あやうく迷いの道に行くところだった」と言った。

七八それから、太陽が昇って来るのを見て、「こんどこそ我が主じゃ。これが一番大きいから」と言った。だが、これもまた沈んでしまった時、彼は「これ、皆の衆、これでわしはお前たちの崇拝しているもの（偶像邪神のたぐい）とはきっぱり縁を切ったぞ。七九今こそわしは、天と地を創造し給うたお方のほうにきっぱりと顔を向けた。今やわしは純正信仰の人、多神教徒の仲間ではない」と断言した。

八〇それを聞いて彼の一党が文句を言い出すと、彼が言うことには、「これ、お前たちアッラーのことでわしに文句をつけるのか。こうしてわしを正しい道に導き給うた御神ではないか。お前たちが（アッラー）とならべて崇拝しているものどもなど、わしは怖《こわ》くはない。なにか我が主（アッラー）に特別の思召《おぼしめ》しでもあるのならいざ知らず。我が主はありとあらゆるものをその知識の中に包含し給うお方、これ、お前たち、このことにまだ気付かぬのか。八一わしがどうしてお前たちの偶像どもを怖《おそ》れることがある。現にお前たちにしたところで、（アッラーから）なんの権限も戴いてもいないのに、怖《おそ》れ気《げ》もなくアッラーとならべてあのような偶像どもを崇拝しているのではないか。安心できるという点ではどちらの側に（一神教と多神教のいずれに）ぶがあるものか、（お前たちにもわかるはず）いやしくも少しは物を心得《こころえ》た人間であるかぎりは。

(八二)正しい信仰を抱《いだ》き、かつその信仰を悪業で曇らせたことのない人々、それこそ一番安心できる人々。正しい道を歩む人々。」

(八三)かかる議論を我ら(アッラー)はその時イブラーヒームにさせて、彼の一党を打ち負かした。我らは誰でも気の向くままに(常人より)何段も高く引き上げてやる。まことにお前(マホメット)の主は賢《かしこ》くも全知におわします。

(八四)また我らは彼にイスハーク(イサク)とヤアクーブ(ヤコブ)を与え、それぞれ正しい道に導いた。また、それより前にヌーフ(ノア)も導いたし、彼の胤《たね》ではダーウド(ダビデ)とスライマーン(ソロモン)とアィユーブ(ヨブ)とユースフ(ヨセフ)とムーサー(モーセ)とハールーン(アロン)なども導いた。このように我らは、善行に励む人々に褒美を与える。(八五)それからザカリーヤー(ザカリア)にヤフヤー(ヨハネ)にイーサー(イエス)にイリヤース(エリヤ)なども、みな義《ただ》しい人間ばかりであった。

(八六)それからイスマイール(イシュマエル)にイリヤサ(エリシヤ)にユーヌス(ヨナ)にルート(ロト)らも我らは、それぞれあらゆる人に抽《ぬき》んでさせてやった。(八七)また彼らの父祖、子孫、兄弟の中からも(多くの者を導いた)。我らは彼らを特に選び出して、正しい道の方に手引きした。

(八八)アッラーの御導きとはこうしたもの。御自分の奴隷(信者)の中から誰でもお気に召した者を導き給う。だがもし彼らが偶像信仰に趨《はし》るならば、それまでして来たことも全部水の泡《あわ》と消え去ろう。

八九(今列挙した)この人々に我らは聖典と聖智と予言の資格とを授けた。もし彼らが背《はい》信《しん》するなら、ただちに別の、絶対にそむかぬ人々に(この資格を)委託しようぞ。

九〇ともかくこの人々はアッラーの御導きを受けた人間ばかり故、お前(マホメット)も彼らの導きに従うがよい。(みなに)こう告げるのじゃ、「わしは何もこのこと(『コーラン』の啓示を人々に伝えること)でお前たちから報酬《ほうしゅう》を貰《もら》おうと思ってはいない。わしのしていることは、ただあらゆる人間に憶《おも》い起させる(アブラハムの昔から啓示されて来た神の真理を憶い起させる)だけにすぎない」と。

九一「アッラーはどんな人間にも何一つ啓示されたことはない」などと言う者があるが、あれはアッラーの本当の大きさを量《はか》りそこねたのじゃ。言ってやるがよい「それではムーサー(モーセ)が全人類の光明として、また導きとして齎《もたら》したあの聖典は、いったい誰が啓示して下さったのか。現にお前たちそれをありがたく文書にして、人に見せびらかしているではないか。尤《もっと》も大部分は隠して見せないようだが。あれのおかげでお前たち、自分も御先祖たちも全然知らなかったことを分らせて戴いたのではないか。」きっぱり言うがよい、「アッラーだ」と。それから後はいくらでも勝手に議論の遊戯にふけらせておけ。

九二これは（『コーラン』を指して言う）我らの啓示した聖典じゃ。それに先行するもの（『旧約聖書』と『新約聖書』）を確証する、まことにめでたい（聖典）じゃ。お前（マホメット）はこれで、「あらゆる都の母」（メッカを指す）やその附近に住む人々に警告を与えるがよい。来世（の存在）を信じているほどの者なら必ずこれ（『コーラン』）を信仰し、心して礼拝にいそしむようになるであろう。

九三アッラーに、ありもせぬつくり話しを押しつけ、または何にも啓示なぞ受けていないのに「わしに啓示があった」などと言ったりする者、それからまた「アッラーが啓示したのと同じようなものを、なにわしだって啓示して見せよう」などと言う者、そんな人間よりひどい悪性者《あくしょうもの》がどこにあろう。ああお前（マホメット）に見せてやりたいもの、あの悪性者どもが断末魔《だんまつま》のまっさい中に、天使たちが手をさし伸べて「さあ、魂をお出し。今日という今日は汝ら、屈辱《くつじょく》の懲罰《ちょうばつ》を戴くのじゃ。アッラーについて散々でたらめを言いふらし、その神兆にたいして傲岸不遜《ごうがんふそん》な態度を取って来た罰として」（と申し渡す、その時の姿を）。九四（これからは最後の審判の席で悪性者がアッラーから言われる言葉である）「とうとう我ら（アッラー）のところにやって来たな、汝ら、一人ずつばらばらに（死ねば人間はみな自分だけで孤独になる）、最初我らが創《つく》ってやった時とまったく同じ姿で。我らが汝らに授けてやったものは全部うしろに残して来てしまったのだな。汝らが自分たちのあいだで仲間だと言っていた例の仲介者《ちゅうかいしゃ》(アッラーと人間との間を執成して、犯した罪を赦して貰うようにはかってくれるはずの偶像神)たちはここに見えないな。さては、両方を結んでいた絆がぶっつり切れて、汝らがさかんに吹聴していたその方々《かたがた》はどこかへ消えてしまったのか。」

九五本当にアッラーこそ、穀粒《こくつぶ》や棗椰子《なつめやし》の核《かく》を割《わ》って、生なきものから生あるものを引き出し、生者から死者を引き出し給うお方。さ、これが、アッラーだ。それなのに、汝ら、どうして邪道に陥《おちい》るのか。

九六暁《あかつき》の空を裂くのも(アッラー)、夜を設《もう》けて休息の時とし、太陽と月とを設けて(時刻の)計算の便をはかって下さったのも(アッラー)。これはみな偉い賢い神様のおとりはからい。

九七また汝らのために星々の座を定めて、陸上でも海上でも暗闇《くらやみ》の中を行くときの道しるべにして下さったのもこの御神。このように我らはいろいろと神兆(神の無限の権能をあらわす証拠)を明示して、もののわかる人々に解きあかしておる。

九八また汝らをただ一人の(先祖)から作り出して、宿《やど》を決め、置き場所(母の胎内を指す)を定めて下さったのもこの御神。このように我らはいろいろと神兆を明示して、もののわかる人々に解きあかしておる。

九九また天から水を降らせて下さったのも（アッラー）。その（水）で我ら（ここで急に人称がかわるが同じアッラーを指す）はあらゆる草木に芽を吹かせ、更にその（芽）から青葉を出させて、そこからぎっしり粒のつんだ穂を出させ、また棗椰子《なつめやし》からは、花苞《はなづと》から枝もたわわの椰子の実《み》りを、またそのほかには見はるかす葡萄《ぶどう》の園、橄欖《かんらん》の実《み》、それに柘榴《ざくろ》、互いに似たものもあり、似ぬものもあり。汝ら、よく見るがよい、みなそれぞれに実をつけて、熟したさまを。まことに、信仰ある人々にとっては、これこそまぎれもない神兆（奇蹟）ではないか。

一〇〇それなのに、彼らは、アッラーとならべていろいろな妖霊《ジン》を崇拝している。あれは、もともとアッラーの創《つく》り給うたものなのに（ジンは民間で非常に尊信されていた精霊のたぐいで、マホメットの立場からすればアッラーの被造物にすぎず、決してアッラーと同等に信仰さるべき存在ではない）。そればかりか、なにも知りもしないで、アッラーに息子や娘があるようなことを言ったりする。ああ勿体《もったい》ない。（アッラー）は彼らが言っているようなものを高く高く超え給う。

一〇一かしこくも天と地の創造主にましますぞ。妻もないのにどうして息子があり得よう。一切は（アッラー）の創り給うたもの。その上、何から何まで全部御存知。

一〇二さ、こういうお方《かた》がお前たちの主、アッラーだ。そのほかには絶対に神はない。あらゆるものの創造者。さ、汝ら、お仕《つか》え申すがよい、一切をとりさばき給う御神に。

一〇三こちらの目には見えぬが、あちらではこちらの目差《まなざ》しまですっかりお見透《みとお》し。まこと、目にこそ見えぬが、一切を知り給う御神。

一〇四汝ら神様から明白な証拠《しょうこ》を見せて戴いたはず。目をあいて見れば、結局自分の身のため、目をつぶって、見ようとしなければ結局自分の損になるだけ。何もわし（マホメット）が汝らの番をすることはない。

一〇五こうして我ら（アッラー）が様々《さまざま》に神兆を説き明《あ》かしておるのも、一つには（信仰なき徒《やから》に）「お前（マホメット）勉強したな（ユダヤ人はマホメットに向い「お前は我々の聖典を勉強してそれを自分の啓示のように見せかけているのだろう」という）」と言わせてやるため、二つにはもののわかった連中にはっきり説明し聞かせたいため。

一〇六お前（マホメット）、神様から啓示して戴いた通りにしなければいけない。ほかには絶対に神はないのだから。偶像神の崇拝者どもとつき合ってはならぬぞ。一〇七彼らにしても、もしアッラーの御心ならば、偶像崇拝者にならずにすんだであろうに。いずれにしても我ら（アッラー）がお前を彼らの張《は》り番《ばん》に立てたわけではなし、お前も別に彼らの監督をすることはない。

一〇八だが、彼らがアッラーをさし措《お》いて崇拝している（邪神）どもを罵倒《ばとう》してはいけない。そのようなことをすると、彼らの方でも、何も知りもしないでやたらに、アッラーを罵倒してかかってくる。我らは、どの民族にも、それぞれ自分のしていることが一番立派に見えるようにはからっておいたのじゃ。しかしそのうちに(最後の時が来れば)みな神様のお傍によび戻されて、己《おの》れが(現世で)してきたことが(どのようなものであったかということを)詳しく説明して聞かされよう。

一〇九以前、彼らはアッラーにかけていとも厳粛《げんしゅく》に誓言《せいごん》したものだ、若し神兆(奇蹟)が本当に目の前で起ったなら、必ず必ず信じます、と。言ってやるがよい、「神兆はすべて、ただアッラーの御手の中に」と。だが、実際に何か神兆が起ったとしても決して信じようとはしなかろう。これをどうしたら汝にわからせることができるものか。

一一〇すなわち、我ら(アッラー)が彼らの心と眼とをひっくり返して、一番最初の時に信じようとしなかった、あの時と同じようにしてやり、生意気《なまいき》な反抗心に駆《か》られて、目も見えずにあちこちとさまよい歩くのを、いつまでもそのままにしておいてやるのじゃ。

一一一だが、かりに我らの方で彼らに天使を遣《つか》わし、死者が彼らに語りかけ、かつ我らがありとあらゆるものをその面前に整列させて見せたところで、それで信仰するような人間ではあるまい。尤も、アッラーがその気になり給えば別ではあるが。しかし大多数は全くの物知らずにすぎぬ。

一一二(お前にかぎらず)、我らはどの予言者にも同じように敵をつくっておいた。つまり人間や妖霊の悪魔どもを（設けておいた）。彼らはお互い同士、派手《はで》な美辞麗句《びじれいく》を吹きかけては騙《だま》し合う。神様がその気におなりになったら、彼らもあんなことはしなかろうに。されば、構《かま》うことはない、勝手にでたらめを言わしておくがよい。

一一三来世《らいせ》を信じない人たちの心が、その方に傾いて、それで満足できるのであるならば、それもよかろう。どうでもしたいようにするがよかろう。

一一四どうしてこのわしがアッラー以外の誰かに裁決を頼んだりできようか。折目《おりめ》正しいこの聖典を汝らに啓示して下さったお方ではないか。我ら（アッラー）が聖典を授けたほどの人なら、これ（『コーラン』）が神様のお手元《てもと》から真理《まこと》を以って下された啓典であることは誰でも知っているはず。だからお前は決して疑い深い人々の一人になってはならぬぞ。

一一五主《しゅ》のお言葉は、嘘を言わず曲ったことを言わぬことでは完全無欠。何者もそのお言葉を改変することはできぬ。耳敏《さと》く一切を知る御神におわします。

一一六もし地上の大多数の人間の言うことをきいたりすれば、必ずアッラーの道から誘い出されてしまう。彼らはただいいかげんな思惑《おもわく》で動いているだけ、ただ身勝手な当て推量をしているだけ。

一一七どの人間が道からはずれて迷っているか、それはアッラーが誰より一番よく御存知。また正しい道を辿《たど》って行く人々のことも（アッラー）が一番よく御存知。

二八アッラーの御名を唱《とな》えて（浄《きよ》めた食物は）遠慮なく食うがよい、もし汝らが本当に神兆を信じておるならば。

二九これ、どうした、アッラーの御名で祝福されたものを汝らなぜ食べないのか。やむをえぬ特別の場合を除いて食ってならぬものについては、すでに詳《くわ》しく説明して戴いてあるではないか。まことに何にも知りもしないで、ただ自分のいいかげんな気まぐれから（他人）を迷わす人間が何と多いもの。戒を犯《おか》す人のことはアッラーが一番よく御存知。

三〇汝ら、外面の罪も内面の罪もきっぱりと棄て去れ。すべて罪を獲《え》る者は、必ずその犯《おか》したところに従って報《むく》いを受ける。

三一アッラーの御名を唱えてない食物を食べてはならぬぞ。これは（アッラーの）御心に悖《もと》る行為。シャイターン（サタン）どもが自分の手下をそそのかして汝らに（この点について）議論をしかけさせるであろうが、もし彼らの言うことをきいたりしたら、汝らもたちまち偶像神の信徒になろうぞ。

三二これ、死んでいたものを我ら（アッラー）が生きかえらせ、そのうえ光を与えて人々の間を堂々と歩けるようにしてやった、その人が、譬えて言えばまず暗闇《くらやみ》の中に沈みこんで、二度とそこから出てこられぬ人間と同等であり得ようか。信なき者どもには、自分のしていることがそれほど立派に見えるのじゃ。

一二三また我らは、邑《まち》ごとに幾人か主だった人物を罪人にしたてて、そこで勝手に悪だくみをさせて見た。が、結局彼らの悪だくみにかかったのは当人だけであった、尤も自分では一向それに気がついていなかったが。

一二四神兆が現われると、彼らはきまってこう言ったものだ、「アッラーの使徒たち(昔の有名な予言者たち)が授かったのと同じようなものを貰わないうちは、絶対に信じないぞ」と。御告げをどこに置くか(誰を予言者に選んで託宣を人に伝えさせるか)はアッラーが一番よく御存知。罪を犯した者どもはいずれアッラーの御前ですっかり面目をつぶし、悪だくみをした罪として、はげしい懲《ちょう》戒《かい》を加えられよう。

一二五アッラーは、導いてやろうとお思いになる者があれば、その人の胸を拡げて回教《イスラーム》を(受け容《い》れ)やすくなし給う、が、迷わせてやろうとお思いになる者には、胸をぎゅっと抑《お》し縮《ちぢ》めて、まるで天にでもよじ登ろうとしている者のように(息苦しく)しておやりになる。アッラーは信仰を受け容れぬ者どもにはこれほど重い罪を加え給う。

二六さ、これがお前（マホメット）の神様の道。見よ、まっすぐにどこまでも行く。我ら（アッラー）はこうして、よく反省する人たちのために神兆を様々に説明してやった。二七彼らはいまに主のお傍で平安の宿を戴くことになるであろう。これもみんな彼らの（現世で）して来た（善行）の報《むく》い、（アッラー）がじきじきに彼らの面倒を見て下さる。


二八（アッラー）がみんな一緒に御前《ごぜん》にお召しになるその日（最後の審判の日）、「これ、妖霊《ジン》のやからよ、汝らずいぶん人間を（ひどく迷わした）ものだな」と仰しゃると、人間の中にもあの連中（ジンを指す）の仲よしがいて、「神様、私どもはお互いに利用し合って参りました。そうしてとうとう貴方が決めておかれた期限まで来てしまったわけでございます」と言う。すると「火（ゲヘナの火）が汝らの棲家《すみか》じゃ。永久にそこに住むがよい」との仰《おお》せ。尤もこれもアッラーの御心しだいではあるけれど。とにかくお前の神様はまことに賢明、すべてのことを知り給う。

二九こうして我らが、不義の徒《やから》は仲間同士で仲よしにしてやる。それも結局は自業自得《じごうじとく》。

三〇「これ、妖霊《ジン》と人間のやからよ、汝らのところには、すでに使徒が幾人も遣わされて来て、わしの神兆を語りきかせ、今日のこの日がやって来ることをくれぐれも注意してくれたはずではないか。」すると彼らの言うことには、「はい、私どもは自分の過《あやま》ちを証言いたします」と。すなわち彼らは、現世にすっかり騙《だま》されていた。それで、自分が信仰なき人間であったことを、自分で証言しなければならない。

一三一それというのも（前節に直接連絡しない、全く別の一節である）、もともと主《しゅ》は、住民たちがぼんやりしているうちに（何の警告も前もって与えないで）、やたらに邑をぶち壊すようなことをなさるお方ではない。一三二人間は誰でもその行為に従ってそれぞれに段階がある。人がどのようなことをしているか、アッラーは決してお見のがしになりはせぬ。

一三三主《しゅ》は完全に自立自足で、慈悲に満《み》ちた御神。ただその気になり給えば、忽ち汝らを掃蕩《そうとう》して、そのあとにはお好きな者を置き給う。丁度汝らを全然別の民族の胤《たね》から興し給うた時のように。

一三四汝らに約束されたことは必ず実現する。絶対に阻止することはできまいぞ。

一三五（人々に）言え、「これ、皆のもの、自分自分の力量に応じて行動せよ。わし自身も（自分の力に応じて）やっている。お前たち、いまにきっとわかるであろう。一三六終《つい》の住《すみ》処《か》(天国を指す)が結局誰のものになるかということが。不義の徒《やから》が栄《さか》える道理はない」と。

一三七(一三六)畑の作物や家畜をアッラーが創って下さると、彼らは、一部分だけ取りのけて、「これはアッラーに」などと自分勝手にきめこみ、「それから、こちらは我々(がアッラーと並べて拝んでいる)お仲間《なかま》様《さま》(偶像神のこと)に」などと言う。何たることか、それでは、お仲間様の分はアッラーの御《お》手《て》元《もと》には届かず、アッラーの分だけはお仲間様のところへ流れて行ってしまうわけではないか。まことに不当な決め方ではないか。

一三八そればかりか、彼らのあのお仲間様は、多くの偶像信者を誘惑して我が子を殺す(古代アラビアの風俗の一つで、いわゆる人身御供として子供を殺した)ようにしむけ、それで人々を滅亡させ、人々の宗教をかき乱そうとした。尤も彼らにしても、アッラーがその気になり給えば、あのようなことはしなかったであろう(すべてはアッラーの御意志である)。されば、構《かま》わず勝手なことをさせておくがよい。

一三九(一三八)彼らは「これこれの家畜と畑(の作物)は神聖物(神に捧げた特別のもの)だから、我々の許す者以外は絶対に食ってはならんぞ」などと自分勝手にきめこんだり、背中が禁忌《きんき》になっている家畜(荷を積んだり乗ったりしてはいけない獣。前章、一〇二節に詳しく出ている)や、また(屠殺するとき)アッラーの御名を唱《とな》えない(偶像用の)家畜をつくったりする。みな根も葉もない作りごと。このようないいかげんな嘘を言った罰としていまに(アッラーが)充分に御褒美《ごほうび》を下さろう。

一四〇(一三九)彼らはまた、「この家畜の胎内《たいない》のものは、男子専用で、女どもには御法度《ごはっと》である。だが、もし死んで（生れた）場合は、誰でもみんな一緒に与《あず》かってよろしい」などと言う。（勝手なことを）述べたてた罰で、いまに（アッラーから）充分に御褒美を頂戴することであろう。賢明で一切を知り給う神様だから。

一四一（一四〇）何にも知らぬままに愚《おろ》かにも我が子を殺して（神に捧《ささ》げたり）した者こそまったく馬鹿を見たもの。それからまた、アッラー曰《いわ》くと称していいかげんなでたらめをでっち上げ、せっかく授けて頂いた（食物）を禁忌にした人々も。完全に道を踏みあやまり、正しい御導きに従わなかった。

一四二（一四一）葡萄棚《ぶどうだな》を備えた果樹園《かじゅえん》、棚のない果樹園、それから棕櫚《しゅろ》の樹《き》、さまざまな作物を生む畑、橄欖《かんらん》、柘榴《ざくろ》、互いに似ているもの、似ていないもの、すべてこれらのものを作って下さったのは（アッラー）御自身であるぞ。さ、実を結んだなら遠慮なく食うがよい。ただ収穫の日に、差出すべきもの（定められた額の現物税）は（規定通り）出すことを忘れずに。浪費してはならぬ。無駄使いする人間を、アッラーは好み給わぬぞ。

一四三（一四二）それから家畜では、荷積《にづ》み用《よう》にせよ屠殺用《とさつよう》にせよ、アッラーが授けて下さったものは遠慮なく食ってよろし。決してシャイターン（サタン）の後について行ってはならぬ。あれは本当に汝らのまぎれもない敵なのだから。

一四四(一四三)(回教以前の古代アラビア沙漠には、家畜を食用に供する場合、非常に複雑な、迷信的な規定があった)ここに八組の番《つがい》がある。まず羊が二組、
山羊が二組。(異教徒どもに)言ってやるがよい、「牡が二匹禁忌なのか、それとも牝《めす》二
匹なのか。それともまた牝二匹の胎内にあるものがそうなのか。お前たちの言うことが
本当なら、この点について確実な答えを戴きたいもの」と。
一四五(一四四)次に駱駝《らくだ》が二組、
牛が二組。言ってやるがよい、「牡が二匹禁忌なのか、それとも牝が二匹なのか。それ
ともまた牝二匹の胎内にあるものがそうなのか。一体お前たち、アッラーがそのような
ことを命令なさるところに居合わせたのか。アッラー曰《いわ》くと称していいかげんなでたら
めを言い、何も知りもしないくせに人々を迷わそうとかかる、それほど性《たち》の悪い者はな
い。まことにアッラーは、不義の徒《やから》など絶対に導いては下さらぬ。」
一四六(一四五)宣言せよ、「わしに啓示されたもの(『コーラン』)の中には、死肉、流れ出た血、豚の
肉——これは全くの穢《けが》れもの——それにアッラー以外の(邪神)に捧げられた不浄物《ふじょうぶつ》、こ
れらを除いては何を食べても禁忌ということにはなっていない。そればかりか、(たと
いこれらの不浄物でも)、別に自分で食気《くいけ》を起したとか、ただやたらに規則に叛《そむ》きたく
てするのではなしに、やむを得ず(食ってしまった)場合には、神様は(大目《おおめ》に見て下さ
る)。よくお赦《ゆる》しになる情深《なさけぶか》いお方だから。」

一四七(一四六)だがユダヤ教の人々には、(回教徒より規定を重くして)爪牙《そうが》をもつ動物は一《いっ》切御《さいご》法度《はっと》にしておいた。また牛や羊でも、脂肉《あぶらみ》は、背中の上部と内臓のところ、それから骨にからんでいる部分を除き御法度にしておいた。これは、彼らが不遜《ふそん》だからその報いじゃ。我ら(アッラー)の言葉はことごとく本当のこと。

一四八(一四七)それで、もし彼らがお前を嘘つきだと言ったら、言い返してやるがよい、「お前たちの神様は全く宏大《こうだい》な慈愛をもち給う。だが、ひとたび罪深い民族にその御力(破壊の力)が加えられるときは、何びともそれを押し返すことはできはせぬ」と。

一四九(一四八)偶像信者どもはいまにきっと「もしアッラーの御《み》心ならば我々にしても、また我々の父祖にしても多神教徒にはならなかったろうし、何もこんなに禁忌をつくりもしなかったろう」などと言い出すにきまっている。彼らの以前に(世に栄《さか》えた)人々もやはりあのように散々(神の啓示を)嘘《うそ》よばわりしたあげく、ついに我ら(アッラー)の腕力《わんりょく》をいやというほど味わされる仕儀《しぎ》となったものだ。言ってやるがよい、「これ、お前たち確たる知識があるのか。あるなら、さ、ここへ出して見せるがよい。どうせ、ああだろうこうだろうと当て推量しているだけではないか。要するにいいかげんな臆測《おくそく》をしているだけではないか」と。一五〇(一四九)言ってやるがよい、「最後のきめ手はアッラーのもの。もしその気にさえなり給えば、お前たちも一人のこらず正しい道にお連《つ》れになったであろうよ。」

一五一〔一五〇〕言ってやるがよい、「さあ、お前たちの証人をここへ連れて来て、これ（上述、異教時代の食物に関する複雑な禁忌）はアッラーが禁止されたものだという証言をさせてみるがいい。」万が一その者どもが本当にそのような証言をしても、お前（マホメット）まで一緒になって証言したりしてはいけないぞ。かりにも我らの神兆を嘘よばわりした者ども、来世を信じようともせず、主《しゅ》のほかに同等の（神々）を認めるような者どもの思惑《おもわく》にお前までがつり込まれたりしてはならぬぞ。

一五二〔一五一〕言ってやるがよい、「さ、ここへおいで、お前たちの神様が禁止なさったことを言ってきかせるから。まず（アッラー）のほかに一切神を認めないこと。次に両親にはやさしくして、いくら貧乏でも自分の子供を殺さぬこと（古代アラビアでは、食えない場合は子供――特に女の子――は殺す習慣があった）。お前たち自身も子供たちも我ら（アッラー）が養ってやる。外に現われることでも、心の内のことでも、ともかく汚穢《おわい》には近づかぬよう。それからアッラーが禁じ給うた生命（生きた人間）は、特に許された場合（例えば戦争の時など）以外は絶対に殺害せぬこと。さ、これがお前たちにたいするアッラーの御命令。これもみなお前たちにものを分らせてやろうとてし給うたこと。

一五三(一五二)それからまた、孤児《みなしご》の財産(の保管者になった場合)はその子が成年に達するまで決してそれに手を出してはいかん。尤も改善してやるためならよいが。また、(取り引きの際は)枡目《ますめ》や目方《めかた》は公正にはかること。我らは誰にも無理な重荷《おもに》を負《お》わせたりはしない。それから、何か意見を吐《は》く時には、たとえ相手が近い縁者であっても、必ず公平な態度をとるようにせよ。またアッラーとの契約は必ず果《はた》すよう。さ、これがお前たちにたいするアッラーの御命令。これもみなお前たちに反省させてやろうとしてし給うたこと。

一五四(一五三)これこそ我が道。どこまでも真すぐに続く。さ、(この道)を歩いて行け。いろいろな横道にはいりこんではならぬ。そのようなことをしておると、アッラーの道からだんだん離れてしまう。さ、これがお前たちにたいする御命令。これもみなお前たちに懼神《くしん》の念を抱かせようとしてし給うたこと。」

一五五(一五四)それから我らはムーサー(モーセ)に聖典(法律を指す)を授けた。これは善行をなす者のための完全無欠な(聖典)であり、あらゆることを説き明かすもの、正しい導き、御慈悲であった。神様との対面(最後の審判を指す)を人々が信ずるようになるかもしれぬとて(授けた)もの。

一五六(一五五)またこれ(『コーラン』を指す)は、特に我らが啓示した有難い啓典であるぞ。さ、その(教え)に従うのじゃ。神を懼れまつれ。さすれば必ず汝らも御慈悲を戴けるようになる。
一五七(一五六)「聖典というものは、わしらより前にただ二つの宗派(ユダヤ教徒とキリスト教徒)に下されたただ
けだが、わしらは、実のところ、どちらの読んでいるものにも無関心であった」などと
いうことにならぬように。一五八(一五七)また「もしもわしらに聖典が下されておったなら、
きっと彼らよりもっと立派な信徒にもなれただろうに」などということにならぬように。
現にこうして汝らのところへも、神様のお手もとから明白な徴《しるし》が、御導きが、御慈悲が
現われておる。それなのにアッラーの神兆を嘘よばわりして、よそ向いてしまうとは、
これほど性悪《しょうわる》なことがあるものか。我らが神兆を示すとよそ向いてしまう者どもには、
いまに恐ろしい懲罰《ちょうばつ》の御褒美をくれてやろうぞ。よそ向いた報いとして。
一五九(一五八)何たることか、彼らは、天使が自分のところへ現われるとか、主《しゅ》が御自身で
出ておいでになるとか、または何か或る(特別の)神兆(普通にマホメットが「アッラーの奇蹟」と称しているようなものでなく、もっと劇烈な奇
蹟)でも起らなくては承知できないとでも言うのか。だが主のそのような神兆が本当に
起るその日には、それまで信じてもいなかったのに、信じて善行を積んだわけでもない
のに、あわてて信仰して見たところでなんの役に立つものか。言ってやるがよい、「ま
あ、待っておれ、我々の方でも待っているから」(審判の日まで待ってみれば、どちらが正しいかはっきりわかる)。

一六〇(一五九)己《おの》が宗教を分裂させて、派閥《はばつ》をなした人々、あのような徒《やから》とお前(マホメット)は何のかかわりもありはせぬ。彼らのことは一切アッラーにおまかせしておけ。いまに(審判の日に)彼らの(現世で)して来たことがどのようなものかを、(アッラー)御自ら詳《くわ》しく彼らに話しておきかせになるであろう。

一六一(一六〇)誰でも善行を一つ持って(アッラーの御前に)来れば、それと同じようなものを十倍にして返して戴けるが、よからぬ行いを持って来れば、それと同じような(いやな)ものを御褒美に戴くだけ。当然の報《むく》いしか受けることはない。

一六二(一六一)言ってやるがよい、「わしは、神様がまっすぐな道に導いて下さった。(その道こそは)正しい宗教、イブラーヒーム(アブラハム)の信仰だ。彼は純正な信仰の人だった、偶像崇拝者のたぐいではなかった」と。

一六三(一六二)言ってやるがよい、「我が祈りも、我が勤行《ごんぎょう》も、我が生も、我が死も、すべては挙げて万有の主、アッラーに属す。(一六三)彼(アッラー)とならんで他の神はない。わしはこのように申しつけられておる。わしは敬虔な信仰者の中の筆頭だ」と。

一六四言ってやるがよい、「このわしがアッラーをさしおいて他に主を求めてどうしよう、(アッラーこそ)ありとあらゆるものの主であらせられるのに」と。誰でも自分の稼《かせ》ぐだけのものが自分の勘定《かんじょう》につくだけのこと、いくら荷物（善行、悪行の責任）を背負《せお》わされたところで、他人の荷物まで背負わされることはない。やがて汝らみな神様のお傍《そば》に召《め》し還《かえ》されて、（現世で）言い争いしていた問題の（帰結）をきかせて戴くことになるであろうよ。

一六五
汝らを立てて地上における（神の）代理者となし、また汝らの間にいくつも上下の段階をおつけになったのは、ほかならぬ（アッラー）御自身。こうして汝らに（恩寵《おんちょう》を）授け、それで汝らを試《こころ》み給う。まことに主は、懲罰《ちょうばつ》の御手も早いが、しかしまた、大変に赦《ゆる》すことのお好きな、お情深い方でもあらせられる。

七　胸　壁　——メッカ啓示、全二〇五〔二〇六〕節——

慈悲ふかく慈愛あまねきアッラーの御名において……

一アリフ・ラーム・ミーム・サード（この不可解な文字については第二章の初め参照）。〔二〕これぞお前（マホメット）に啓示された聖典であるぞ。ゆめ思いまどうてはならぬ。これによってお前が（人々に）警告を与えることができるよう、また信仰ある者どもにとっては常に（正しい信仰を）憶《おも》い起させるよすがともなるように（とて下されたもの）。

二〔三〕汝ら、神様から下されたところに忠実に従って行けよ。（アッラー）をさしおいて他の仲間のあとについて行ってはならぬ。まことに汝らは反省の少い者ども。

三〔四〕我ら（アッラー）の壊《こわ》した邑《まち》が今までにいくつあったことか。我らの力は、夜、みなが寝こんでいる時や、昼寝の真最中《まっさいちゅう》に突如《とつじょ》、襲《おそ》いかかった。四〔五〕そして我らの力が襲いかかった時、みなが大声あげて叫んだ言葉は、「本当に私どもが悪うございました」と。

五〔六〕必ず必ず、使徒《しと》を遣《つか》わされた人々は残らず我ら審問しようぞ。必ず必ず、使徒として遣わされた人々も審問しようぞ。六〔七〕そして（彼らのして来たことを）全部知っているままに一々語ってきかせてやる。我らは（いつどこにでも）必ず居合わせておったのだから。

七〔八〕その日の秤《はか》りは正確そのもの。量目《りょうもく》が重く下った人は間違いなく栄達の道につく、八〔九〕がそのかわり量目の軽かった者は、結局我らの神兆に害《あだ》をしかけたその罪で、自分自身を台なしにしてしまったということになろう。

九〔一〇〕我らは汝らをこれこの通り大地にしっかり据《す》えつけてやった。食いしろも充分そこに備《そな》えてやった。それなのに、有難いとも思わないのか。

一〇〔一一〕我らは汝らを創《つく》り出し、その形を作りととのえておいて、天使たちに「跪《ひざまず》いてアーダム（アダム）を拝せよ」と命じたところが、一同跪いたのにイブリース（前出、悪魔、すなわちサタンのこと）だけは別で、みなと一緒に跪かなかった。一一〔一二〕「なにゆえあって汝だけは跪かんのか。わしがこうして命じておるのに」と仰しゃる（ここで急に人称が三人称にかわる。やはりアッラーが主語である。）と、「私の方があんな者より上等です。貴方《あなた》は私を火でお作りになりました。だが彼は泥でお作りになったではありませんか」と言う。

一二〔一三〕「よしそれでは汝らここから落ちて行け。ここ（天上界）は汝ごとき者が威張《いば》りちらすところではない。さあ、出て行け。まったく汝は見下《みさ》げはてた奴」と仰しゃる。一三

〔一四〕「暫く御猶予《ごゆうよ》願えませんか。彼ら（人間ども）が喚《よ》び起されるその日（復活の日）まで」と言う。一四
〔一五〕「それならば、汝にも猶予を与えよう」と仰しゃる。
一五〔一六〕すると彼が言うことに、「おかげでとんだ横道に迷いこんでしまいましたその仕
返しに、私は貴方のまっすぐな道（回教の信仰）の途中で人間どもを待ち伏せしてやりますぞ。
一六〔一七〕そして前から、後《うし》ろから、右から、左から、彼らに襲いかかってやりますぞ。大
部分は感謝の気持（神にたいする敬虔な気持）などすっかりなくしてしまいましょう。」一七〔一八〕すると（ア
ッラーは）仰しゃった、「さげすまれ逐い立てられて出て行くがいい。また、汝について
行くような人間は……。いまにジャハンナム（ゲヘナの火）を汝らで一杯《いっぱい》にしてやろうぞ」と。
一八〔一九〕「これ、アーダム（アダム）、汝と妻とはこの楽園に住むのじゃ。なんなりと好きな
ものを食ってよいぞ。だが、この木にだけは決して近寄るなよ。さもないと不義の徒《やから》と
なろうぞ」
一九〔二〇〕しかるにシャイターン（サタン）が二人にこそこそと耳語《じご》して、今まで見えなかった
二人の陰部を二人の目にむき出しにして見せようとかかってきた。そして「神様がこの
木に近寄ってはならんと言ったのは、お前たち二人に天使になられたり、不老不死の身
になられたりしてはこまるからだ」と言ってきかせた。二〇〔二一〕そして二人に向って「こ

のわしは本当に心からお前たちのためを思って忠告しているのだ」と誓言までして見せた。

二一〔二二〕こうして、彼は二人をまんまとたらし込んでしまった。二人がその木（の実）を味わうやいなや、忽ち二人の目には自分たちの陰部がむき出しに見えだしたので、あわてて楽園の木の葉を縫い合せて身を覆《おお》った。そこで神様は二人に呼びかけ給うた、「さればこそこの木にだけは近寄るなよとあれほど言いつけておいたではないか。シャイターンは汝ら二人の公然の敵だと言ってきかせたではないか。」

二二〔二三〕すると二人が申すには、「神様、私どもはわれとわが身に害を加えてしまいました。ここでもしお赦《ゆる》し戴けなければ、御慈悲をかけて戴けなければ、たしかに私どもはもう浮ばれませぬ」と。

二三〔二四〕すると、「落ちて行け（ここではもう複数になっている。アダムとイヴの二人だけでなくその子孫たる人類全体を考えているのである）、お互い同士で敵となれ。汝らには地上にかりの宿とただひと時の楽しみが用意してある」との仰せ。

二四〔二五〕そして、仰せられるには、「そこが汝らの生きる場所、そこで死に、そこからいずれ（審判の日）曳《ひ》き出されるのじゃ」と。

二五〔二六〕これよくきけ、アーダムの子らよ。我らは汝らに陰部をかくす着物を授け、また羽毛（素晴しい晴着）を授けた。だがこれよりはるかにまさるは懼神《くしん》（信仰）という着物。それこそはまぎれもないアッラーのお徴《しるし》の一つ。これでどうにか気がつかぬものか。

二六〔二七〕これよくきけ、アーダムの子等よ。汝らシャイターンに騙《だま》されないようにせよ。彼が汝らの両親（アダムとイヴ）を楽園から追い出し、着物をはぎとって陰部をむき出しにしてしまったあの時のように。確かに彼は見ておるぞ。汝らの方からは見えないところで、彼とその一族は汝らをじっと見ておるぞ。これはすなわち我ら（アッラー）が、シャイターンどもを、無信仰な人間の仲間に指定したからじゃ。

二七〔二八〕何か破廉恥《はれんち》なことをやるたびに、彼ら（無信仰な人達）は「しかしわしらの先祖様もこうやっていたのですもの。アッラーがそうせよと命令なさったのです」と言う。言ってやるがよい、「アッラーがどうして破廉恥《はれんち》など命令なさるものか。これ、お前たち、アッラーがどうこうと、知りもしないでいいかげんなことを言うつもりか」と。

二八〔二九〕言ってやれ、「神様が命令なさったのは正義だぞ。お前たちどこの礼拝所でも必ず顔をしっかり（アッラーの方に）向けてお祈りし、まごころのかぎりを尽《つく》してお信じ申し上げなければならぬ。初めにお前たちをお創《つく》り下さったそのように、いずれみなみもとに還《かえ》って行く。〔三〇〕一部の者は正しい道に導いて戴いた、がまた当然、迷妄《めいもう》に陥《おちい》った者もある。彼らはアッラーをさしおいてシャイターン（サタン）どもと仲間になり、それで、正しい道を歩《あゆ》んでいるつもりであった。」

二九(三一)これ、アーダムの子らよ、いずこの礼拝所でも、祈るときは、きれいに身を飾って来い。思いのままに飲み食いするがよい。だが決して度を過さぬように。(神様は)度を過す人々を好み給わない。

三〇(三二)言ってやるがよい、「アッラーがせっかく奴隷たち(信徒を指す)のために作って下さった装身具《そうしんぐ》を禁止したり、おいしい食べものを禁止したりしたのは誰だ。」言ってやるがよい、「こういうもの(美しい装身具やおいしい食物)は、復活《よみがえり》の日には、現世で信仰深かった人たちの専有になるがよい。」こうして我らはいろいろな神兆《しんちょう》を、もののわかった人たちに説き聞かせてる。

三一(三三)言ってやるがよい、「神様が禁止なさったものといえば、破廉恥《はれんち》、これは外に現われたのでも内にかくれたのでもいけない。次に罪、それからいわれのない傲慢不遜《ごうまんふそん》、それからなんの権能《けんのう》も戴いていないのにアッラーとならべて他の(邪神ども)を崇拝すること。それからアッラーに関して自分の知りもせぬことを喋《しゃべ》りちらすこと。これだけだ」と。

三二(三四)どの民族にも予《あらかじ》め定《さだ》まった期限というものがある。いよいよその期限が来たとなったら、ただの一時間すら遅らすことも早めることもできはしない。

三三〔三五〕これ、アーダムの子らよ、汝らの中から選び出された使徒がやって来て、汝らにわしの神兆を語って来かせるような場合、それで懼神の念を抱き、行いを正しくする者は、もう何も怖《こわ》いことはなく、決して悲しい目に遇《あ》うこともなかろうぞ。三四〔三六〕だが、我ら（前節では単数で「わし」となっていた。同じアッラーの自称）の神兆を嘘よばわりして、それに傲慢《ごうまん》な態度を見せるような者ども、そういう者どもは全部（地獄の）火の住人となって、永久にそこに住みつくことになる。

三五〔三七〕それにしても、アッラー曰《いわ》くと称していいかげんなでたらめを言い、その下し給う神兆を嘘よばわりする人ほど悪い人間がどこにあろう。そのような者どもには聖典に規定されている通りの分け前（運命）が必ずめぐってこようぞ。やがて我らの遣《つか》わす者（死をつかさどる天使）が訪れて、彼らを召す時、「汝ら、アッラーをさしおいて（ほかのものに）一生懸命祈っておったが、そのものどもはどこにいるのか」と訊《たず》ねると、「わしらをおきざりにして、みんなどこかへ行ってしまいました」と言う。すなわち、自分たちが無信仰者であったことを自分から証言せねばならなくなる。

三六〔三八〕（するとアッラーが）仰しゃる、「汝らより以前に（地上から）過ぎ去ったさまざまな民族、人間もあれば妖霊《ジン》もある、あの中に汝らもはいって行くのじゃ、さ、火（ゲヘナ）の中にはいって行くのじゃ」と。こうして新しい一団がはいって行くと、必ず（前にはいった)姉妹団体を呪詛《じゅそ》する(お前たちに騙されてこんなところへ来てしまったと言って非難するのである)。そして次から次、みんなそ
こにはいりきってしまった時、最後に来たものが最初の連中を指して、「神様、この者
どもです、私どもを騙《だま》したのは。火あぶりの刑を二倍ほど与えてやって下さいますよ
う」と言う。すると、「いや、誰にもみな二倍与えようぞ。汝らには何んのことかわか
らないであろうけれど」と仰しゃる。
三七〔三九〕すると今度は最初に来た連中が最後の連中に、「それ見ろ、お前たちが我々より
得《とく》できるはずはない。みんな自分で稼《かせ》いだものの報《むく》いだ、さ、充分に天罰を味わうがよ
かろう」と言う。
三八〔四〇〕おい、よく聞け。我らの神兆を嘘よばわりして、傲慢《ごうまん》な態度をとった人々、そ
のような者どもには天の扉は絶対に開かれぬ、天国には絶対に入ることはできぬ。駱駝《らくだ》
が針の穴を通らぬかぎりはな(『新約聖書』の有名な形象。「マタイ伝」第一九章、二四節其他)。こうして我らは罪人どもに報《むく》い
を与える。三九〔四一〕ジャハンナム(ゲヘナ)の火がその寝床。そこへ上から蓋《ふた》をしてやる。これ
が不義の徒《やから》の当然の報い。
四〇〔四二〕だが、信仰深く、義《ただ》しいことを行う人々は……。我らは別に誰にもその能力以
上のことをさせるつもりはない。そういう人間ならみな楽園の住人にして、永久にそこ
に住みつかせよう。四一〔四三〕胸の中にひそむ怨恨《えんこん》は取りのけて戴き、足下には潺々《せんせん》たる小

川の流れ。彼らは言うだろう、「ああなんという有難いことか、アッラーが我々をここまで連《つ》れて来て下さったとは。もしアッラーのお手引きがなかったなら、我々は道に迷ってしまっただろうに。まったく今にして思えば、神様の使徒たちの言ったことはみな本当であった」と。すると、どこからともなく声が響いて来る、「さあ、これが楽園じゃ。汝らのなしてきたことにめでて、これを汝らのものとして授けるのじゃ。」

四二(四四)楽園の住人たちは劫火《ごうか》の住人たちに言うだろう、「神様がわしらに約束し給うたことは、やっぱり本当だった。お前たちの神様がお前たちに約束し給うたことは本当だったか」と。すると、「うん」と答える。その時、何者か亮々《りょうりょう》と叫ぶ声あって一同に告げるのだ、「アッラーの呪詛《じゅそ》、この極悪人《ごくあくにん》達のうえにふりかかれ。四三(四五)恐れ多くもアッラーの道を塞《ふさ》ぎ、それ(まっすぐなその道)を曲げようとしたばかりか、来世を信じようともしなかった不埒《ふらち》な者ども。」

四四(四六)両方(天国と地獄)の間は帳《とばり》で隔《へだ》てられ、(中間の)胸壁《きょうへき》(胸壁はいわば煉獄である)の上には両方の人たちを一目《ひとめ》でそれと見分けることのできる人々がいて、楽園に行く人たちに声をかけ、「おめでとう」という。これは自分もそこにはいりたいと願っておるのだが、はいれない人々。

四五(四七)次に彼らの目が劫火《ごうか》の住人の方に向くと、「神様、なにとぞ私どもをこの極道者《ごくどうもの》たちと一緒に置かないで下さいまし」と言う。

四六〔四八〕こうして胸壁の上の人々は、人をその目じるしで見分けて呼びかける、「君たち(現世では財を)積み上げ、大いに自慢していたけれど、そんなものは結局なんの役にも立たなかった。四七〔四九〕この人たち(とよい人々を指さして)のことではなかったか、君たちの説では絶対にアッラーの恩寵《おんちょう》には与《あずか》れないはずだったのは。(今度はその善人たちの方に向きなおって言う)さ、皆さん楽園におはいり下さい。貴方《あなた》がたはもう何も怖いことはありません。悲しい目にお遇いになることもありますまい。」

四八〔五〇〕劫火《ごうか》の中にいる連中は楽園の人たちに声をかけ、「水でも、アッラーが貴方がたに授けて下さったもの(天国の楽園にみのる果実)でも、どちらでも結構ですから、私たちの上に注《そそ》ぎかけて下され」と言う。するとこちらは、「ところが信仰のない人々にはどちらもやってはいけないとのアッラーの御命令だ」と答える。四九〔五一〕「宗教を気晴らしか遊びごとと考えて、現世の生活にすっかり眩惑《げんわく》されてしまった人々には。」今日という今日は(今、最後の審判の日が来たような気持)、我ら(アッラー)の方でも彼らを忘れてやる、丁度(現世にいた時分)彼らがこの日の対面を忘れ果て、我らの神兆を認めようともしなかったように。

五〇〔五二〕だが我らの方では、彼らにも聖典を授け、しかも確実な知識に基いて詳《くわ》しく説明し、信仰ある人々への導きとも恵《めぐ》みともなるように取りはからっておいたのだぞ。五一

〔五三〕今は彼らもその（聖典の）解《と》き明《あ》かし（そこに説かれていることが全部実現して、その意味がおのずから完全に解明されること）を待つほかはなかろう。だが解き明かしが来るその日（この世の終末の日）、以前それを忘れていた人々も「なるほど、神様のお使いの方々が言ったことはみな本当だった。とすると、誰か我々のために執成《とりな》してくれる仲裁者でもないものか。それとも、も一度（地上に）戻らせては貰えないものか。そうすれば、今までとは全然別のやり方するのだが」などと言うことだろう。だが既に取りかえしつきはせぬ。空想で造り上げていたもの（邪神たちを指す）が急に姿を消してしまった今となっては。

五二〔五四〕まこと、汝の主《しゅ》はアッラーであるぞ。天と地とを六日で創《つく》り、（創造が終ると）それから高御《たかみ》座《くら》につき、昼を夜で覆《おお》い給えば、夜は昼を休みなくせっせと逐《お》って行く。太陽も月も星々もその御言葉のまま。ああ、まこと、創造の業と（天地の）支配が（アッラー）のものでなくてなんとしよう。讃《たた》えあれかし、万有の主、アッラーに。

五三〔五五〕さ、汝ら、つつましやかに、ひそやかに、主に祈りを捧げるのじゃ。（アッラーは）御《み》教《おし》えに背《そむ》く人間を好み給わぬぞ。

五四〔五六〕せっかく立派になったものを、また地上に壊乱《かいらん》をひき起したりしてはならないぞ。さ、汝ら、恐れおののきつつ、熱烈に、お祈り申すがよい。まこと、アッラーの御慈悲は善行をなす人々の身近《みぢか》にある。

五五〔五七〕また（アッラー）は烈風を送って、お恵《めぐ》み（雨を指す）の嬉しい前触《まえぶ》れとなし給う。そして、その（風に）重い雲が山と積み上がるのを待って、（枯）死した地方へ駆《か》って行き、我ら（例によって三人称から急に一人称にかわる。同じくアッラーである）はそれで水を降らせ、ありとあらゆる果実をみのらせる。このようにしていまに我らは死者を（墓穴から）曳《ひ》き出すであろうぞ。これで少しは汝らも気がつくか。

五六〔五八〕よい土地は、神様のお許しで草木もよく伸びよう。が、悪い土地は、ほんの僅かしか芽を出すまい。我らはこうして感謝の心ある（信仰深い）人々のためにいろいろ神兆を説き明かしておる。

五七〔五九〕我らはその昔、ヌーフ（ノア）をその民に遣《つか》わした。その時、彼が「これ、みなの者、アッラーにお仕《つか》え申せ。そのほかにお前たちの神はないのだから。わしは、ほんとに、お前たちのために大変な日（最後の審判の日）の天罰のことを心配しておるのだ」と言うと、五八〔六〇〕部族の長老たちは、「いや、いや、わしらの見るところ、お前は明らかに間違っておる」と言う。

五九〔六一〕(するとノアは)言う「これ、みなの者、どうしてわしが間違っておるものか。とんでもない。このわしは、忝《かたじけ》なくも万有の主のお遣わし人。六〇〔六二〕わしはお前たちに主の御《お》託宣《たくせん》を伝え、お前たちに忠告しに来たのだ。わしはお前たちの知らないことをアッラーから伺《うかが》っておる。

六一〔六三〕さては、主のお告げともあろうものが、お前たちと同じただの人間を通してやってくるので怪《あや》しんでおるのだな。(ただの人間)がお前たちに警告したり、それでお前たちに懼神《くしん》の念を抱かせて(アッラーの)御慈悲を頂戴できるようにしてやろうとしたりするのを。」

六二〔六四〕こうして彼らは彼を嘘つき扱いしたので、我らは彼とその一党を舟に乗せて救い出し(ノアの箱舟の説話である)、我らの神兆を嘘よばわりした者どもは全部溺死《できし》させてしまった。まことに目先のきかぬ徒《やから》であった。

六三〔六五〕またアード族(これは伝説上の北アラビア先住民族の一で、巨大な体軀をもち、偶像を崇拝し、あらゆる罪悪に沈淪したと言われる)には彼らの血を分けたフードを(予言者として遣わした)。彼が言うには、「これ、みなの者、アッラーに仕《つか》えまつれ。そのほかにお前たちの神はないのだから。お前たち、神を懼《おそ》れる気持をもってはいないのか」と。

六四〔六六〕するとこの民の中で信仰なき長老どもが、「いや、わしらの見るところ、お前は確かに頭がどうかしておる。わしらの考えではお前は確かに嘘つきのやからじゃ」と言う。

六五〔六七〕(フード)が言うに、「これ、みなの者、わしは頭など狂ってはいない。とんでもない。このわしは、忝《かたじけ》なくも万有の主《しゅ》のお遣わし人。六六〔六八〕わしはお前たちに主の御託宣を伝えに来た。わしはお前たちの誠実な忠告者。六七さては、主のお告げともあろうものが、お前たちと同じただの人間を通してやって来てそれでお前たちに警告したりするので怪しんでおるのだな。憶《おも》い起すがよい、(アッラー)がお前たちをヌーフ(ノア)の一族のあとがまとしてお立てになった上、大きな体格にして下さった時のことを。それからまたアッラーの数々のお恵《めぐ》みを憶い起してみるがよい。そしたらきっとお前たちも栄達の道に進むようになるかも知れぬ。」

六八〔七〇〕すると彼らが言うには、「お前、我々にアッラーだけを崇《あが》めさせようとしてやって来たのか。御先祖様が崇めていたもの(偶像神)を全部棄てさせようというのか。よし、それならお前がいまに必ず我々にふりかかって来ると言うその(天罰)とやらを、さ、ここで起して見せるがいい。もしその言葉に嘘いつわりがないならば。」

六九〔七一〕彼は言う、「主の御怒りと瞋恚《しんい》とは、もうとっくにお前たちの頭上にふりかかっておる。お前たち、自分や先祖が勝手につけた名前（古代アラビア人は多くの偶像神を崇拝していたが、そのようなものは、ただ空の名前だけに過ぎない）についてこのわしと議論するつもりになっておるのか。あんなものには全然アッラーの保証もありはせぬ。ま、待っているがいい、わしも一緒に待っているから」（最後の審判の日までお互いに待ってみよう）。

七〇〔七二〕こうして我らは彼と彼の一党を特別の思召《おぼしめ》しで救ってやった。だが、我らの神兆を嘘よばわりして、信仰しようともしなかった者どもは、ばっさりと後を裁《た》ち切ってしまった。

七一〔七三〕またサムード族（前のアード族と同じく古代アラビアに住んでいたと伝えられる種族の名。これも多分に伝説的であるが、しかしアード族よりはその実在性が歴史的に確かな点がある）には彼らの血を分けたサーリフを（遣わした）。彼が言うには、「これ、みなの者、アッラーに仕えまつれ。そのほかにお前たちの神はない。さあ、神様のところから、まぎれもないお徴《しるし》が一つ現れたぞ。ごらん、これはアッラーの牝駱駝《めすらくだ》だ、神兆として特にお前たちに賜ったものだ。アッラーのこの大地の上で勝手に何でも食べるよう放っておけよ。決してこれに害《あだ》してはならぬぞ、それはひどい天罰をこうむるから。七二〔七四〕よく憶《おも》いだしてごらん、（アッラーが）お前たちをアード族のあとに据《す》えて、地上に棲家《すみか》を作って下さった時のことを。ためにお前たち、平野《へいや》には城廓《じょうかく》を設《もう》け、また山を刻《きざ》んで家にすることができた。こういうアッラーの数々のお恵みを憶い起してみるがよい。地上でよからぬことをして、壊乱をまきちらしてはならぬぞ。」

七三〔七五〕この民の中でも特に傲慢《ごうまん》な長老たちが、軽視されていた人々、すなわち（サーリフを）信じた人たちに言った、「サーリフが神様から遣わされて来たという確かな証拠でもあるのか」と。すると「私たちは彼が託されて来た御告げを信じております」と言う。

七四〔七六〕傲慢《ごうまん》な者どもは、「お前たちの信じているものなどわしらは信じないぞ」と言う。

七五〔七七〕そして彼らは牝駱駝の膕腱《かくけん》をぶっつり切り（これは駱駝を屠る時の第一段の行為である）、主の御命令を横柄《おうへい》に拒《しりぞ》けて、「おい、サーリフ、わしらにふりかかってくるというその（天罰）とやらを、さ、たった今ここで起して見せるがいい、もしお前が本当に神の遣わし人なら」と言った。

七六〔七八〕するとたちまち大地震が襲って来て、翌朝になって見たら、彼らはみんな家の中で潰《つぶ》れておったわ。

七七〔七九〕そこで彼（サーリフ）は彼らに背を向け、「わしはお前たちに主の御言葉を伝えたし、真心をもって忠告もした。だが、お前たちは真面目《まじめ》な忠告者が好きでないらしいな」と言った。

七八〔八〇〕次はロト（ソドムとゴモラの説話で有名な『旧約聖書』の「創世記」のロトであるが、『コーラン』では彼は神の託宣を伝えるべく遣わされた予言者となっている）。彼がその民に向ってこう言った時のことだ、「これ、お前たち、世界中の誰一人いまだかつて犯したこともないような破廉恥《はれんち》（色男）をしておるのだな。七九〔八一〕お前たち、女のかわりに男にたいして欲情を催《もよお》すとは。まことに言語道断な奴」と。

八〇〔八二〕その時、彼らの答えたことといえば、「ただ、おい、みんな、彼ら（ロトとその家族）を邑《まち》から叩き出してしまえ。何んと清浄ぶる奴らだ」と。八一〔八三〕そこで我ら（アッラー）は彼とその家族を救い出した。但し彼の妻だけはぐずぐずしていたので駄目だったが（ロトの妻の死については「創世記」第一九章参照）。八二〔八四〕そして彼らの上からざーッとばかり大雨を降らせた。まあ、見るがいい、あの罪造りどもがどんな最期をとげたかを。

八三〔八五〕次にマドヤン人には、やはり血を分けたシュアイブ（この人物については歴史的には詳しいことは何もわからない）を（遣わした）。彼が言うに、「これ、みなの者、アッラーに仕えまつれ。そのほかにお前たちの神はない。お前たち、今では神様の明らかなお徴《しるし》を見せて戴いた（自分がこうして予言者となったこと自体が既に神のおしるしの具体的現れである）ことだし、これからは量目や目方をごまかしたりせず、また人の財産を損じたりすることのないよう。また、せっかく立派になった地上で壊乱をひき起したりしてはいけない。その方がずっとお前たちの身のためにもなる。もしお前たちが本当の信者であるならば。八四〔八六〕路という路に待伏せては（善良な信者を）嚇《おど》し、アッラーの大道（回教の信仰）を塞《ふさ》いでそれ（アッラーの大道）を信仰する人間を入れまいとし、あまつさえそれを曲りくねらせようとする、お前たちこういうことはしてはいけない。お前たちがほんの少数だったのを、こんなに多くして下さったことを憶い起してごらん。そして、よく見てごらん、悪事をはたらいた人々の最期がどんなことになったかということを。（八五（八七））お前たちの中には、わしが託されて来たもの（アッラーの御託宣）を信仰する者もあれば、また信じようとしない者もある。ま、暫く辛抱《しんぼう》しておるがいい、そのうちきっとアッラーが両方の間を裁《さば》いて下さろう。アッラーこそは最上の裁判官におわします。」

（八六（八八））その民の中の傲慢《ごうまん》な長老たちが言った、「これ、シュアイブ、お前も、それからお前と一緒になって（そんなことを）信じている者どもも、みんなこの邑《まち》から叩き出してしまうぞ。それがいやなら、さっさとわしらの信仰に還《かえ》って来い。」「なに、あんないやらしい（ものに還《かえ》れという）のか。（八七（八九））アッラーが我々を救い出して下さったのに、ここでまたお前たちの信仰に還ったりしたら、それこそアッラーにいいかげんな嘘をおしつけることになってしまう。我らの主、アッラーの御心ならばいざしらず、さもない限り我々は絶対に還りはせん。我らの主はその宏大無辺《こうだいむへん》な知識のうちに一切のものを収め給うお方《かた》。アッラーだけが我々の頼《たよ》り。おお主よ、我々とこの我々の一族との間を真実《まこと》もてお裁き下さい。貴方こそ最上の判決者でいらせられます」と答える。

八八〔九〇〕そこで、その民の中の無信仰者、長老たちは（一般の人々に）言った、「これ、お前たち、もしシュアイブの側についたりすれば、よいか、それこそ大損するだけだぞ。」

八九〔九一〕時にたちまち大地震が襲って来て、翌朝になって見たら、彼らはみな家の中で潰《つぶ》れていた。九〇〔九二〕つまり、シュアイブを嘘つきよばわりした人々が。まるでそこに住んでいたこともなかったように（きれいに一掃されていた）。シュアイブを嘘つきよばわりしていたが、彼らこそ本当に大損してしまった。

九一そこで彼は彼らに背を向け、「これ、わしはお前たちに主の御言葉を伝えたし、真《ま》心《ごころ》をもって忠告もした。信なき徒《やから》など（どうなろうと）わしの知ったことではない」と言った。

九二〔九四〕従来我ら（アッラー）は、どんな邑《まち》に予言者を遣《つか》わすに際しても、必ずまずその住民に禍患《かかん》と苦難をふりかけて、これに謙虚《けんきょ》の心を抱《いだ》かせるようにはからっておき、九三〔九五〕次にその不幸を転じて幸福を与える。すると遂にはまことに威勢《いせい》がよくなって、「なあに、我々の御先祖だってたんと苦しい目や嬉しい目に遇《あ》ったのさ」などと言い出す。そんな時、いきなり不意打ちをかけてひっとらえてやったものだ。

九四〔九六〕そのような邑々《まちまち》の住民にしても、もし信仰に入り、神を懼《おそ》れる人になりさえしたら、我らは天や地の扉を開いてさまざまの恵《めぐ》みを注《そそ》いでやったであろうに。だが彼らは嘘だ嘘だと言って（信じなかった）ので、ひっとらえてやったのじゃ。結局みな自《じ》業自《ごうじ》得《とく》。

九五〔九七〕あの邑々《まちまち》の住民ども、まさか夜、ぐっすり眠っている間に我ら（アッラー）の腕力がふりかかって来るようなことはあるまいとたかをくくっていたのか。

九六〔九八〕あの邑々《まちまち》の住民ども、まさか昼日《ひるひ》中《なか》、遊び戯《たわむ》れている真最中《まっさいちゅう》に我らの腕力がふりかかって来るようなことはあるまいとたかをくくっていたのか。

九七〔九九〕アッラーの計略なんか平気だ、と考えていたのか。だがアッラーの計略を平気だなどと思うのは、救われぬ人々だけ。

九八〔一〇〇〕以前の住人（上述の、かつて地上に栄えていたが、無信仰の故に滅び去った諸都の住民を指す）にかわって地を継《つ》ぐ人々にとって、これはじつによいお諭《さと》しではあるまいか、すなわち、彼らの場合でも、もし我ら（アッラー）がその気になりさえすれば、罪の故に彼等を撃《う》ち、その心に封印《ふういん》をして全くのつんぼにしてやるのもわけはないということは。

九九〔一〇一〕今こうしてお前（マホメット）にいろいろ話してきかせているあの邑々《まちまち》は、それぞれ自分たちの使徒が遣わされて来て、まぎれもない（アッラーの）お徴《しるし》を見せてくれたのに、自分たちが以前嘘だと言いふらしていたことを今さら信じるわけにもいかなかった。ま、こうしてアッラーは信なき人々の心に封をしておしまいになる。

一〇〇〔一〇二〕彼らの大部分の者には契約（を守ろうとする気持）なぞ少しも見あたらぬ。それどころか、大部分の者は、調べて見れば全く邪悪な者ばかり。

一〇一〔一〇三〕それから我らは、この人たち（今まで述べて来た歴代の予言者たち）の後でムーサー（モーセ）を遣わし、フィルアウン（前出、エジプトの王パロのこと）とその大官たちのもとに我らの神兆を持たせてやったが、彼らもそれを侮辱《ぶじょく》した。さあ、よく見るがよい、こういう悪人どもがどんな最期をとげることになったか。

一〇二〔一〇四〕時にムーサーが言うに、「フィルアウンよ、まこと、この私は万有の主から遣わされて来た者。一〇三〔一〇五〕アッラーについてはただ本当のことだけしか言うことのできぬ身です。今、私は貴方《あなた》がたの神様のところから、まごうかたないお徴《しるし》を持って来たのです。ですから、私と一緒にイスラエルの子らを放してやって下され」（このあたりの事情については『旧約聖書』の「出エジプト記」参照）。すると「お徴を持って来たと言うのなら、さ、これへ出して見せい。もしお前の言葉に嘘いつわりがないものなら」と言う。一〇四〔一〇七〕そこで彼が杖《つえ》を投げる、と、まあどうじゃ、それがまごうかたない大蛇《おろち》となったぞ。

一〇五〔一〇八〕次に懐《ふところ》から手を出して見せる、と、まあどうじゃ、誰の目にも真白《まっしろ》であったぞ（手に癩病が生じて雪のように白くなったのである。「出エジプト記」第四章にある）。
一〇六〔一〇九〕フィルアウンの人民の長《おさ》たちは言った、「いや、これは全く相当な妖術使《ようじゅつつか》いじ
ゃ。一〇七〔一一〇〕お前たちをこの国から追い出そうとしておるのじゃ。さ、そこで、お前た
ち、どうしたらいいと思うかの。」
一〇八〔一一一〕「あの者とその兄とを引き留めておいて、その間に国中のすべての都に召集者
をはしらせ、一〇九〔一一二〕術知にたけた妖術師を一人のこらず御前に連行させなさるがよろ
しい」と（人民）が言った。
一一〇〔一一三〕フィルアウンのところへやって来た妖術師どもは、「私どもの方が勝ちました
ならば、勿論、御褒美《ごほうび》は戴けましょうな」と言う。
一一一〔一一四〕「そうとも、そうとも。お前たちを側近に取りたててつかわすぞ」との仰せ。
一一二〔一一五〕そこで彼らは、「これ、ムーサー、お前が（先《さ》きに）投げるか、それともわしら
の方で投げようか」と言う。
一一三〔一一六〕「お前たちから、投げるがよい」と言う。さて彼らはまず人々の目に呪術《じゅじゅつ》をか
け、不気味《ぶきみ》な心持にひきずりこんでおいてから投げたので、物凄《ものすご》い妖術をやって見せる
ことができた。
一一四〔一一七〕その時、我ら（アッラー）はひそかにムーサーの心に語りかけ、「さ、お前の杖を投げ

て見よ」と命じた。すると、どうじゃ、その(杖はたちまち大蛇に変じて)彼らのまやかしを一呑《ひとの》みにしてしまった。

一一五〔一一八〕というわけで、真理が目のあたり実現し、彼らのしていたことはことごとく空《むな》しくなった。一一六〔一一九〕それでもう完全に彼らは敗北し、面目つぶして引き下って行った。

一一七〔一二〇〕妖術師どもは一同そこにがばと身を伏せて、跪拝《きはい》しつつ、一一八〔一二一〕「信仰いたします、万有の主を、一一九〔一二二〕ムーサーとハールーン(アロン)の主を」と言う。

一二〇〔一二三〕フィルアウンは言った、「汝ら、余が許しを与えないうちによくも(アッラー)の信者になったな。さては、この邑から住民を追い出そうとて企《たくら》んだ汝らの計略に相違ない。よし、いまに思い知らしてくれようぞ。一二一〔一二四〕よし、汝らの両手、両足を交互に切り落し(前出、当時の極刑である)、そのあとで、みな一緒に磔《はりつ》けにしてくれるぞ。」

一二二〔一二五〕一同は言う、「我々はひたすら主にお頼《たよ》り申すばかりです。一二三〔一二六〕陛下《へいか》は主の神兆《みしるし》が現われたときそれを信仰したという、ただそれだけの理由で我々に報復の迫害を加えなさるのか。主よ、なにとぞ我々の上に忍耐を注《そそ》ぎ給え。なにとぞ我々を敬虔《けいけん》な信者のままでお傍《そば》に召し寄せ給え。」

一二四〔一二七〕そこでフィルアウンの人民の長《おさ》たちが言うには、「陛下はムーサーおよびその一党をこのままに放置なさるおつもりか、彼らが国中に壊乱《かいらん》をまきちらし、あまつさえ陛下と御一族とをないがしろにし奉っても構《かま》わないのですか。」すると「よし、さらば彼らの息子らは全部死刑に処し、女はこれを辱めることにしよう。絶対に打ち負かさずにおくものか」と言う。

一二五(一二八)時にムーサーはその民に言った、「お前たち、アッラーに助けをお願い申せ。そして、じっと辛抱《しんぼう》せい。この大地はすべてアッラーのもの。誰でもその奴隷(信者)の中で一番お気に召した者に授けて下さる。最後(の勝利)は敬虔な信者のもの」と。

一二六(一二九)するとみなが、「しかしお前が我々のところへ来る以前も、来てから後も、我々は同じようにひどい目にあっている」と言う。(ムーサーは)それに答えて「おそらく主《しゅ》はお前たちの敵を滅ぼし、お前たちをこの地の後継《あとつ》ぎに立て、それでお前たちの出《で》方《かた》を御覧になるかも知れないぞ」と言った。

一二七(一三〇)そこで我ら(アッラー)はフィルアウンの一族に来る年も来る年もうち続く旱魃《かんばつ》と果実類の不作を被《こうむ》らせ、なんとかして目をさましてやろうとして見た。一二八(一三一)ところが、彼らは、何かうまいことが起ると、「これは俺たちのものさ」(モーセのおかげではない)と言い、何か悪いことが襲って来ると、今度はムーサーやその一党のせいにする。とんでもない。凶の運はもともとアッラーの定め給うたところ。だが彼らの大多数はそのことを知らない。

一二九(一三二)「お前がどんな神兆(奇蹟)をして見せて、それで我々を化《ば》かそうとしたって、ど
うして我々がお前など信じるものか」と彼らが言った。
一三〇(一三三)そこで我らは彼らに、洪水《こうずい》、蝗虫《いなむし》、虱《しらみ》、蛙、血、などをまぎれもない徴《しるし》とし
て注《そそ》ぎかけてやったが、それでも彼らは傲慢《ごうまん》に構《かま》えていた。まことに罪深い民族であっ
た。
一三一(一三四)そして遂に(神の)激怒が下った時、彼らは叫んだ、「これ、ムーサー、わしら
のためにお前の神様にお願い申してくれぬか。(神様と)お前とは契約を結んでいる仲。
もしお前がこの御怒りを取り除いてくれさえしたら、きっとお前の言うことを信じよう。
きっとお前と一緒にイスラエルの子らを放してやろう」と。
一三二(一三五)ところが、我ら
が予《あらかじ》め一定の期限をつけて怒りを取り除いてやったら、どうだろう、たちまち彼らは約
束にそむいた。
(一三六)されば我らは彼らに復讐《ふくしゅう》した。我らの神兆を嘘よばわりして、知らぬ顔した返し
に、みな海の中に溺《おぼ》らせた。
一三三(一三七)そして我らは、それまでいためつけられ通しだった者ども(イスラエル人)に、この祝福
された土地の東も西も全部遺産として譲《ゆず》った。これで、お前(マホメット)の主のイスラエルの
子らにたいするあの素晴《すば》らしいお約束も完全に果《はた》された。これもみな彼ら(イスラエル人)が長いこ

と辛抱した賜《たまもの》。こうして我らはフィルアウンとその一族がしてきたこと、彼らが築いて
きたものを残らず叩《たた》き壊《こわ》した。

一三四〔一三八〕さて、こうして我らがイスラエルの子らを助けて海を渡らせてやると、最初
に出遇《であ》ったのは、沢山《たくさん》の偶像神を熱烈に奉ずる一種族であった。（それを見たイスラエ
ル人たちは）「ムーサー、あの人達はあんなに神様をもっている。わしらにもああいう
神様を一つこしらえてくれよ」と言う。彼は「ああ、ほんとにお前たちは何んともの
わからない人間なのだろう」と言った。一三五〔一三九〕「よく聞け、こんな人々の風習など、い
まに粉々《こなごな》にされてしまうだけのもの。この人々のしていることは全部無駄ごとにすぎ
ぬ」と。一三六〔一四〇〕そして更に語をついで、「これ、お前たち、このわしに、アッラーをさ
しおいて、何かほかの神を探してくれというのか。忝《かたじけ》なくもお前たちを選んですべての
者の上に置き給うたお方《かた》ではないか」と。

一三七〔一四一〕ま、あの当時のことを（考えてごらん）。我ら（アッラー）がお前たちをフィルアウン
一族の手から救い出してやった頃のことを。（フィルアウン一族）はお前たちを散々《さんざん》ひど
い目にあわせていた、女どもを辱め、お前たちの息子《むすこ》はみんな殺したりしたではないか。
あれは主の下し給うたまったく恐ろしい試錬であった。

一三八(一四二)あの時、我らはムーサーと三十夜の契約を取りきめ(モーセが神の山シナイ山に独り登ってエホバに逢い、法律と誡命を記した石の板を戴いて帰って来る、有名な『聖書』の説話である。「出エジプト記」第二四章)、さらにこれに十(夜)を加えて、主の指定期間は合計四十夜となった(『聖書』によると、モーセは「四十日四十夜」の間、雲に蔽われた山にいたという)。そこでムーサーは兄のハールーン(アロン)にむかい、「私に代って民衆を治めて下さい。義しいことだけ行うように。決して悪い徒《やから》の道にはいって行かないようにして下さい」と言い残した。

一三九(一四三)さて、ムーサーが我らと逢う約束のところにやって来たので、主(例によって突然人称がかわるが、同じアッラーである)がこれに語りかけ給うと、彼は言った、「主よ、お姿を現わして、一目《ひとめ》私に拝ませて下さりませ」と。「いや、絶対にわしを(直接)見ることはならぬ。しかし、あの山をよく視《み》ておるがよい。もしあのままじっと動かぬようならば、きっとわしを見ることもできよう」との仰せ。だが、主が御姿を山に向って顕《あら》わし給うたとたんに、山はがらがらと崩れ落ち、ムーサーは気を失ってばったり倒れた。

一四〇やがて正気にかえった時、「ああ勿体《もったい》ない、勿体ない。改悛《かいしゅん》の心を捧げまつります。私は一番最初の信者でござります」と彼は言った。

一四一(一四四)すると「これ、ムーサー、わしは汝を特にすべての人のうちより選び出して、わしの伝言、わしの言葉を託すことにしたのじゃ、さ、わしの授けるものを受け取れ。感謝の心知る者(信仰深い人々)の一人となれ」との仰せがあった。

一四二（一四五）かくして我らは板（『聖書』によると二枚の石の板）の上に、あらゆることについての誡命《いましめ》と、あら
ゆることについての詳《くわ》しい説明を書き記して、「さ、これをしっかりと受けとるがよい。
そして人民に、ここに（記されている）通り最善の途を取るように言いきかせよ。
邪曲《よこしま》なやからの棲家《すみか》がどのようなものか、やがて汝らに見せようぞ。一四三（一四六）この地上
で、わけもなく慢心する者どもは、わしの神兆から遠ざけてしまうこととしようぞ。彼
らは、どのような神兆を目のあたり見ても、もう信仰に入ることはあるまい。たとい正
義の道を目のあたり見ても、それを道とは思わず、かえって迷いの道を見れば、それを
道だと思うであろう。一四四それも、もとはといえば、彼らが我らの神兆を一々嘘よばわ
りして、あまりないがしろにしてきた報《むく》いにすぎぬ。」
一四五（一四七）我らの神兆を嘘よばわりして、来世での対面（人は来世でそれぞれ神の前に立たねばならない）を否定するよ
うな人間は、何をしようと益《えき》はない。どうせ自分の所業によって報いを受けるだけでは
ないか。
一四六（一四八）さてムーサーの人民は、彼の留《る》守中《すちゅう》（モーセがシナイ山に神に逢いに行っている間に）装身具（『旧約聖書』によれば金の耳環。「出エジプ
ト記」第三二章）で仔《こ》牛《うし》（の神像）を作り出した。勿論、ただモー・モーと鳴く擬い物（『聖書』には、この仔牛像が声を
出したという記事はない）。こんな物は言葉を話しかけてくるわけでもなく、道案内をしてくれるわけ
でもないということが、あの者どもにはわからなかったのか。

一四七とにかく彼らはこんな物を自分たちの(神として)崇《あが》めだした。まことに不正なことをしたものじゃ。

一四八(一四九)だが(後になって)これはしまったと思いつき、自分たちが間違っていたと気がついて、「今ここで神様のお慈悲、神様のお赦《ゆる》しが戴けなければ、もう私どもも完全におしまいです」などと言った。

一四九(一五〇)ところでムーサーは人民のところに帰って来て、怒り、悲しみ、「ああお前たちわしの留守に何んという悪いことをしでかしてくれた。お前たち、自分の方から主《しゅ》の断罪《だんざい》を早めようとしたのか」と叫んだ。そして手にした板(前出、シナイ山で戴いて来た律法の石板である)を叩きつけ、兄の髪を摑《つか》んでぐっと身に引き寄せた(怒りにかられて殺そうとしたのである)。しかし相手は、「ああ、我が母の子(兄弟よということ)、じつは人民どもがこのわしをあなどって、殺しそうにしたのだよ(偶像神を作れ、さもなければお前を殺すぞと言って脅かした。不可抗力だった)。わし(を罰して)あの憎《にく》い者どもにざまみろと言わせるようなことだけはしないでおくれ。わしを不義のやからの一人にしてしまわないでおくれ」と言った。

一五〇(一五一)(ムーサー)が言うことに、「主よ、どうか私とこの兄とをお赦し下さい。どうか我らを汝の御慈悲の中に納《い》れ給え。汝は慈悲深い者の中でも一番慈悲深い方にましますゆえに」と。

一五一〔一五二〕まこと、あの仔牛を己が(神として)崇《あが》めた人々には、主の御怒りが下るであ
ろうぞ。また現世においては屈辱《くつじょく》が。嘘いつわりを造り出す者どもには、我ら(アッラー)は
そういう褒美《ほうび》を授けるであろう。一五二〔一五三〕だが、悪事をはたらいても、その後で己《おの》が非
を悔《く》い、信仰に入る者は、まこと、主はお情深く罪を赦して下さるであろう。
一五三〔一五四〕さて、ムーサーは、怒りが静まると、また例の板を取り上げた。そこに記さ
れた言葉こそは、主を懼《おそ》れ崇める人々にとって、有難い御導きであり御慈悲であった。
一五四〔一五五〕そしてムーサーは我ら(アッラー)との会見のために人々のうちから七十人選び出し
た(これについては『旧約聖書』の「民数紀略」第一一章参照のこと)。やがて地震が襲ってきた時(地震や雷はアッラーの顕現を意味する)、彼は言った、
「主よ、もし御心ならば、この者どもと私とを今より以前に絶滅することもおできにな
ったはずでございます。我らの中のあの愚《おろか》な者ども(仔牛の偶像を作った人々)の所業の故に我らまで滅
してておしまいになるのですか。いえ、いえ、これはきっと私たちを試みていらっしゃる
のでございましょう。そして御心のままに或る者は迷いの道へ、また御心のままに或る
者は正しい道へとお分けになるおつもりなのでございましょう。汝こそ私どもの守護神
でいらせられるお方、なにとぞ私どもを赦して下さりませ、私どもに御慈悲を垂《た》れて下
さりませ。世に汝ほどよく赦して下さるお方はございません。一五五〔一五六〕なにとぞ私ども
をこの世で幸福にあずからせて下さいませ、それから無論あの世でも。これこの通り私

ども御前に帰って参りました」と。すると（アッラー）の仰せられるよう、「わしの罰は、わが心のままに誰にでも下る。わしの慈悲は宏大《こうだい》で一切のものにおよぶ。神を懼《おそ》れ、喜捨《きしゃ》をよく出し、およそ我ら（これだけ複数になっているが上来「わし」と単数で言っているのと同じ）の神兆を信仰する者どもには、特にそれ（慈悲）を授けることとしよう。一五六（一五七）すなわち、民衆出の予言者（マホメットを指す。モーセの話だったのが、いつのまにかマホメットのことになってしまうのである）に順う者たちには。この者（マホメット）のことは、みながもっている律法や福音の書にも書いてあるから見ればすぐわかる。人々に正しい行を勧《すす》め、不義をやめさせ、よい物はなんでも許し、悪い物は禁断とし、みなの背負《せお》った重荷《おもに》や軛《くびき》を取り除《の》けてくれる人。彼を信じ、彼にくみし、彼を助け、彼とともに（天から）下された光明（天啓）に従って行く人々、そういう人々は必ず栄光の道を辿《たど》るであろうぞ。」

一五七（一五八）言うがよい（マホメットに対する命令）「これ、人間どもよ、まこと、このわしはお前たちすべての者のためにアッラーから遣わされて来た者であるぞ。一五八（アッラーは）天と地を統《す》べ給うお方。そのほかには神はない。生も死もともに司《つかさど》り給う御神じゃ。さ、お前たち、アッラーをお信じ申せ。またアッラーとその御言葉を信ずるこの民衆出の予言者を信じて、そのあとに従って行け。そうすれば、きっと正しい道に連れて行って貰えるであろう。」

一五九(ここからまた思い出したように急にモーセの話しに戻る)ムーサー(モーセ)の民の中にも、真理をもって(ひとを)導き、また自らもそれによって義しく身を持している一派がある(この言葉が具体的にどの宗派を指すかということについては諸説あって、決められない)。

一六〇ともかく我ら(アッラー)は彼ら(モーセの民)を十二の支族、すなわち宗団に分けた。そして彼らが渇《かわき》を訴えた時、我らはムーサーの心に囁いて、「汝の杖をもってこの岩を撃《う》て」と教えた。すると忽ちその(岩)から十二の泉が湧《わ》き出して、誰もが自分の水飲み場を得た(「出エジプト記」第一七章にある)。また我らは彼らの頭上を一面に黒雲で翳《かげ》らせ、天からマナと鶉《うずら》を降りかけた。「ささ、我らが特に汝らのために用意したおいしいもの、遠慮なく食うがよい」(この辺の事情については、同じく「出エジプト記」第一六章を参照)。しかし(これほどにしてやっても彼らは忘恩の行いに趨《はし》ったが)我ら(アッラー)にはなんの害もなく、結局、害を受けたのは彼ら自身であった。

一六一さて、彼らに向って、「さあ、汝らこの邑《まち》に住みつくのだぞ。ここにあるものはなんでも食べてよろしい。ただ、必ず『お許しを』と言って跪《ひざまず》いて門をはいるよう(前出、第二章「牝牛」の五五節以下参照)そうすれば、きっと汝の罪を赦《ゆる》し、また善行者には益々御褒美を多くしてやろうぞ」と言ったところが、一六二彼らの中の悪人どもは、言いつけられた言葉を別な言葉とすり替《か》えてしまった。そこで我らは、この質《たち》の悪いいたずらの返しに、天から彼らの上に憤怒《ふんぬ》を落してやったぞ。
一六三それから、海の岸にあったあの邑《まち》のことも彼（ユダヤ人）に訊《たず》ねて見るがよい。彼らが安
息日の禁を犯《おか》した時のことについて。安息日というときまって岸の方へ泳いで来るいつ
もの魚群が、みんなが安息日を守らない日にはやって来なかった（この話しについては古来註釈家の間にいろいろな説がある
が、確実なことはわからない。安息日を守らなかったために猿に変えられてしまった人々のことは第二章六一節にもあった）。これは、彼らが邪悪なことばかりする
から、我らがこらしめてやったのじゃ。
一六四彼らの中の一団が、「神様が滅ぼそうとしていらっしゃる、或はひどい天罰をこう
むらせようとしていらっしゃるような人間を、お前たち、どうして諭《さと》したりするのか」
と言うと、「（我々がこうするのは）ただ、神様の前に立派に申し開きができるようにと
思ってのこと。それに、もしかしたら、彼らも本当の信仰にめざめるかも知れないか
ら」と言う。
一六五だが結局この人々は（神の）誡命《いましめ》を忘れてしまったので、我ら（アッラー）は悪事を止めさ
せようとしていた人たちだけを救い、不正のやからには、その不埒《ふらち》な所業の報いとして
烈しい罰を与えてやった。一六六彼らが禁制をないがしろにしたので、我らは彼らに言っ
た、「猿になって、すごすごと引き退《さが》れ」と。〔一六七〕あの時のこと（を憶い起すがよい）、
お前（マホメット）の主が、復活《よみがえり》のその日までも、汝らに恐ろしい罰《ばつ》を喰《くら》わす者を送り続けて行

くぞと宣言し給うた時のことを。まことにお前の主は、いざ処刑なさるとなったら手がお早いぞ。尤も実によく罪を赦して下さる情深いお方《かた》でもあるが。

一六七〔一六八〕我らは彼ら（ユダヤ人）を地上でいくつもの支族に分割した。あるものは立派だったが、またあるものはそうは行かなかった。そこで我らはいろいろと嬉しいことと苦しいことで彼らを試《こころ》みた。もしかしたら（正道に）たち還《かえ》るかも知れないと思って。

一六八〔一六九〕そのうちに次の代が彼らに替《かわ》り、聖典を承《う》け継《つ》いだが、この者どもはこの下《げ》賤《せん》な世界のたわいもない福利を取っては、「（まあこの程度《ていど》は）許していただけるだろう」などと言う。このようなうまいことがもっと来れば、いくらでも取りそうな様子。アッラーに関しては真理以外は絶対に口にせぬことと、しっかり聖典で契約までしたはずではないか。そこ（聖典）に記されていることはよく研究したはずではないか。敬虔《けいけん》な信者の方が、来世の住家《すみか》ではるかによい目を見ることになるのに。これ汝ら、これがわからないのか。

一六九〔一七〇〕だが聖典にしっかりと取りついて、礼拝を欠かさぬ人々は……勿論我らは義《ただ》しい人々の報酬《ほうしゅう》をふいにしてしまうようなことはない。

一七〇〔一七一〕さて、我らがあの山（シナイ山）を天蓋《てんがい》のごとく彼らの頭上でぐらぐらゆすって見せたとき、彼らは、いまにも自分たちの上に崩れ落ちてくるのではないかと思った（しかし実は、

（これは我らが律法を授け与えたのだった）。「さ、我らがここに授けるものをしっかと受け取るがよい。この中に記《しる》されていることをよく憶えておくのだぞ。さすれば、汝らやがて懼神《くしん》の念をもつようになろう。」

一七一〔一七二〕それから、（憶《おも》い出して見るがよい）、お前（マホメット）の主がアーダム（アダム）の子供たちから――すなわちその腰部から――次々と子孫を引き出して、彼らに自分自身について証言させたことがあったと。「このわしこそ汝らの主ではないか。」すると一同が「はい、その通り確かに間違いございません」と言った、これは、復活《よみがえり》の日になって、「私どもまったくこんなこととは存じませんでした」などと汝らに言わせぬため、一七二〔一七三〕また「いや、私たちの御先祖も昔から多神教徒でした。私たちはその子孫。善からぬことをする者が（少しばかり出た）からとて、それで私たちを全部根絶《ねだ》やしになさるのでございますか」などと汝らに言わせぬためにしたことであった。

一七三〔一七四〕こうしていろいろと神兆を説き明《あ》かしておるのも、なんとかして彼ら（ユダヤ人）を正道にたち還《かえ》らせたいと思えばこそ。

一七四〔一七五〕それからまた、あの者どもに語って聞かせるがよい、せっかく我らが神兆を授けてやったのに、それをそっくり脱ぎ棄ててしまった男の話を（これは誰のことかよくわからない。人によっては『旧約聖書』の「民数紀略」第二二章以下のバラムの説話がひどく歪曲されて伝わったものだともいう）。シャイターン（サタン）にあとをつけられて、ついに邪道に陥ってしまった男のことを。

一七五〔一七六〕あの男にしても、もし我らがその気になれば、あれ（下してやった神兆）でもって高く挙げてやることもできないわけではなかったが、彼の方で（天よりも）地が好きになり、欲望に駆《か》られてしまった。あれを譬《たと》えて見ればまず犬畜生《いぬちくしょう》といったところか。叱りつければだらりと舌を垂《た》らして息をする、放っておいてもだらりと舌を垂《た》らして息をする。我らの神兆を嘘よばわりするような者どもは、みな譬《たと》えて見ればそのようなもの。こういう話を話してきかせて見るがよい。もしかすると反省《はんせい》するようになるかも知れぬ。
一七六
〔一七七〕我らの神兆を嘘よばわりして、われとわが身に害《あだ》なす者どものこと、いやらしい譬えにしかなりはせぬ。

一七七〔一七八〕アッラーの導き給う者だけが正しく導かれ、迷わし給う者はすべてもはや救われぬ。

一七八〔一七九〕ジャハンナム（ゲヘナの火）用としては妖霊《ジン》も人間も沢山《たくさん》こしらえておいた。心はもっているくせに、それでものを考えるすべを知らず、目をもちながらあきめくら、耳はあってもかなつんぼ。このような徒《やから》は家畜同様、いや、迷いの点ではもっと悪い。このような徒《やから》こそ本当のうかつ者。

一七九(一八〇)最も美しい呼び名はことごとくアッラーのもの。お呼び申すときは必ずそれでお呼びせよ。その御名《みな》を冒瀆《ぼうとく》するような者どもは放《ほ》っておくがよい。彼らはいずれその所業にふさわしい報酬を戴くであろう。

一八〇(一八一)我ら(アッラー)の創造したものの中には、真理をもってひとを導き、またそれによって我が身も正しく持しておる一派がある。一八一(一八二)我らの神兆を嘘よばわりばかりしている者もある、が、この者どもは我らが少しずつ少しずつ、気づかれぬように(滅びの道に)引き入れよう。

一八二(一八三)わし(ここで急に単数になるが同じくアッラーの自称)は引き延しておるのじゃ(悪人が栄えるのはアッラーが何もしないからではなく、一種の猶予戦術なのである)。わしの策略にくるいはない。

一八三(一八四)彼らは少しも考えてはみないのか。彼らのこの仲間(マホメットを指す)は悪霊につかれた人ではない。まごうかたない警告者であるだけのこと。

一八四(一八五)一体彼らは、この天と地の王国に目を向けて、アッラーの創り給うた物を観察したこともないのか。そして、もしかしたら自分の期限(寿命)が近づいているかも知れないと(考えたことはないのか)。これ(が信じられないのなら)それではどんな話なら信じられるというのか。

一八五(一八六)一たんアッラーに道を迷わされたら最後、もう手引きしてくれる者は絶対にありはしない。傲慢《ごうまん》な心を抱《いだ》いて、あてどもなくさまよい歩くままに放置し給う。

一八六(一八七)みながお前(マホメット)に例の時(天地終末の時)について質問するであろう、その決定的な到来はいつになっておりましょうか、と言って。言ってやるがよい、「神様だけがそれを知り給う。丁度という時になれば神様だけが知らせて下さろう。天でも地でもそれ(その時)は今やずっしりと重い。汝らに襲《おそ》って来るのは必ず、不意打ちだぞ」と。

一八七みなは、お前がまるでその内情に通じてでもいるかのようなつもりで質問して来る。言ってやるがよい、「それはアッラーだけが知り給う」と。だが大抵《たいてい》の人はこのことを知らぬ。一八八言ってやるがよい、「わしは、自分の利益や損害すら自由にできない人間。すべてはアッラーの御心まかせ。もしわしに目に見えぬ世界のことがわかるくらいなら、わしは大いに得《とく》をとって、不幸には一切遇《あ》わずにすんだことであろうよ。わしはただ一介《いっかい》の警告者、そして信仰深い人々には嬉しい便《たよ》り(天上からの福音)を伝える使者であるだけのこと。

一八九彼(アッラー)こそはただ一人の人(原人アダム)から汝らを創造し、また彼の心の安《やす》らぎのためにそ(の肋骨《ろっこつ》)から妻を作って下さったお方。さて、そこで、彼が彼女の上にかぶさると、早速軽い荷物が身体の中に出来たのだが、(あまり軽くて気がつかず)彼女は平気で歩き廻っていた。だがそのうちに、重くなってきたので、二人は主《しゅ》なるアッラーに申し上げた、『もし私どもに立派な息子をお授け下さいますならば、必ず必ず御恩に感激いたしましょう』と。

一九〇だが、実際に立派な息子を二人にお授けになって見ると、そうして戴いたことがもとでかえって彼らは(アッラー)に沢山お仲間をつくった(多神教に趨った)。しかし、みながどんなに(沢山邪神をこしらえようと)いと高きにましますアッラーにはなんのさわりもありはしない。

一九一何たることか、何一つ創造する力もなく、自分自身がかえって創造されて出来たようなもの(偶像)を(神にならべて)拝するとは。(一九二)こちらを助けてくれるどころか自分自身すら助けることができないようなものを(神にならべて拝するとは)。

一九二(一九三)あのような徒《やから》はいくら正道の方に呼んでやっても、どうせ言うことなど聞きはせぬ。あのような徒は、汝らが呼びかけても、黙っていても、結局同じこと。

一九三〔一九四〕（多神教徒の人々よ）汝らがアッラーをさしおいてお祈りしているあの者ども（偶像）は、要するに汝らと同じ奴隷にすぎない。さ、もっと呼びかけてごらん、御返事があるはずではないか。もし汝らの言うことに嘘いつわりがないものならば。」

一九四〔一九五〕「彼ら（偶像）には歩《ある》く足があるのか。摑《つか》みかかる手があるのか。見る眼があるのか。聞く耳があるのか。」言ってやるがよい、「いくらでもお前たちのお仲間にお祈りするがいい。そしてわしに謀《たく》らみをしかけるがいい。遠慮《えんりょ》することはないぞ。一九五〔一九六〕わしの守護者はアッラー、この聖典を授け給うたお方。義《ただ》しい人々の守護をひきうけ給うお方。一九六〔一九七〕だがお前たちが頼みとするほかの者ども（偶像）は、お前たちを助けるどころか、自分自身すら助けることのできぬ者ども。」

一九七あのような徒《やから》（偶像崇拝の多神教徒）はいくら正道に呼んでやったとて、どうせ聞こえるわけもない。見るがいい（マホメットにアッラーが言いかけている）、彼らお前の方を眺めているが、あれでなんにも見えはしない。

一九八〔一九九〕お前は寛大を旨とし、善行を勧《すす》め、わけ知らずな者どもから身を引いておれ。

一九九〔二〇〇〕そして、もしシャイターン（サタン）の螫《はり》の痛みを感じたら、すぐアッラーのお傍に逃げ込むがよい。まことに耳敏《さと》く、あらゆることに通じ給う御神におわす故に。

二〇〇〔二〇一〕およそ懼神の念を抱くほどの者は、シャイターンの惑《まど》わしに襲われたと感じ

たらすぐ(アッラーを)胸に念じさえすれば、たちどころに目が開ける。二〇一(二〇二)自分の
兄弟でも(無信仰者であれば油断はならぬ)、ますます迷いの中に連れこんで行くことも
あるから。そうなったらもうどこまで行くかわからない。
二〇二(二〇三)お前(マホメット)が(しばらく)神兆(『コーラン』の啓示)を持って行かないと(しばらく啓示がとだえると、の意)、彼
らはすぐ「自分で適当に作ったらいいに」などと言いだす。言ってやるがよい、「わし
は、ただ神様から啓示して戴くままに順って行くだけだ」と。この(コーランこそは)神
様の下し給う証拠《しょうこ》であり、また信仰ある人々のための御導き、御慈悲であるものを。
二〇三(二〇四)クルアーン(『コーラン』)が読誦《どくしょう》されている間は、汝ら、よく聴いて、おとなしくして
おれよ。さすればきっと御慈悲をかけて戴けよう。
二〇四(二〇五)お前(マホメット)も、胸の内で主の御名《みな》を唱《とな》えるようにせよ、つつましやかに、懼《おそ》れ
かしこんで、あまり大声をたてずに、朝な夕なに。決してないがしろにしてはならぬぞ。
二〇五(二〇六)まこと、主のお傍にある人々は、慢心してその神仕《かみづか》えを怠《おこた》るようなことはな
いもの。絶《た》えず主を賞《ほ》め讃《たた》え、御前《ごぜん》に跪《ひざまず》くもの。

八　戦　利　品　——メディナ啓示、全七六〔七五〕節——

慈悲ふかく慈愛あまねきアッラーの御名において……

一みながお前に戦利品のことで質問したら、こう答えるがよい、「すべて戦利品はアッ
ラーと使徒のもの。されば汝ら、アッラーを懼《おそ》れ、お互いの関係を正しくして、万事《ばんじ》ア
ッラーと使徒の御命令に従わねばならぬ。もし本当の信者であるならば。」
二信者とは、アッラーの御名を耳にしただけでその心慄《ふる》えおののき、神兆（『コーラン』の章句）が
読誦《どくしょう》されるのを聞けばますます信仰深くなって、主《しゅ》を信頼し切れるような人々のこと。
三礼拝の務《つと》めを果《はた》し、我ら（アッラー）の授けたものを惜しみなく施《ほどこ》す人々のこと。四こういう人
こそまぎれもない本当の信者であって、彼らのためには（それぞれの信仰の度合《どあい》に従っ
て）主の御手元《おてもと》にいくつもの段階と、お赦《ゆる》しと、それから大量のよい物が備《そな》えられてお
るぞ（この第八章の大部分は前にも出たバドルの合戦を中心として展開する。「戦利品」とはこの合戦の戦利品であり、本章の大部分の成立年代はマホメットがメッカからメディナに遷って後の第二年目ということになる。まだバドルの合戦の記憶が生々しい頃である）。

五主がお前（マホメット）を真理のために家から引き出した（合戦に出陣させた）ときのこと。信者の中の一部の人たちは嫌《いや》がっていた。六真理は歴然としているのに、まだそれに文句《もんく》をつけて、まるで、みすみす死に駆《か》り立てられて行くといった顔付《かおつき》であった。

七それから、アッラーが汝らに、二隊のうちのどちらか一つは必ず汝らのものだと約束し給うて、汝らが、同じことなら、できれば武装していない方がほしいと思った時のこと（六二四年、メッカの仇敵アブー・スフヤーンが高価な品物を山と積んだ隊商を率いてシリアからメッカに帰って来るところを、マホメットは途中で待伏せて掠奪しようと計画していた。ところがこれをいち早く気づいたアブー・スフヤーンはメッカに護衛兵の急派を頼んだ。これら三者がバドルのあたりで出遇うことになったのである。マホメットの方では、できれば「武装していない方」すなわちキャラヴァンの方だけとぶつかって、らくに掠奪だけしたかった。しかし結局マホメットはメッカから派遣された軍隊と衝突しなければならなかった。メッカ軍は圧倒的に優勢だった）。だがアッラーはそのお言葉によって、真理はどこまでも真理だということを示し、信仰なき者どもを根絶《ねだ》やしにしてしまおうと考えておられた。八すなわち、悪人どもがいくら嫌《いや》がろうと、真理は真理、でたらめはでたらめだということを（お示しになろうと）しておられた。

九（憶い起せよ）汝らが主《しゅ》にお助けをお願いしたら、それに応《こた》えて、「よし、汝らのために天使を千人ほど続々と繰り出して援軍としようぞ」と仰《おお》せられた時のこと。

一〇これはみなアッラーが、ただただ汝らに嬉しい情報を与えて、それで汝らの気持を落ちつかせてやろうとてなさったこと。最後の勝利はアッラーのお助けあってはじめて成《な》るもの。まことと、アッラーこそは全能で全知にまします。

一一（憶《おも》い起せよ）あの時、安心せよというしるしに睡気《ねむけ》の幕で汝らを包み（バドルの合戦の前、回教徒の方では堪えられない睡気におそわれて、ぐっすり眠ってしまった）、天から水を注《そそ》ぎかけて（前夜、大雨が降った）汝らを浄《きよ》め、シャイターン（サタン）の汚れを取り除き、汝らの心をきりっとひき締め、足腰をしっかり立たせて下さった時のこと。一二そして主は天使たちに向って、そっとこんなふうに言い給うた、「さ、汝らにはわしがついておる。信者たちをしっかり立たせよ。無信仰な者どもの心の中には、わしが臆病風《おくびょうかぜ》を吹き込んでやるゆえ、汝らは彼らの頸《くび》の上を打ちのめしてやるがよい。彼らの指の先まで一本一本叩きのめしてやるがよい」と。

一三このようなことになったのも、もとはと言えば彼らがアッラーと使徒に叛《そむ》いたからじゃ。アッラーと使徒に叛くような者にたいしては、アッラーは烈しい罰《ばつ》を下し給う。一四さあこれが汝らの分だ（地獄の劫火の前に罰当りどもを引き出して来た気持）。よく味わうがよい。信なき者どもには火の刑罰が相応《そうおう》じゃ。

一五これ、信徒の者、罰当りどもが進軍して来るのに出逢った時、彼らに背を見せてはならぬ。一六一時わきに避けて次の合戦にそなえるためとか、ほかの隊に合流するためとかいうのなら別だが、（合戦の）日に敵に背を見せるような者は、忽ちアッラーの御怒りを背負《せお》いこみ、行く先はジャハンナム（ゲヘナの火）。行きつく先はおそろしいぞ。

一七彼ら（敵軍）を殺したのは汝ら（回教徒）ではない。アッラーが殺し給うたのだ。射殺《いころ》したのはお前（マホメット）でも、実《じつ》はお前が射殺したのではない。アッラーが射殺し給うたのだ。これは信者たちに有難い恩寵を経験させようとてし給うたことだ。まことにアッラーは耳敏《さと》く、一切に通じ給う。

一八見るがよい。アッラーが信仰なき者どもの計略をすべて無効にし給う有様を。

一九（ここで急に敵側に呼びかける）汝ら、最後の断を求めているが、最後の断はもう来てしまった（回教徒の勝利によって）。ここで身を引けば身のためになろう。だがもし汝らまたしかけて来るつもりなら、こちらもまた始めよう。汝らの軍勢がいかに多くともなんの役にも立ちはすまい。アッラーが信者の側についていて下さる上は。

二〇これ、汝ら、信徒の者よ、アッラーとその使徒の言いつけに従えよ。汝らこうして（アッラーの御言葉を）聞いているからは、決して背《そむ》いて行ってはならぬぞ。

二一「承りました」と口先《くちさき》では言うが、実は少しも聞いていない人々の仲間入りしてはならぬぞ。二二よいか、アッラーから御覧になって畜生《ちくしょう》の中でも下の下に当るのは、聾《つんぼ》で唖《おし》で、なにもわからない徒《やから》のこと。二三彼らにも何か見どころがあるとお認《みと》めになったなら、アッラーは、きっと耳を聞こえるようにして下さったに違いない。だが、もし耳を聞こえるようにしておやりになっていたら、きっと背を向けて、平気でよそへ行ってしまったことであろう。

二四これ、汝ら、信仰者よ、アッラーと使徒の呼び掛けに応ぜよ。汝らを生命《いのち》の道に呼び寄せようとしておられるのだぞ。アッラーは人間とその心との間にも介在《かいざい》し給うと心得よ。そして汝らはみないつかはお傍《そば》に召されて行く身であることも。

二五誘惑を警戒せよ。(誘惑というものは)決して汝らの中の悪人だけを特に狙《ねら》うというわけではない。いいか、よく憶えておくがよい、アッラーは、処罰なさるとなると、恐ろしい御神にましますことを。

二六汝らがまだ数も少く、地上で情《なさ》けない状態にあって、ほかの者どもが強奪にやって来はしないかといつも恐れおののいていた頃のことを憶い起して見るがよい。あの時(アッラー)は汝らに適当な避難所(メディナの都を指す)を授け、汝らに勝利を与えて(バドルの合戦)強化して下さった上、いろいろな有難いものまでたくさん備《そな》えて下さった。もしかしたら汝らも感謝する(信仰する)ようになるかも知れないとの大御心《おおみこころ》であった。

二七これ、汝ら、信徒の者よ、アッラーと使徒を裏切ってはならぬ。これほど信頼して託されたものを、それと知りつつ裏切ってはならぬ。

二八よいか、汝らの財産や子供はみな誘惑の種。アッラーの御手元《おてもと》にこそ本当に大きな報酬《ほうしゅう》はある。

二九これ、汝ら、信徒の者よ、もし汝らがアッラーを懼《おそ》れまつるなら、(アッラー)は汝らに救済を設《しつら》え、汝らの一切の悪事を水に流してお赦し下さるであろうぞ。まことにアッラーは限りないお恵《めぐ》みの主におわします。

三〇それから、また、信仰なき者どもがお前(マホメット)にたいしていろいろと奸策《かんさく》をねり、お前を監禁するか、殺害するか、さもなければ追放しようとしていた時のこと。彼ら盛んに策をねっていたが、じつはアッラーの方でも(同時に)策をねっておられた。策略《さくりゃく》ということになれば、アッラーにかなう者などありはせぬ。

三一あいつらに我らの神兆(『コーラン』の章句)を読誦《どくしょう》して聞かすと、「とっくに聞いたことばかりだ。こんなものなら我々だってその気になれば、いくらでも語って聞かせてやる。なんだ、みんな昔々のお伽話《とぎばなし》ではないか」などと言う。

三二それから、彼らが、「神様、もしこれ(『コーラン』)が本当に汝の下し給うた真理なら、さあ、一つ私たちの頭の上に天から石の雨でもざあっと降らせてごらん下さい。さもなければ、私たちにもの凄《すご》い天罰を喰《くら》わせてごらん下さい」と言ったことがあった。二三しかし勿論アッラーも、お前が一緒にいるのに、彼らに罰を喰わすようなことはなさりはせぬ。また、彼らが一生懸命お赦しを請《こ》うているものを、罰するようなことはなさりはせぬ。

二四だが、彼らが、ああして聖なる礼拝所（メッカの神殿を指す）に（信者たち）を入れまいと妨害しているからには、もうアッラーにしても懲らしめなさらぬ理由は何もない。第一、彼らがあの（礼拝所）の管理人というわけでもない。その本当の管理人は神を懼《おそ》れまつる人々だけ。しかし大部分の者はそれを知らない。

二五聖殿での彼らの礼拝といえば、ただやたらに口を鳴らし手を拍《たた》くだけのこと。さ、汝ら、（急に最後の審判の情景になる）、充分天罰を味わうがよい、今まで無信仰にふけって来た報《むく》いとして。

二六まことに、信仰のない彼らは、アッラーの道を阻《ふさ》ぐためにああして財産をつかっている。これからも、更に使うことであろう。だが、いまにそれが彼らの歎《なげ》きのもとになる時がきっと来る。そして完全に敗者になる時が。二七信なき者ども、やがてジャハンナム（ゲヘナ）に喚《よ》び集められようぞ。二八〔三七〕こうしてアッラーはよい者と悪い者を区別し、悪いのは次々に積み上げ、全部一山《ひとやま》にしておいてジャハンナムの中に投げ込んでおしまいになる。そうなったらもはや救われようもあるまいに。

三九〔三八〕信仰なき者どもに言ってやるがよい、もし（悪事を）やめれば、過ぎたことは、大目《おおめ》に見ても戴けよう。だが、また逆戻りするようなら、古い昔の人々の先例があるではないか（昔、無信仰の故に絶滅された人々の話がよい見せしめ）、と。

四〇〔三九〕反逆行為がなくなるまで、そして宗教がすべてアッラーに帰一するまで、彼らと戦い続けよ。もし向うが（反抗を）やめるなら、アッラーが彼らの行動を監視していて下さるぞ。四一〔四〇〕だがもし彼らがそむくようなら、よいか、アッラーが汝らの守護者にましますことをよく憶えておけよ。まことにこんな有難い守護者はない。こんな有難い助け手はない。

四二〔四一〕汝らによく心得ておいてもらいたいのはどんな戦利品を獲《え》ても、その五分の一だけは、アッラーのもの、そして使徒（マホメット）のもの、それから近親者、孤児、貧民、旅人のものであるということ、もし汝ら、アッラーを信じ、また我ら（アッラー）が、あの救済の日（バドルの合戦の日を指す）すなわち両軍がぶつかったあの日に、我らの僕《しもべ》（マホメット）に啓示したことを信じているならば。まことにアッラーは、全能の御神におわします。

四三〔四二〕お前たちが（谷の）こちら岸に陣取《じんど》り、敵方が向う岸、そして騎馬の者どもは汝らより下の方にいた時のこと。これがもし相談ずくであったとしたら（両者の遭遇が始めから双方の約束でとりきめられていたものであったら)汝らはこの合戦に難色を示したことであろう(敵の優勢を見てしりごみしたであろう)。だが(この遭遇は期せずして起った)、それはアッラーが、初めから起ると決まっていたこと(バドルの合戦で誰が死に誰が生き残るかということは運命的にきまっていた)に最後の結着をおつけになるために(起ったこと)なのさ。四四すなわち、死ぬ者は死ぬでアッラーの御徴《みしるし》によって死に、生き残る者は生きるでアッラーの御徴によって生きるようにするために。まことにアッラーは、耳敏《さと》く、全てのことを知り給う。

四五〔四三〕時にアッラーは夢の中でお前(マホメット)に彼ら(敵軍)をごく少数のように見せ給うた。もし大勢いるように見せ給うたならば、汝ら必ずや弱気になって、どうしたものかと仲間割れしたに違いない。だが、アッラーは(汝の気持を)落付かせ給うた。人間が胸の中でどのようなことを考えているか、神はことごとく知り給う。

四六〔四四〕あの時、両方がぶつかった時に、汝らの目には向うが少数に見え、また彼らの目には汝らが少く見えるようにはからい給うた。それはアッラーが、初めから起ると決まっていたことに最後の結着をおつけになるためであった。一切のことは結局アッラーに帰着する。

四七〔四五〕これ、汝ら、信徒の者よ、汝ら(敵)軍に出遇《であ》ったら、しっかりと腰を据《す》えて、アッラーの御名を何遍《なんべん》も唱《とな》えよ。さすれば、必ず幸福を得よう。

四八（四六）そしてアッラーと使徒（マホメット）の言いつけをよく守れ。決して喧嘩口論などして志をぐらつかせ、ついには順風に見放されるようなことがあってはならぬぞ。どこまでも頑張り通せ。まこと、アッラーは辛抱づよい者の側につき給う。

四九（四七）汝ら、自分の家を出ると、さも人に見てくれがましく、ふんぞりかえって歩き廻り、アッラーの道を阻害するあの人々のまねしてはならぬぞ。アッラーは、彼らのしていることは全部お見透《みとお》しであるぞ。

五〇（四八）それから、シャイターン（サタン）が、彼らの目に自分の行為を立派に見せてやっていた頃のこと。彼は、「今日では、もうどんな人間でも君たちを負かすことはできない。わしが君たちのことは引受けた」などと言っておきながら、いざ両軍が対面したとなると、くるりと踵《くびす》を返して言うことに、「わしが君たちと何の関係があろう。何しろ君たちには見えないことがわしには見える。わしはアッラーが恐ろしい。アッラーの罰《ばつ》はもの凄い」と言う。

五一（四九）偽善者《ぎぜんしゃ》どもや、心に病気を宿《やど》した者どもが、「彼ら（回教徒）もとうとう宗教のために血迷ってしまったか」（自分より遥かに優勢な敵に戦いを挑んだのは、信仰の生んだ狂気の沙汰）などと言った時のこと。しかし本当は、誰でもアッラーにすべてをお委せする者は……なんと言ってもアッラーは偉大な明敏《めいびん》な御神におわします。

五二〔五〇〕お前（マホメット）に見せてやりたいもの、天使たちが無信仰の徒《やから》を召し寄せて、顔と言わず尻といわず打擲なさるその有様《ありさま》。「さ、火あぶりの刑をよく味わうがよい。五三〔五一〕これもみなわれとわが手で誘ったこと。アッラーは奴隷（忠実な信徒）には決してひどいことはなさらない。」

五四〔五二〕フィルアウン（前出、エジプトの王パロ）の一族もこうだったし、それより昔、アッラーの神兆を信仰しようとしなかった人々もやはりこうであった。その犯《おか》した罪の故に、とうとうアッラーは彼らを罰し給うた。まことに、アッラーの御力は強く、その罰はすさまじい。

五五〔五三〕それというのも、アッラーは、一度ある民族に恩寵《おんちょう》をお授けになると、戴いた方で心変りでもしないかぎり、御自分からは決してお変えにはならない。まことにアッラーは耳敏《さと》く、全てを知り給う。

五六〔五四〕フィルアウンの一族の場合も、それよりもっと昔、主《しゅ》の神兆を嘘よばわりした者どもの場合も丁度同じようだった。我らは、彼らがあまり罪深いので根絶《ねだ》やしにした。そしてフィルアウンの一族は溺《おぼ》らせた。いずれもみな悪い人間ばかりであった。

五七〔五五〕まこと、アッラーの御目より見て、畜生《ちくしょう》の中でも下の下に当るものは、無信仰者。五八〔五六〕すなわちお前と固《かた》い契約（信者になるという約束）を交《かわ》しておきながら、事あるごとにその契約を破り、少しも神を懼《おそ》れぬ者ども。五九〔五七〕もし彼らと戦場で出くわしたら、必ず彼らを後から来る者への見せしめにしてやれよ。さすれば、彼らもあるいは気がつくかも知れぬ。

六〇〔五八〕またもし万一どこかの部族から裏切られそうな気配でもある場合には、お前の方から公平に契約を叩き返してやるがよい。裏切り者をアッラーは好み給わない。六一〔五九〕信仰なき者どもが（このわしを）まんまと出し抜いたなどと考えたら大間違い。どうしてあのような者どもに（わしを）挫折《ざせつ》させることができるものか。

六二〔六〇〕さ、汝ら、彼らにたいして、できるだけの軍勢と繋《つな》ぎ馬を用意せよ。それでアッラーの敵と汝らの敵を嚇《おど》してやるがよい。それからそのほかにも汝らの知らない（敵）が沢山《たくさん》いる。アッラーだけは彼らを全部御存知。汝らがアッラーの御為めに費《ついや》すものはいかなるものでも必ず充分に返して戴けるのだぞ。決して不当な目に逢わされはせぬ。

六三〔六一〕もし彼らの方で和平に傾くようなら、お前もその方向に傾くがよい。そしてすべてアッラーにお委《まか》せ申せ。アッラーは耳敏く、全てを知り給う。

六四〔六二〕だが、もし彼らがお前を騙《だま》そうとしたら、その時はアッラーが一切引き受けて下さろう。考えても見い、親しくお前を助けて下さった上、たくさんの信徒によってお前の地位を固《かた》め、〔六三〕更に彼らの心を一つに結集して下さった御神ではないか。お前など、たとい世界中のもの（宝財）を全部使ったとて、決してみなの心を一つに纏《まと》めることはできなかったであろうに。それをアッラーは一つに纏《まと》めて下さった。まことに偉大で明《めい》敏《びん》な御神におわします。

六五〔六四〕これ、予言者《よげんしゃ》よ、お前にはアッラーさえあれば、それからお前に従うこの信者たちさえあればあとは何もいらぬ。

六六〔六五〕これ、予言者よ、信者たちを駆《か》りたてて戦いに向わせよ。汝ら、忍耐強い者が二十人もおれば、二百人は充分打ち負かせる。もし汝らが百人もおれば、無信仰者の千人ぐらい充分打ち負かせる。何しろまったく頭のにぶい者どもなのだから。

六七〔六六〕いや待て、汝らが弱気だということがおわかりになったので、アッラーは汝らの荷をもう少し軽くして下さる。そこで、忍耐強い者が百人（前節では二十人で二百人の敵に当れということだった）おれば、二百人は充分打ち負かせる、またもし千人おれば、二千人はアッラーのお許しで充分打ち負かせる（ということになった）。いずれにしてもアッラーは忍耐強い者に味方《みかた》し給う。

六八〔六七〕およそ予言者たる者は、地上の(敵を)思う存分殺戮《ぞんぶんさつりく》した後でなければ捕虜《ほりょ》など作るべきではない(殺さないで捕虜にした方が身代金が取れるから得なのである)。一体汝らはこの世のつまらぬ財を欲しがりすぎる。アッラーの欲し給うのは来世じゃ。アッラーは偉大な明敏な御神におわします。

六九〔六八〕以前にアッラーが出し給うた規約(何かの都合で、捕虜と引きかえに身代金を取ってもよいという許可が出たことがあったのだろう)がある(から仕《し》方《かた》もないが)そうでなかったら汝らあのようなものを受け取ったりして、大変な罰を蒙《こうむ》るところであった。七〇〔六九〕しかし、汝らが手に入れた正当なよい戦利品は、遠慮なく頂戴して構わない。アッラーを懼《おそ》れまつれ。まことに、アッラーはよく赦して下さるお情深《なさけぶか》い御神におわします。

七一〔七〇〕これ、予言者、今汝らの手の中にいる捕虜どもに言ってやるがよい、「もしアッラーがお前たちの心の内に何かよいところをお認めになれば、お前たちが奪われたものよりもっとよいものを授けて下さった上、犯《おか》した罪も赦《ゆる》して下さろう。まことにアッラーはよく赦して下さるお情深《なさけぶか》い御神におわします」と。

七二〔七一〕だがもし彼らがお前に裏切りを企《たく》むなら、いや実は以前にも散々《さんざん》アッラーを裏切った彼らのこと。また、さればこそ、こうして彼らをお前の自由にお委《まか》せになったのじゃ。まことにアッラーは明敏で全知におわします。

七三（七二）信仰を受け容《い》れ、家郷を棄て（六二二年、マホメットに従ってメッカを去りメディナに移住した。いわゆる「ヒジュラ」を指す）、己が財産も生命も擲《なげう》ってアッラーの道に奮闘して来た人々（メッカ市の人）、それから（この移住者たちに）避難所と援助とを惜《お》しまなかった（メディナの）人々、この両方はお互いに仲間同士。だが信仰だけは受け容《い》れたものの、家郷を棄てるまでには至らなかった人々、こういう人々にたいしては、汝らとしては、先方《せんぽう》が遷《うつ》って来るまでは、何も友好的にする義務はない。しかし先方が汝らに、宗教上のことで助けを求めて来たならば、やはり助けてやる義務はある。だがこの場合でも汝らとの間に協定のある集団を敵にすることはならぬ。アッラーは汝らのしていることを全部見透《みとお》し給う。

七四（七三）信仰なき者どもに至っては、お互い同士で徒党《ととう》を組んでいる。されば汝らの方でも（そう）しなければ、いまに地上に騒乱《そうらん》と大変な腐敗《ふはい》が蔓延《まんえん》してしまう。

七五（七四）信仰を受け容《い》れ、家郷を棄て、己が財産も生命も擲《なげう》ってアッラーの道に奮闘して来た人々、それから避難所と援助を惜まなかった人々、この人たちこそ本当の信者。お赦《ゆる》しと結構な食物が（やがて来世で）惜しみなく戴けるであろうぞ。

七六（七五）また、後から信仰に入り、家郷を棄て、汝らと一緒に闘った人、そういう人々はみな汝の友。しかしアッラーの規定によると、血のつながりのある者同士の方が互いにそれよりもっと近い。まことにアッラーは全てのことを知り給う。

九　改　悛　――メディナ啓示、全一三〇〔一二九〕節――

慈悲ふかく慈愛あまねきアッラーの御名において……

一アッラーおよびその使徒（マホメット）より、汝らが契約を結んだ多神教徒に与える特別免許（は次の通り）。二「四ヵ月の間（いわゆる「神聖月」。この期間は宗教的行事に当てられるのであって、どんなに激しく対立している敵同士でも、一時和平協定を結ぶ）だけ、国中自由に旅してよろしい。いずれにしても汝らにはアッラーを出し抜くことはできない、しかしアッラーは信仰なき者どもを（思いのままに）出し抜き給う、と心得《こころえ》よ。」

三アッラーおよびその使徒より、大巡礼（メッカの大祭の巡礼）の日にすべての人々に発される布告《ふこく》（は次の通り）。「まこと、アッラーは多神教徒とはなんのかかわりもない。使徒（マホメット）とて同じこと。それ故、汝ら、悔《く》い改めた方が身のためになろう。だがもし、背を向けるつもりならば、アッラーの御計画はとうてい汝らには挫折《ざせつ》させられるものでないことをよく心得ておくがよい。」

信仰なき者どもには、苦しい天罰の予告をして喜ばせてやるがよかろうぞ。四しかし勿論、多神教徒とて、汝らと協定を結んで後は少しも義務を怠《おこた》らず、また汝らに敵意をもつ人間はただの一人も援助したこともないような人たちは別とする。そういう人たちにたいしては汝らの方でも、約束の期限まで正しく協定を守ってやらなくてはいけない。アッラーは懼神《くしん》の心敦《あつ》い人々をこそ好み給う。

五だが、(四ヵ月の)神聖月があけたなら、多神教徒は見つけ次第、殺してしまうがよい。ひっ捉《とら》え、追い込み、いたるところに伏兵を置いて待伏せよ。しかし、もし彼らが改悛《かいしゅん》し、礼拝の務《つと》めを果《は》たし、喜捨《きしゃ》もよろこんで出すようなら、その時は遁《に》がしてやるがよい。まことにアッラーはよくお赦《ゆる》しになる情深《なさけぶか》い御神におわします。

六またもし誰か多神教徒がお前に保護を求めて来たら、保護を与えておいてアッラーの御言葉(『コーラン』の教え)を聞かせ、それから安全な場所に送り届けてやるがよい。仕方《しかた》がない、なにも知らない者どもなのだから。

七多神教徒などに、どうしてアッラーやその使徒(マホメット)と正式の協定が結んだりできるものか。尤《もっと》も聖なる礼拝所(メッカの神殿)で汝らが協定した人々だけは別として。そういう人々の場合にかぎり、向うが汝らにまともな態度を取ってくるかぎり、汝らの方でも向うにまともな態度を取らなくてはいけない。まことにアッラーは懼神の心敦い人をこそ好み給う。

八どうしてそのようなことができるものか（一般の多神教徒と責任ある正式の協定など結べるはずがない）。彼らは、いったん
汝らの上に出ようものなら、もう盟約も条約も守ろうとはせず、口先だけではうまいこ
とを言うが心はそれと裏腹《うらはら》で、たいていは邪曲《よこしま》な徒《やから》ばかり。
九彼らはアッラーの神兆を安値《やすね》で売り飛ばし、その（アッラーの）道を塞《ふさ》ごうとした。まこと
に彼らのしてきたことは悪いことばかり。
一〇信者にたいしては盟約も条約も守らない、
彼らこそまことの違犯者《いはんしゃ》。
一一それでも、向うが後悔《こうかい》して、礼拝の務《つと》めを果《は》たし、定《さだ》めの喜捨《きしゃ》もよろこんで出すよ
うになれば、彼もやはり汝らの宗教上の同胞。（こうして）我ら（アッラー）は神兆をもののわ
かった人々に詳《くわ》しく説明しておる。
一二だが、もし彼らが、汝らと誓約を交《か》わしておきながら、それを破って、汝らの宗教
に突っかかってくるようなら、その時こそ敢然《かんぜん》として無信仰者の首領どもを攻めるがよ
い。もともと彼らには固い誓いというものはありはしない。そのうちに向うから止めて
しまうかも知れぬ。
一三これ、誓約を破った上、この使徒（マホメット）を追放しようと企《くわだ》てたあの者どもと戦わな
いのか。向うから最初しかけて来たのではないか。これ、汝ら、彼らが怖《こわ》いのか。（あ
んな者どもを）怖がるくらいなら、アッラーを怖がるべきではないか、もし汝ら、本当

の信者であるのなら。

一四さ、彼らと戦うがよい。きっとアッラーは汝らの手で彼らを罰し、彼らを辱《はずか》しめ、汝らを助けて彼らを撃ち、そして信者たちの胸を癒《なお》して下さろう。一五心に積《つも》る恨《うら》みを晴らして下さろう。アッラーはお気の向くままに赦《ゆる》し給う。アッラーは全知、明敏《めいびん》な御神におわします。

一六それとも、汝ら、このままでそっと放っておいて戴けるとでも思ったのか。汝らの中で(神の道に)奮戦し、アッラーと使徒と信者たちのほかには一人も心を許す相手をつくらなかったのは誰々とアッラーもまだ御《ご》存知《ぞんじ》ないこのままで。汝らの所業は、アッラーが全部御存知であるぞ。

一七多神教徒どもにアッラーの礼拝所を占領されてなるものか。己《おの》れの無信仰を公言して憚《はばか》らぬやからではないか。彼らは、(この世で)したことはことごとく水泡に帰し、結局、火(ゲヘナ)に永久に住みつくこととなろう。

一八アッラーの礼拝所の世話をするのは、アッラーと最後《いやはて》の日を信じ、礼拝の務めを果たし、定《さだ》めの喜《き》捨《しゃ》をこころよく出し、アッラー以外の何者も怖れぬ者に限る。こういう人は正道に導かれる人々の仲間に加えて戴けるであろう。

一九巡礼に水を供したり、聖なる神殿(メッカの神殿)の番したりすることを、アッラーと最後《いやはて》の

日を信じ、アッラーの道に奮闘する人と同等だと考えておるのか。アッラーの目から御
覧になれば、とうてい比較になりはせぬ。アッラーは不義なす徒《やから》を導いては下さらぬぞ。
二〇信仰に入り、家郷を棄て、己《おの》が財産と生命を擲《なげう》って奮闘してきた人々の方が、アッ
ラーの目から御覧になれば確かに段が上である。そういう人々こそ最後の勝利者。二一主《しゅ》
は彼らにお恵《めぐ》みと御嘉賞《ごかしょう》の嬉しい予告を与え給う。彼らには、永遠不滅の至福を宿《やど》す楽
園が用意されていて、二二その中に常《とこ》とわまでも住むことになる。まことに、アッラーの
御手元《おてもと》には大きな御褒美《ごほうび》が用意されている。

二三これ、汝ら、信徒の者よ、たとい自分の親、兄弟だとて、もし信仰より無信仰を好
むようならば、決して同志と思うてはならぬ。汝らの中で、そういう人々を同志にする
者があれば、それはまぎれもない不義の徒《やから》じゃ。

二四言ってやるがよい、「もしお前たち、自分の親、子供、兄弟、妻、部族、それから
自分が手に入れた財産、不景気になりはせぬかと心配な商売(多神教徒を聖域から閉め出せば、こちらの商売も上ったりではないかという不平の声が当時、回教徒の間によく聞かれた)、気に入った住居——このようなものがアッラーや使徒や、また神
の道での闘争よりもずっと大切に思われるようなら、よろしい、いずれアッラーの裁断
が下るまで待ってみよ。アッラーは邪悪な人間は決して導いては下さらぬ。」

二五これまでにもアッラーはいろいろの戦場で汝らを援助して下さった。フナインの合戦のときもそうだ（この合戦では回教徒は危く全滅しそうになったが、幸い局面一転して勝利をおさめた）。あの時、始め汝らは多勢をたのんでいい気持になっていたが、いざとなるとそんなものはなんの役にも立たなかったし、この広大な大地すら狭くて身の置きどころもない程になり、そのうち、遂に敵に背を向けて退却する始末《しまつ》。

二六この時、アッラーは使徒（マホメット）および回教徒の上にその御霊《みたま》（原語 sakinah サキーナは神の降臨を意味するヘブライ語 shĕkina シェキーナーに当る語であるが、アラビア語では意味が茫漠としている）を下し、また目に見えぬ軍勢を下して信仰なき者どもを懲らしめ給うた。これこそ正に無信仰者の当然の報《むく》いであった。二七だがそうなってから後でも、アッラーは、お気の向くままに誰にでも赦しのお顔を向け給う。まことにアッラーはよくお赦しになる情深《なさけぶか》い御神におわします。

二八これ、汝ら、信徒の者よ、多神教徒は、まったく汚《けが》れそのもの。されば彼らを今年以後、断じて聖なる礼拝所（メッカの神殿）に近づけてはならぬ。それでは貧困が心配だ（商売が駄目になって貧乏になってしまうかもしれない）と言うかも知れないが、多分アッラーが、御心ならば限りないお恵《めぐ》みをもって汝らを養って下さるであろう。アッラーは明敏《めいびん》、全知の御神におわします。

二九アッラーも最後《いやはて》の日も信じようとせず、アッラーと使徒（マホメット）の禁じたものを禁断とせず、また聖典を頂戴した身でありながら真理《まこと》の宗教を信奉もせぬ、そういう人々にたいしては、先方が進んで貢税《こうぜい》（後世の術語としては「人頭税」のことであるが、この当時はまだ土地税も含まれていた、という説がある）を差出し、平身《へいしん》低頭《ていとう》して来るまで、あくまで戦い続けるがよい。

三〇「ウザイル（エズラ）は神の子」とユダヤ人は言い、「メシアは神の子」とキリスト教徒は言う。どうせ昔の無信仰者どもの口真似《くちまね》して、あんなことを口先だけで言っているにすぎぬ。えい、いっそアッラーが彼らを一気に撃ち殺し給えばいいに。まことに、なんと邪曲《よこしま》な人々であることか。

三一彼らは、アッラーをさし措《お》いて、仲間のラビや修道士を主《しゅ》とあがめている。それからマルヤム（マリア）の息子メシアも。唯一なる御神をのみあがめよと、あれほど固く言いつけられているのに。（アッラー）のほかに神はないはず。ああ何たる恐れ多いことか。それを、あのようなもの（偶像）と同列に置くとは。

三二彼らは、口にものを言わせてアッラーの光りを消そうとする。だが、アッラーの方ではますます光りを見事にし給うだけのことさ、信仰なき徒《やから》には気の毒だが。

三三彼（アッラー）こそは御導きと真理の宗教とを持たせて使徒（マホメット）を遣《つか》わし給うた御神。この（宗教）をあらゆる宗教より上に高く揚《あ》げようとの大御心じゃ。多神教徒の人々には気の毒だが。
三四これ、汝ら、信徒の者、まこと、ラビや修道士たちの多くは、一般の人々の財産を
くだらぬことで食いつぶし、あまつさえアッラーの道を塞《ふさ》ごうとする。また金や銀を貯《た》
めこんだまま、それをアッラーの道に使おうとせぬ者もあるが、そのような者には、苦
しい天罰の嬉しいしらせを伝えてやるがよい。三五そういうもの（現世で貯めた財宝）がジャハンナム
（ゲヘナ）の火の中で灼熱《しゃくねっ》し、それで彼らの額《ひたい》といわず、横腹といわず、背中といわず、焼《やき》
印《いん》が捺《お》されるその日、「これが汝らの貯《た》め込んだ（財宝）じゃ。さ、自分の貯めたもの、
遠慮なく味わうがよい。」
三六まこと、（一年の）月の数は、アッラーが天地を創造された日に定め給うたところに
よって十二あり、そのうち四ヵ月が神聖月（前出、タブーの期間で、一切の戦闘行為が禁止される）。これが正しい宗教（の
掟《おきて》）じゃ。されば、この期間には汝らお互いに害し合ってはならぬぞ。だが多神教徒は
徹底的に攻撃するがよい。向うでも汝を徹底的に攻めて来るからは。アッラーはあくま
で懼神の心敦い者の味方をし給うことをよく心得ておけよ。
三七神聖月をずらす（定まった神聖月にどうしても戦争したい場合、「月おくり」と称してタブーを次の月にずらす習慣があった）ことは無信仰を増大させる。
それで無信仰な人々は道を踏みちがえてしまう。そういう月を彼らは、今年、普通月と

したかと思えば、次の年には神聖月にする。数だけはアッラーの定め給うた神聖月に合わせてすましているが、結局はアッラーの定め給うた神聖期間の禁を勝手に解いてしまう。自分では立派なことをしている積りだがアッラーは、信なき者どもを導いては下さらぬ。

三八これ、信徒の者、一体どうしたことだ、アッラーの道に突進せよと言われたとたんに、そのように地べたにべたっとねばりついてしまうとは。現世にそれほど満足で、来世などはどうでもいいというのか。この世の楽しみなど、来世にくらべたら、取るにも足《た》らぬものなのに。
三九よし、汝らが腰を上げないなら、(アッラーは)汝らを烈しい天罰で痛めつけた上、ほかの宗族とお取り換《か》えになるぞ。汝らが(何をしようと)あのお方(アッラー)を害することはできぬ。だがアッラーはいかなることでもおできになる。

四〇汝らが彼(マホメット)を助けなくとも、以前にもアッラーは彼をお助けになった。邪宗徒どもに追い立てられて、一人の友とただ二人洞窟の中にひそんでいた時のこと(六二二年メッカからメディナに「遷行」を敢行したとき、マホメットは後に彼のあとを継いで第一代のカリフとなるアブー・バクルとただ二人、いのちからがら追手をのがれた)。ほら、彼がもう一人の仲間(アブー・バクル)に、「そう悲しがるな。必ずアッラーが我々を守って下さるから」と言った。その時、アッラーは彼に御霊《みたま》(二六節参照)を下し、目に見えぬ軍勢で加勢してくださった。そして信仰なき者どもの言葉をひき下ろし、アッラーの御言葉を高々と揚げ給うた。まことにアッラーは偉大、明敏、この上ない御神におわします。

四一さ、突撃せよ、軽いものも重いものも（軽重は武装の種類を指す）己が財産と生命を擲《なげう》ってアッラーの道に闘うのじゃ。それが結局は自分のためでもある、もし汝らにそれがわかりさえすれば。

四二獲物《えもの》は近く、旅は程よい、というのであれば、彼らもいそいそとお前（マホメット）について行ったかもしれない。だが彼らにして見れば、どうも道のりが遠すぎた。しかしそれでも（口先《くちさき》だけでは）立派にアッラーかけて誓言し、「ほんとうに、できればわしらも皆さんとご一緒に出掛けましたものを」などと言うことであろう。結局、彼らはわれとわが身を滅ぼすだけのこと。嘘をついていることはアッラーがよく御存知だから。

四三ああどうかアッラーがお前（マホメット）をお赦《ゆる》し下さいますように。どうしてお前、あの人々に賜暇《しか》を出してしまったのか。本当のことを言っている者が誰で、嘘つきは誰、とはっきりわからないうちに。四四だいいち、アッラーと最後《いやはて》の日を信じているほどの者が、全財産と生命を擲って戦わされては一大事とばかりお前に賜暇をくれと言ってくるものか。アッラーは懼神の心敦《こころあつ》い者のことはすっかり御存知。四五お前に賜暇を願い出てくるのは、アッラーも最後《いやはて》の日も信じない人だけ。そういう人々の心は疑惑に充ちているので、その疑心のあまり、ついふらふらと迷ってしまう。

四六 もし彼らが本心から出征《しゅっせい》を望んでいたのなら、きっとそれ相当の準備をしたはず。だが彼らを（戦場に）送り出すことは、アッラー御自身も気乗りし給わなかった。そこで彼らをどっかと落付かせ、「居坐《いすわ》り組と一緒に居坐るがよい」と言い給うたのであった。

四七 あの徒《やから》が一緒に出征したなら、ただもう汝らの苦労を増すばかり。汝らの間をあちこち駈《か》け廻っては、騒動を惹《ひ》き起そうとする、そうなれば汝らの方にもまたそれに喜んで耳を借す者も出てこよう。だが、アッラーだけは不義なす者どものことをすっかり御存知。

四八 彼らが騒動を起そうとしたのは何も今が始めではない。以前にもお前（マホメット）の計画をすっかりひっくり返してしまったこともある。だが（あの時は）やがて真理が現出し、アッラーの御意志が明示されて（事は終った）、尤《もっと》も彼らは苦い顔をしたが。

四九 あの者どもの中には、「私は勘弁《かんべん》しておいて下さい（出征を免除してくれという意）。私を誘惑にかけないで下さい」などと言うものがある。なんたることだ、もうはじめから誘惑にかかっているくせに。すでにジャハンナム（ゲヘナ）は信仰なき者どもを一人のこらず取りかこんでいる。
五〇お前に何か幸運が舞いこんで来れば彼らは不愉快、何か不運がふりかかれば、「ず
っと前からこうなるだろうと見越して待っていた」と言って、さも嬉しそうに向うへ行
ってしまう。五一言ってやるがよい、「我々にふりかかって来るものは、すべてアッラー
が特に定め給うたものばかり。彼（アッラー）こそ我々の守護者。されば信者たるものはみな
アッラーにこそ一切をお委《まか》せ申すべきだ」と。
五二言ってやるがよい、「お前たち、我々が（どうかなればいいと期待しているが、）結局
それも二つに一つ、どちらにしても我々には最良の運になるだけのこと（勝利を獲るか、さもなければ殉教者として死ぬことになるから）。だが、我々の方でも期待しているぞ。アッラーが、御自から、或いは我々の
手を通じてお前たちを懲《こら》しめて下さることを。ま、待って見るがいい、我々も一緒に待
って見よう。」
五三言ってやるがよい、「お前たち、義捐金《ぎえんきん》を進んで出そうが、いやいや出そうが、ど
ちらにしてもお前たちの出すものなど受け取ってはいただけまいぞ。お前たちは邪悪な
人間だから。」
五四彼らの出す義捐金が受け取っていただけないのは、ただひとえに彼らがアッラーと
使徒を拒否《きょひ》し、礼拝をするにもさも大儀《たいぎ》そう、喜捨《きしゃ》を出すにも渋い顔、だからじゃ。五五

さればお前（マホメット）も決して彼らの財産や子供を羨《うらやま》しいなどと思うてはならぬ。要するにアッラーは、ああいうものを使って彼らをこの世で懲《こら》しめ、また彼らが無信仰のままでいるうちに魂が（肉体を）去るようにしてやろうと考えていらっしゃるにすぎない。

五六彼らは、自分が汝らの仲間だということをアッラーの御名にかけて誓言する。だが、その実、絶対に汝らの仲間ではない。ただ生れつき臆病《おくびょう》なだけ。五七もし避難所とか洞窟とか、または何かもぐり込めそうな場所を見つけたら、彼らは一目散《いちもくさん》にそこへ遁げて行くことでもあろう。

五八喜捨《きしゃ》に関してお前を悪く言う者がある。自分も分《わ》け前《まえ》が頂戴《ちょうだい》できれば彼らにしても何も文句《もんく》はなかろうが、分け前を貰えないと、すぐ腹を立てる。

五九もし彼らが、アッラーと使徒から戴いただけのもので満足し、「わしらはアッラーさえあればほかは何もいらぬ。きっとアッラーがその限りないお恵《めぐ》みをわしらにも分けて下さるであろう、それに使徒（マホメット）だっていることだし。わしらはアッラーにおねがいしよう」とでも言うようなら、どんなによかったか知れないに。

六〇（集まった）喜捨の用途は、まず貧者に困窮者、それを徴集《ちょうしゅう》して廻る人、心を協調させた人（始めからの信徒でなく、後になって回教に入って来た人たちにたいしては、「心を協調させる」ためと称して一種の慰撫政策として金を使ったのである。喜捨の一部をそれに当てた）、奴隷の身受け、負債《ふさい》で困っている人、それにアッラーの道（回教の伝播活動）、旅人、これだけに限る。これはアッラーのおとり決《き》め。アッラーは明敏、全知におわします。

六一また彼らの中にはこの予言者（マホメット）に害《あだ》しようとて、「彼はただの耳だ」（自分では何もできず、ただ聴いているだけ）などと言う者がある。言ってやるがよい、「（耳は耳でも）、お前たちのためになることを聞く耳だぞ。アッラーを信仰し、信者を信頼する人間だぞ」と。六二それに（この者）は、汝らの中の信仰深い者のための（神の）御慈悲じゃ。アッラーの使徒ともあろうものに害《あだ》なす者は、いまに苦しい天罰を蒙るであろう。

六三彼らは、汝らの御機嫌《ごきげん》をとるために、アッラーの御名で誓言する。だが本来なら、アッラーとその使徒こそ、彼らが御機嫌をとりむすばねばならぬお方、もし本当の信者であるならば。

六四彼らには分らぬのか、アッラーと使徒に反抗する者は誰であろうとも、ジャハンナム（ゲヘナ）の火に投げ込まれて、永遠に出てはこられないということを。それこそこの上もない屈辱《くつじょく》であろうに。

六五〔六四〕あの似非《えせ》信者《しんじゃ》ども、自分についての天啓が下って、胸に秘めている考えをあばき出されはしないかと警戒している。言ってやるがよい、「いくらでも嘲笑《ちょうしょう》せよ。いまにアッラーが、お前たちの警戒していることを全部あばき出して示し給うであろうぞ」と。

六六お前（マホメット）に詰問されれば、彼らはきっと、「いえ、わしらはただお喋《しゃべ》りしてふざけていただけで」と言う。言ってやるがよい、「え、それではお前たち、アッラーやその神兆や使徒を種《たね》にしてふざけ散らしていたのだな。六七〔六六〕言いわけはやめよ。お前たちは、一度信仰に入りながら、また無信仰に戻った。お前たちの一部は赦してやるが、他の者どもは懲《こら》しめてやる。罪を犯《おか》した罰として。」

六八〔六七〕似非信者というものは、男も女も、どちらがどちらとも言いかねるような者ばかり、悪事を勧《すす》め、善事を邪魔し、掌《て》はかたく握《にぎ》りっぱなし（全然、喜捨を出さぬ）。向うもアッラーのことなど忘れているが、こちらでも彼らのことなど忘れてしまった。まことに似非信者というものは性よこしまな者ども。

六九〔六八〕男の似非信者、女の似非信者、それに無信仰者、こういう人々にはアッラーがジャハンナム（ゲヘナ）の火を約束し給うた、永久の住居として。何がなくともこれさえあれば彼らには充分。その上アッラーの呪詛《じゅそ》を被《こうむ》った。はてしらぬ永い懲しめを受けることであろうぞ。

七〇(六九)以前にも、汝らよりさらに腕力も強く、財産や子供も多かった人々があったが、(汝らは)あれとそっくり。彼らは自分の幸運を大いに楽しんだものだった。汝らも自分の幸運を大いに楽しんでいる、丁度昔の人々が自分の幸運を大いに楽しんだように。また汝らは、昔の人が下らぬお喋《しゃべ》りに時を浪費したのと同じように下らぬお喋りに時をすごす。しかし、彼らのしたことは現世でもまた来世でも全部空《むな》しかった。彼は全てを失ってしまった。

七一(七〇)一体あの者どもは、昔の人々の噂《うわさ》を聞いたことないのか。ヌーフ(ノア)、アード、サムード等の民族、それにイブラーヒーム(アブラハム)の民族、マドヤンの人々、それから顛《てん》覆《ぷく》した数々の邑《まち》(前出、いずれも第七章に詳しい)などの噂を。これらの人々のもとにはそれぞれに使徒がまぎれもない御徴《みしるし》を携えて遣わされていたのであったが。いずれにしてもアッラーの方では彼らをひどい目にあわせるおつもりは少しもなかった。ただ向うで勝手に自分自身をひどい目にあわせるようなことをしてしまっただけのこと。

七二(七一)だが、男の信者と女の信者とは、お互い同士よい仲間。みな、善事を勧《すす》め、悪事を抑え、礼拝の務《つと》めは果《はた》し、喜捨は出し、アッラーと使徒の言いつけはよく守る。こういう人たちにはアッラーもさぞお恵《めぐ》みを垂《た》れ給うことであろう。アッラーは、偉大で明敏《めいびん》におわします故に。

七三〔七二〕アッラーは信徒の男にも女にも、潺々《せんせん》と河川流れる楽園に永遠に住ませてやろうと約束し給う。またアドン（エデン）の園の中に素晴しい住居も（下さると約束し給う）。しかしそれよりさらに有難いのは、アッラーの御允嘉までも戴けること。これこそこの上もない身の幸いではないか。

七四〔七三〕これ、予言者、お前は無信仰者や似非《えせ》信者《しんじゃ》どもを敵としてあくまでも戦うのじゃ。ああいう者どもには、いくらでも酷《ひど》くしてやるがよい。彼らの落ち行く先はジャハンナム（ゲヘナ）。行きつく先はまことに惨澹《さんたん》たるものであろうぞ。

七五〔七四〕彼らは、何も（悪いことは）申したおぼえはありません、などとアッラーかけて誓言しているが、本当は確かに罰当りな言葉を吐いたばかりか、せっかく一時はすべてを神にお委《まか》せしたくせに、また無信仰に戻ってしまった。だが彼らの手に入れた結果は始めの思惑《おもわく》とはまるで喰違《くいちが》ってしまった（この「思惑」については、例えばマホメット暗殺の計画を指すとか、その他いろいろな説が註釈家の間に行われている）。もともとこれは彼らが、アッラーが使徒と一緒に、その限りないお恵みでみなをあまり豊かになさるのを見て、口《く》悔《や》しまぎれにした。このへんで改悛《かいしゅん》した方が身のためというもの。だが、もし嫌《いや》と言うなら、アッラーは、現世でも来世でも、恐ろしい罰で懲《こら》しめ給うぞ。そうなったら、もうこの地上には、彼らを守ってくれる者も助けてくれる者も一人だにありはせぬ。

七六〔七五〕彼らの中にはアッラーと次のような契約を結んだ者もある、「もし我々にお恵みを分けて下さいますなら、必ず必ず、よろこんで喜捨も出しましょう、義《ただ》しい人間にもなりましょう」と。

七七〔七六〕ところが、本当にお恵みを分けておやりになると、たちまちしみったれ根性《こんじょう》をおこし、顔をそむけて行ってしまった。

七八〔七七〕そこでアッラーは追いかけて彼らの心の中に偽善を入れ給うた。今度彼らが（アッラー）にお目にかかるその日（最後の審判の日）まで。これはみな、彼らが、アッラーとの約束に違反し、嘘ばかり言って来たことの報《むく》いじゃ。

七九〔七八〕アッラーは、彼らの秘密も、ひそひそ話しも、全部御存知、いや、目に見えぬ世界の神秘すら全部御存知であることを、彼らは一体知らなかったのか。

八〇〔七九〕信徒の中で、自分から進んで（義務がないのに）喜捨を出そうとはやり立つ者があるとそれを非難し、また何か出そうにもぎりぎりの限界しか出すものもない人を見ては嘲笑《あざわら》う、そのような者どもこそ逆にアッラーは嘲笑《あざわら》い給う。彼らはいまに苦しい罰を蒙ろうぞ。

（二一）〔八〇〕彼らのためには、お赦《ゆる》しを請《こ》うてやっても、お赦しを請うてやらずとも、（同じこと）。たといお前（マホメット）が彼らのために七十回もお赦しを請うたとて、アッラーは絶対に赦しては下さるまい。彼らは、アッラーと使徒に背《そむ》いた身。アッラーは邪悪な者どもなぞ決して導いては下さらぬ。

（二二）〔八一〕居残り組の者どもは、アッラーの使徒が（出征した）後に残されて大喜び。もともと、彼らとしては、己が財産と生命を擲《なげう》ってアッラーの道に闘うのは嫌《いや》だと思っていた。「おい、みんな、あんな熱いところへ飛びこんで行くのはよせ」などと言っていた。言ってやるがよい、「ジャハンナム（ゲヘナ）の火のほうがもっと熱い」と。彼らには、これしきのことがわからないのか。（二三）まあ暫くの間だけげらげら笑って、あとで沢山《たくさん》泣くがいい。それこそ自分で稼《かせ》いだものの報《むく》いじゃ。

（二四）〔八二〕そのうちアッラーのおはからいでお前（マホメット）が彼らのところへ凱旋《がいせん》すると、彼らの中には今度は出征させて下さいと頼むものがあるかもしれないが、はっきり断《ことわ》るのだぞ、「お前たちなぞ絶対に一緒につれては行かれない。わしと一緒に敵と戦ったりさせてなるものか。最初のとき、お前たちはいい気になって居残った。今度も後に残りたい人々と一緒に居残るがよい」と。八五また、あの者どもの誰が死のうと、決してその冥《めい》福《ふく》を祈ったりしてはならぬ。その者の墓に足を止めてもならぬ。彼らはアッラーと使徒に背《そむ》き、不信心者として死んだのだから。

八六〔八五〕お前、彼らの財産や子供を羨《うらや》ましがることはない。アッラーは、ああいうものを使って彼らを現世で散々悩《さんざんなや》ました上、彼らが信仰もないままでいるうちに魂が（身体を）出て行ってしまうようにしようと考えていらっしゃるだけなのだから。

八七〔八六〕「アッラーを信仰し、使徒とともに戦いに臨《のぞ》め」という天啓が下った時、中でも資力の沢山ある者どもはさっそく免除を願い出て来たではないか。「どうぞ、わしらも居残り組と一緒にして下さい」と。

八八〔八七〕彼らは、後に居残る人々と一緒にして貰って大喜びであった。彼らの心には封印が捺《お》された。だからものの道理がわからない。

八九〔八八〕だが、使徒（マホメット）と、彼と信仰を分つ人々だけは、財産も生命も擲《なげう》ってよくぞ奮戦した。こういう人たちには素晴しいものが沢山用意してある。こういう人たちは栄達の道に行く。九〇〔八九〕アッラーが特に彼らのために潺々《せんせん》と河川流れる楽園をしつらえて、そこに永遠に住むようにして下さるとは、これこそ大した身の幸いというものではないか。

九一〔九〇〕それからベドウィン（メッカやメディナのような都市に定住する人々に対して沙漠の遊牧民を指す）の中にも、さまざまに口実をかまえて、免除を願い出て来たものがあった。アッラーと使徒に嘘ついて、みんな居残りおった。無信仰なあの者ども、やがて苦しい天罰を蒙るであろうぞ。

九二〔九一〕虚弱者や病人、それからまた何か供出しようにも出せない（出征の準備をととのえるだけの資力もない）人たちなどは（戦争に出なくとも）別に咎《とが》めだてされることはない。ただアッラーと使徒にたいして誠実でありさえすれば。善行にいそしむ者を責《せ》めるわけには行かぬ。アッラーはよく赦して下さるお情深い御神におわします故に。

九三〔九二〕それからまた、お前（マホメット）のところへ、何かに乗せて下さい（出征したいから、何か乗用動物をくれというのである）と申し出て来て、お前に「残念だがいまわしのところにはお前たちを乗せてやるものがない」と言われると、自分になんの資力もないことの悲しさに、目から涙をぽたぽた流しながら去って行く、そういう人々も同様に（咎《とが》められることはない）。

九四〔九三〕責められねばならないのは、金持のくせに免除を願い出てくる者どもだけ。そういう人々は出征しない人たちの中に入れられると大喜び。アッラーが彼らの心に封印を捺《お》してしまわれたので、ものの道理がわからない。

九五〔九四〕汝らが（戦場から）帰って来ると、彼らはいろいろ言いわけすることであろう。

言ってやるがよい、「言いわけ無用だ。我々は絶対にお前たちの言うことなぞ信用しない。お前たちの噂《うわさ》はアッラーがすっかり話して下さった。これからもアッラーは、使徒と一緒に、お前たちのすることを視《み》ていらっしゃるぞ。そして最後には、みな、目に見えぬ世界のことも目に見える世界のことも一切御存知のお方（アッラー）のところへ連れ戻され、そこでお前のしてきたことをすっかり話して聞かされるのだ」と。

九六〔九五〕汝らが彼らのところへ還《かえ》ると、彼はお前たちの目を逸《そ》らそうとして、アッラーにかけて誓言したりするであろう。よし、目を逸らしてやれ。どうせ汚《けが》れた者どものことだ。落ち行く先はジャハンナム（ゲヘナ）。自分で稼《かせ》いだだけの当然の報《むく》いというものじゃ。

九七〔九六〕また汝らに気に入られようとして誓言したりするかもしれない。そのような場合、たとい汝らに気に入られても、アッラーだけは、邪悪な者どもがお気に入ることは絶対にない。

九八〔九七〕無信仰と偽善にかけてはベドウィンたち（アラビア沙漠の遊牧部族）の方が一段と頑強だし、またアッラーが使徒（マホメット）に啓示し給うた（宗教上の）掟《おきて》のわかりも当然一段と悪い。アッラーはまことに明敏、全知におわします。

九九〔九八〕またベドウィンの中には、自分の差し出すもの（「アッラーの道」のため、すなわちいわゆる聖戦のために供出する財物）を何か（迷惑千万な）税金のごとく考えて、いっそ汝らの運勢がひっくりかえればいいと待ちかまえている者もある。運勢がひっくりかえって損するのは彼らのほうなのに。アッラーは耳敏《さと》く、何から何まで知り給う。

一〇〇〔九九〕だがまたベドウィンの中にも、アッラーと最後《いやはて》の日を信じ、自分の差し出すものをアッラーへのお近づきの捧げものと考え、かつまたそれでこの使徒（マホメット）の礼拝（信仰というほどの意）に（少しでも）近づけると考えている（感心な）者もある。いや、たしかにこれは身のためになる立派な捧げものじゃ。こういう人々はアッラーも必ずや恩寵《おんちょう》の中に入らせて下さるであろう。まことに、アッラーはよく赦して下さるお情深《なさけぶか》い御神におわす故に。

一〇一〔一〇〇〕それから、まず率先《そっせん》して（信仰の道に）進んだ遷行者《ムハージルーン》（マホメットに忠実に従ってメッカからメディナに移って来た人たち）、幇助者《アンサール》（メッカから遁れて来たマホメットと遷行者の一団をこころよく迎えて護ってくれたメディナの人たち）、それに立派な行いで彼らに従った人々は、アッラーも彼らに御満足なら、彼らも（アッラー）に満足。潺々《せんせん》と河川流れる楽園をとくにしつらえて、そこに常《とこ》とわまでも住まわせて下さる。それこそこの上もない身の幸ではないか。

一〇二〔一〇一〕また汝らのまわりのベドウィンどもの中には上辺《うわべ》だけさも信者らしく見せか

けている者がいるし、マディーナ（メディナ）の住民の中にはもう挺《てこ》でも動かぬひどい似非信《えせしん》
者《じゃ》が（沢山）ある。汝らには見分けがつくまいが、我らにははっきりわかっておる。その
うち我らが二度繰返《くりかえ》して（現世と来世で）懲《こ》らしめた上、最後に苦しい刑罰にかけてやろうぞ。
一〇三〔一〇二〕以上のほかに、また自分から己《おの》が罪を認めた者どもがあった。すなわち正し
い行いと悪事とを混《ま》ぜ合せた人々のこと。こういう人々には、おそらくアッラーは赦し
のお顔をお向けになるであろう。アッラーは、よく赦して下さるお情深い御神におわし
ます故に。一〇四〔一〇三〕彼らの財産の何分かを自由喜捨《きしゃ》（前出、法定の税としての喜捨でなく、信者が自由意志で行う個人的な喜捨を指す）として
取り立て、それで彼らを浄化し、祓清《ふっせい》してやるがよい。よく祈ってやるがよい。お前の
祈禱は彼らのために安らぎとなろう。アッラーは耳敏《さと》く、全てを知り給う。
一〇五〔一〇四〕みなにはわかってはいないのか、アッラーこそはその奴隷（信者）の捧げる改悛《かいしゅん》の
こころを嘉納し、彼らの（捧げる）自由喜捨を（いつでも、こころよく）お受け下さるお方
だということが。そして実によく赦しのお顔を向け給う情深い御神にましますというこ
とが。
一〇六〔一〇五〕言い聞かせてやるがよい、「さ、お前たち（なんでも）やるがいい。アッラーは
きっとお前たちの所業を御覧になろう。それから使徒（マホメット）も、一般の信徒たちも。そ
のうち、お前たちは可視界、不可視界をともに知悉《ちしつ》し給うお方のもとに召寄《めしよ》せられ、そ

のお口からお前たちの(現世で)してきたことを全部語って聞かされることになるであろう。」

一〇七〔一〇六〕その他の、アッラーの御判決が下るまで暫く待機しておらねばならぬ人々もある。すなわち、罰を下し給うか、それともお赦しのお顔を向け給うか(今のところまだ未決状態)。いずれにしても、アッラーは明敏、全知におわします。

一〇八〔一〇七〕それから、嫌がらせのため、無信仰の故に、また正しい信徒の間に仲間割れを惹《ひ》き起そうがため、かつはまた以前、アッラーと使徒に戦いを挑《いど》んだ人々のかっこうな待伏《まちぶせ》の場所としようがため、(新しく)礼拝所を建てた者どもがある。彼らは(口先《くちさき》では)きっと「わしらの願うところはひとえに(来世の)よき報《むく》いのみ」などと誓言までして見せるに違いないが、しかしアッラー(御自ら)彼らは嘘つきだと証言し給う。一〇九〔一〇八〕お前(マホメット)あのような場所を決して踏んではならぬぞ。よいか、そもそもの最初から懼神《くしん》の心を基礎として建てられた礼拝所の方が、どれほどお前が足を踏み入れるにふさわしいことか。あそこには、常に、好んで身心を浄《きよ》らかに保《たも》とうとする人たちがある。まことに、アッラーは身心の浄らかな人々を好み給う。

一一〇〔一〇九〕(よく考えて見よ)建物をつくる場合に、アッラーへの懼敬《くぎょう》の心と(アッラー)

の御満悦(を願う心)との基礎の上にうち立てた人と、自分の建物を水に侵蝕《しんしょく》されて正《まさ》に潰《つぶ》れ落ちんばかりになっている川岸に立てたために、とうとう家もろともジャハンナム(ゲヘナ)の劫火《ごうか》の真只中《まっただなか》に潰れ落ちてしまった人と、一体どちらが立派だろうか。よいか、アッラーは不義をはたらく者どもの手引きはし給わぬぞ。一一一〔一一〇〕そういう人々の立てた建物は、彼ら自身の心の中でも、どこまでも疑惑の種となるばかり、彼らの心がずたずたに引裂《ひきさ》かれてしまうまでは止《と》めどもなく。アッラーは明敏、全知におわします。

一一二〔一一一〕まこと、アッラーは(天上の)楽園と引換《ひきか》えで、信徒たちから彼ら自身とその財産とをそっくり買い取り給うた。アッラーの道に奮戦し、殺し、殺されておる彼らじゃ。これは律法《トーラー》、福音《ふくいん》、およびクルアーン(『コーラン』)にも(明記されておる通り)アッラーも必ず守らねばならぬ御約束。だいいちアッラーより約束に忠実なお方がどこにあろう。されば汝ら、そういうお方を相手方として結んだこの取引き(前にも屢々出て来たように、信仰は神と人間との契約関係であり、俗っぽく言えば商売の取引きである)を有難いと思わねばならぬ。まったくこの上もない身の幸いではないか。

一一三改悛《かいしゅん》する人々、(アッラーを)崇《あが》める人々、ほめ讃《たた》える人々、断食《だんじき》し精進《しょうじん》する人々、(神前に)跪く人々、平伏して(祈る)人々、善を勧《すす》め悪を抑《おさ》える人々、アッラーの戒《いましめ》をよく守る人々……すべて信仰深い人々には、お前から喜びの音信を伝えてやるがよい。

二四(一一三)予言者たるものが、また本当の信者たるものが、多神教徒のために(神の)赦しを請《こ》うようなことをしてはならぬ。たといそれが自分の身内《みうち》の者であっても。一旦地獄に行く者と判明したからには。二五(一一四)イブラーヒーム(アブラハム)が父親のために赦しを請うたのは(事実だが)、あれはただ元来そういう約束をしてあったからのこと、(父が)アッラーの敵だということが判明すると、忽ち彼は縁を切ってしまった。イブラーヒームは、まことに心ひくき、おだやかな人間であった。

二六アッラーともあろうお方が、一旦正しい道に導き入れた人々を、本当の懼敬《くぎょう》の心とはどのようなものかを教えもせずに、どうしてむざむざ迷わせ給うものか。まことに、アッラーは全知におわします。

二七まこと、天と地の主権はすべてアッラーに属す。生かすも殺すも御心のまま。アッラーをよそにしては、汝らの保護者も守護者もない。

二八予言者(マホメット)と、それから困窮の時にも彼に忠実に従った遷行者《せんこうしゃ》、幇助者《ほうじょしゃ》たち(前出、一〇一節参照)にアッラーは赦しのお顔を向け給うた。一部の者は心をぐらつかせたが、それでもなお、赦しのお顔を向け給うた。まことにあの者どもに対しては、実にやさしく、慈愛をかけ給う。

一一九〔一一八〕それから、後に居残ったあの三人の者（メディナの「幇助者」の中の三人で、回教暦九年のタブーク攻略に際し、あくまでマホメットとの同行を拒否した人たち）のことだが、あれほど広大な大地がやがて彼らには狭くなり（身の置きどころがなくなり）、自分の魂も狭くなり（後悔の情に責められ）、結局アッラーにお縋り申す以外にはアッラー（のお怒り）から遁《のが》れるすべはないとさとるに至った。すると（アッラーの方では）彼らに赦しのお顔を向け給うて、彼らが（安んじてアッラーに）改悛《かいしゅん》の心を向け奉れるよう取りはからい給うた。まことにアッラーは、よく思い直して（罪人を赦して下さる）情深い御神におわします。

一二〇〔一一九〕これ、汝ら、信徒の者、アッラーを懼《おそ》れまつれ。常に真《まこと》を語る人々と行をともにせよ。

一二一〔一二〇〕マディーナ（メディナ）の市民や、その周囲に住むベドウィンたちがアッラーの使徒（マホメット）の（攻略行）に加わらずあとに居残り、彼（マホメット）の生命より自分自身の生命を大事がるとは大変な間違であろう。考えても見よ、アッラーの道（聖戦を指す）に征《ゆ》くときは、渇《かつ》え、疲れ、空腹に苦しめられるごとに、また信仰なき者どもを怒らせるような手を打つごとに、また敵からなんでも獲物《えもの》を取るごとに、必ずそれが一々善行として記録されるので

はないか。まこと、アッラーは、功労者の御褒美は絶対にお忘れになりはせぬ。一二二
(一二一)そういう人たち(聖戦に出征した人々)は、何か大なり小なりの費《ついえ》をしたといっては記録され、ちょっと谷を越したといっては記録され、それで(後日)アッラーから自分たちが(現世で)してきた最善の行いを御《ご》嘉賞《かしょう》して戴ける。
一二三(一二二)勿論、信徒が一人残らず出征して行ってしまってはいけない。各集団ごとに一部だけ出征して、(後に残った者は)宗教上の勉強にはげみ、みなが帰還して来た時、これに(信仰生活上の)訓戒を与えて、怠懈《たいげ》の心を起させぬようにしてやることが大切である。

一二四(一二三)これ、信徒の者よ、汝らの身近《みぢか》にいる無信仰者たちに戦いを挑《いど》みかけよ。彼らにおそろしく手ごわい相手だと思い知らせてやるがよい。アッラーは常に敬神の念敦《あつ》き者とともにいますことを忘れるでないぞ。

一二五(一二四)何か(新しい)啓示のお言葉が下るたびに、彼らの中には「こんなもので信仰が増したのはどこの誰だ」などと言い出す者がある。実は本当の信仰をもった人たちはみなこれで信仰が増し、大喜びしているのに。

一二六(一二五)だが心の中に病気をもった者どもは、穢《けが》れの上にますます穢れが加わって、とうとう無信仰のままで死んでしまった。

一二七〔一二六〕自分たちが(このようにして)年に一度か二度は試《こころ》みられていることが一体彼らにはわからないのか。それで結局、改悛《かいしゅん》することもなく、はっと目醒《めざ》めることもない。

一二八〔一二七〕何か啓示のお言葉が下るたびに、彼らはお互いにちらと眺め合い、「誰か見ている者があるかな」と言う(誰も見ていなければそっと席をはずして行ってしまおうとする)。そしてよそへ行ってしまう。あまりものの分らぬ人々なので、アッラーが(はじめから)彼らの心を(あらぬ方に)捩《ね》じ向けて置き給うたのじゃ。

一二九〔一二八〕今、こうして汝らには、汝ら自身の間から使徒が遣《つか》わされて来ておる(自分の同胞の一人が使徒として選ばれて遣わされた)。汝らが苦境に立っているのを見れば心せまる思いに悩み、(何事によらず)汝らの為よかれと念じ、すべて信仰ある人々に対してはやさしく、慈悲ぶかい(使徒が……)。

一三〇〔一二九〕もし彼らが背を向けたなら、言うがよい、「わしはアッラーさえあればもうそれで充分。そのほかには神はない。彼こそはわしの唯一の頼《たよ》り。彼こそは偉大なる王座の主」と。

一〇　ユーヌス（平安その上にあれ）

――メッカ啓示、全一〇九節――

慈悲ふかく慈愛あまねきアッラーの御名において……

一アリフ・ラーム・ミーム、これこそは叡智《えいち》にかがやく（この天啓の）書の徴《しるし》であるぞ（前述の通り、「アリフ・ラーム・ミーム」という三個の略字の意味がわからないので、結局この一文全体の真意もはっきりはつかめない）。

二みなと同じただの人間（マホメットを指す。キリストの神性に対して回教では始祖マホメットが他とかわりないただの人間であることを特に強調する）に我らが啓示を与えて、「人々に警告せよ。特に信仰敦き者どもには、主のお傍にゆるぎない立場ができていることを告げ知らせて喜ばせてやるがよい」（と命じた）ことが、みなにはそれほど不思議に思われたのか。信仰なきあの者ども、「これはたしかに妖術使《ようじゅつつか》いだ」などと言った。

三まこと、汝らの主《しゅ》はアッラー。天と地を六日のうちに創《つく》り出し、それから、一切を統《す》べ治《おさ》めんがためおもむろに王座につき給うた御神。何者といえども、まずそのお許しをえてからでなくては(罪人のために)取りなしをすることはできぬ。そういうお方が汝らの主、アッラーであらせられる。さ、崇《あが》め申せ。まだ目がさめぬか。四汝らやがては一人のこらずお傍に召し寄せられる身ではないか。これはたごうことなきアッラーの御約束。御自ら創造の業を創め給うた後、やがて再びもとに引き戻して、信仰深い者ども、義《ただ》しく善行を積んだ者どもに御嘉賞あらせられる。だが信仰に背《そむ》く者どもは、煮《に》えたぎる熱湯を飲まされて、酷《ひど》い懲《こら》しめを頂戴するであろうぞ、信仰に背いた罰として。

五彼(アッラー)こそは太陽をば燦爛《さんらん》たる輝きとなし、月をば明光となしてこれに整然たる行《こう》程《てい》を与え、それによって汝らが年の数を知り、(月日の)計算ができるように取りはからい給うたお方。(すべて)このようなものをアッラーはひたすら真理《まこと》をもって創り給うたのであって、こうしていろいろなお徴《しるし》を物のわかる人々に詳しく説きあかし給う。

六まこと、夜と昼の交替《こうたい》のうちにも、またアッラーが天と地の中に創り給うたもののうちにも、懼敬《くぎょう》の念敦《あつ》き人々の目から見れば(数限りない)お徴《しるし》がある。

七我ら(アッラー)との出遇《であ》いを望むことなく、ただ現世の生活で満足し、その中にいい気持でひたり込んでいる人々、そしてまた我らの与える徴《しるし》に無関心な人々、八そういう人々の落ち行く先は（地獄の）劫火《ごうか》。それもみなわれとわが手の稼《かせ》ぎ出した報《むく》い。
九しかしながら、深い信仰を抱《いだ》き、義《ただ》しいことだけする人は、主《しゅ》がその信仰にめでて
御自ら手引きして下さろう。やがて至福の楽園において、足下《そっか》に潺々《せんせん》と河川も流れよう。
一〇そこで彼らは「栄《さか》えあれ、アッラーよ」と声高く祈り、「平安あれ」と挨拶《あいさつ》を交《か》わそ
う。一一そして、彼らの祈りは「讃《たた》えあれ、アッラーに、万有の主に」という言葉で終る
であろう。

一二（一一）人間どもはみなわが身よかれと周章《あわて》まわっているが、もしかりにアッラーがあ
れと同じくらいに大急ぎで彼らに悪（彼らが自分の悪業の報いとして当然わが身にまねくはずの禍い）を送り給うなら、彼らの命《めい》
数《すう》はたちまちに尽きてしまう。だが我ら（アッラー自称）の方では、我らとの出遇《であ》いを望まない
（あの無信仰）者どもをかまわず放置して、（できるだけ長く）反逆のうちに迷いの道をさ
まよわせてやるだけのこと。
一三（一二）災難にみまわれると大声あげて我ら（アッラー）を喚《よ》び寄せ、いても立ってもいられな
いようにするくせに、そのわざわいを取り除けてやると、今度はまるで災難にみまわれ
て我らを喚《よ》んだことなぞどこへやら、すまして向うへ行ってしまう。要するに分《ぶん》をわき
まえぬ者どもは、自分の所業をさも立派なことだと思いこんでいる。

一四(一三)汝らの前にも我らは不義をはたらいた民族をいくつも絶滅させたことがある。それぞれに使徒がまぎれもない神兆を携《たずさ》えて行ったのに、彼らは信じようとはしなかったので。こうして我らは不義不正の民に報《むく》いを与える。一五(一四)その後で、我らはそのあと継ぎとして汝らを地上に興し、汝らの出かたを見ようとした。

一六(一五)我ら(アッラー)の神兆(『コーラン』の啓示を指す)を読誦《どくしょう》して聞かせてやると、これほどまぎれもないお徴《しるし》であるのに、我らとの出遇《であ》いを望まぬ者ども(無信仰者)は、「こんなのではない別のクルアーン(『コーラン』)を持ってこい。さもなければ(これを)思いきり改竄《かいざん》せよ(我々の信仰する神々を否定するような啓示はいやだ、の意)」などと言う。言い返してやるがよい、「わしが自分で勝手に改竄したりできるものか。わしはただ啓示されるままに言っているだけだ。神様に叛《そむ》いたりしたら、それこそあの大変な日(最後の審判の日)にどんな罰を蒙ることか」と。一七(一六)言ってやるがよい、「無論アッラーの御心次第では、わしがお前たちにこれ(『コーラン』)を誦《よ》んで聞かせるということにはならなかったかも知れん。(アッラー)はお前たちに教えては下さらなかったかも知れん。(『コーラン』の啓示が始まる)以前、わしは(殆んど普通の人の)一生ほどの長い間もお前たちと一緒に(なんの変哲《へんてつ》もなく)暮していたではないか(マホメットが突然啓示を受け出したのは彼が四十歳の頃で、それまでは全然予言者的ではなかった）。こんなことがお前たちにはわからんのか。」

一八〔一七〕アッラーにいいかげんなでたらめをおしつけ、その神兆（『コーラン』）を嘘よばわりする人間ほど悪い者がどこにあろう。悪事をなして、それでいい目を見るわけには行くまいぞ。

一九〔一八〕彼らはアッラーをさし措《お》いて、なんの毒にも薬にもならぬもの（偶像）を崇《あが》めている。そして、「この（神々）が我々をアッラーに執成《とりな》して下さる」と。言ってやるがよい、「これ、お前たち、天にあること地にあることで、何か御存知ないことをアッラーにお教え申すつもりなのか」と。ああ勿体《もったい》ない、かしこくも（アッラー）は彼らの崇《あが》める（邪神）どもとは較《くら》ぶべくもない高みにおわします。

二〇〔一九〕もともと人類はただ一つの民族であったのが、後にばらばらに分裂した。もしそれより以前に主の御言葉が出ていなかったなら、彼らお互いの間のくい違いは完全に裁《さば》きがついてしまったことであろう（この一節は全体から全く孤立しており、意味も晦渋である。古来、いろいろの解釈があるが、いずれも決定的でない）。

二一(暫く天啓が途絶《とだ》えると)すぐ彼らは、「どうしたわけかねえ、少しも神様からお徴《しるし》が下らないのは」などと言う。言ってやるがよい、「目に見えぬ世界のことは一切アッラーの統《す》べ給うところ。ま、少し待って見るがいい。わしもお前たちと一緒に待って見ようよ」と。

二二〔二一〕何か災難にみまわれた人たちに、我ら(アッラー)が御慈悲《おじひ》を味わせてやると(その災難から救ってやるとる)、(逆に)彼らは我らの神兆にたいして(よからぬ)たくらみを仕掛《しか》けてくる。言ってやるがよい、「たくらみということになればアッラーの方がはるかに敏速《びんそく》におわします。よいか、我らの遣《つか》わした者ども(天使を指す)がお前たちの悪だくみは逐一《ちくいち》記録しているぞ。」

二三〔二二〕彼(アッラー)こそは汝らを陸上にまた海上に旅させて下さるお方。そして汝らが舟に乗り込み、ほどよい風に舟は彼ら(今までの「汝ら」がここで急に「彼ら」となる)を運び行けば、彼らはそれで大喜び――と思う間に、たちまちさっと颶風《ひょうふう》吹き起って、四方八方から大波がおし寄せ、もう進退きわまったと思い、さすがの彼らも今度ばかりは本気で信心してアッラーに大声でお祈りする、「今、私どもを救い出して下さいましたなら、必ず必ず私どもも感謝のこころ識《し》る(信仰の敦い)人々の仲間入りいたします」と。二四〔二三〕ところが、本当に救い出してみると、それがどうじゃ、不埒にも、忽ちまた至るところで不義をはたらき出す。これ、よくきけ、皆の者。汝らの犯《おか》す不義の行いは結局汝ら自身の害になる。ただかりそめの世の生を享楽《きょうらく》するだけで、やがてみんな我らの傍に呼び還《かえ》され、そこで我らから(現世での)所業を一々詳《くわ》しく語り聞かされることになるのだぞ。

二五(二四)かりそめの現世の生をものの譬《たと》えで説こうなら、天から我らの降らす水のごときものか。その(雨水)に、人間や家畜の食い物となる地上の草木がよく混じて、そのうち大地は色とりどりの装《よそお》いをこらして目もあやなす美しさ。そこに住む(人間ども)は、これでついに(大地)を完全に支配したと思いこむ。と、その時、突然我らの命令が夜に、また昼にふりかかって、遂に(あたりは)一面の刈入《かりい》れの跡と変じ、昨日までのあの盛んな面影はどこへやらということになる。と、このようにして我らはものごとを深く反省《はんせい》する人々のためにいろいろと神兆《しんちょう》を説きあかす。

二六アッラーは平安の宿(天国)に誘《いざな》い給う。御心のままに正しき道に導き給う。

二七善行をなした人々は、こよなく美しい(御褒美)のその上に足しまえまでも戴けよう。

塵埃《じんあい》も屈辱《くつじょく》もその顔を覆《おお》うことなく、楽園の住人となって、常《とこ》とわまでもそこに住まう。
二八〔二七〕これに反して悪事ばかり稼《かせ》いだ（悪事を犯すのは、いわば悪を「稼ぐ」ことである）人々は、悪事一つごとに相応《そうおう》
の報《むく》いを頂戴し、屈辱に覆われ、アッラーから護ってくれる者とてなく、あたかもその
顔は暗影ふかき夜の闇にすっぽり包まれてしまったようになろうぞ。こういう者どもは
劫火《ごうか》の住人、常《とこ》とわまでそこに住みつこう。
二九〔二八〕我らがあらゆる人々を喚び集めるその日（最後の審判の日）、（アッラー）とならべて邪神を
崇《あが》めて来た者どもにはこう言ってやるぞ、「さ、汝らの場所はあそこじゃ、汝らも、そ
れから汝らのお仲間様（偶像神たち）も」と。そして彼らの間を分けてやる。するとお仲間様た
ちが（その信者たちに）言うだろう、「お前たち、本当はわしらを崇《あが》めていたのではなか
ったな。
三〇わしらとお前たちの間のことについては、アッラーの御証言だけで充分。と
にかくこちらではお前たちごときに崇めてもらっても、少しも有難いとは思わなかっ
た」と。
三一〔三〇〕こうなってきては、誰もかれも、みな自分が以前（現世）でしていたことを経験
し（なおさ）ねばならぬ。みな自分の本当の御主人たるアッラーのお手元に引き戻され、
彼らが（現世で）捏造《ねつぞう》していたもの（偶像神の威力）などはどこかへ消えてしまう。
三二〔三一〕言ってやるがよい、「天と地（の産物）でお前たちを養っているのは誰だ。（一切

を）聞く力、（一切を）見る目をもっているのは誰だ。死物から生者を作り出し、生者から死物を作り出す者は誰だ。（すべての）物事を経綸《けいりん》しているのは誰だ」と。彼らはきっと答えるだろう、「アッラーだ」と。（そしたらすかさず）言ってやるのだ、「それでもお前たち、懼敬《くぎょう》のこころをもたないのか」と。

三三（三二）こういうお方がお前たちの主《しゅ》、（生きた）真理アッラーにおわします。真理のほかには誤り以外の何があろう。さ、それなのに、お前たちどうしてそう顔をそむけるのか。

三四邪曲の徒輩《やから》はついに信仰に入ることはなかろうという主《しゅ》のお言葉は、かくして真《まこと》となって実現した。

三五（三四）言ってやるがよい、「お前たちの（信仰する）偶像神の中で、誰か、万有を創造し、またこれをもとに引き戻すことのできる者があるか」と。言ってやるがよい、「ただアッラーのみ万有を創造しておいて、やがてまたこれをもとに引き戻し給う。さ、それなのにお前たち、なぜ邪道に迷い行くのか」と。

三六（三五）言ってやるがよい、「お前たちの偶像神たちの中で、誰か真理まで導いて行ってくれる者があるか。」言ってやるがよい、「ただアッラーのみ真理に導き給う。真理に導いて下さるお方について行く方がいいか、それとも他者《ひと》に手引きして貰《もら》わなければ自分では（ひとの）手引きもできないような者について行く方がいいのか。これ、お前たち一体どうしてそのような（間違った）考え方ができるのだ。」

三七〔三六〕どうせ彼らの大多数は、いいかげんな当《あ》て推量《ずいりょう》をしているだけのこと。当て推量をいくらしたところで、真理の代りにはなりはせぬ。よいか、アッラーは彼らの所業を全部御存知におわしますぞ。

三八〔三七〕現にこのクルアーン（『コーラン』）にしても、アッラー（の霊感）なしに（人間が）頭で作り出せるようなものではない。それどころか、これこそは、先行する（啓典）を確証するものであり、かつはまた、疑念の余地もなく（明らかに）万有の主《しゅ》の下し給う啓示の書（一般）を解明するものである。

三九〔三八〕それでも彼らが「どうせこれは、あの男（マホメット）のひねり出した贋物《にせもの》さ」などと言うのなら、お前（マホメット）、言い返してやるがよい、「よし、それではお前たちも一つこれと同じような文句《もんく》をひねり出して見よ。アッラー以外のどんな（神様）にでも（啓示を）お願い申して見よ、もしお前たち本気でそのようなことを言っているのなら」と。

四〇〔三九〕なんの、実は彼ら、自分ではなんのことかわかりもせず、その深い意味もわかりもせずに、ただ（いいかげんに）これ（『コーラン』）を嘘だと言い立てるだけのこと。そういえば、昔の人々も(自分たちの予言者の教えを)嘘よばわりした。見てみるがいい、そういう(昔の)悪者どもがどんな最後をとげたかということを。

四一(四〇)或る者はそれ(『コーラン』)を信じ、或る者は信じない。ま、とにかく、世の中を堕落《だらく》させる者どものことは、お前(マホメット)の主が誰よりもよく御存知。

四二(四一)だから、もし彼らがお前を嘘つきと言ったら、答えるがよい、「わしの仕業《しわざ》はわしのもの、お前たちの仕業はお前たちのもの。わしが何をしようとお前たちには無関係、お前たちが何をしようとわしには無関係」と。

四三(四二)彼らの中にもお前の言うことに耳をかそうとする者もおるだろう。だが、元来わけのわからないあの徒《やから》の、つんぼをなおして耳が聞えるようにしてやる能力がお前にあるのか。四四(四三)また中にはお前の方に目を向ける者もあるだろう。だが、元来ものの見えないあの盲《めくら》の手引きしてやる能力がお前にあるのか。

四五(四四)まこと、アッラーは何一つ人間に不当なことはなさりはせぬ。ただ人間が自分で自分に不当な仕打ちをしているだけのこと。

四六(四五)(アッラーが死んで地下に眠る)人々を召し寄せ給うその日(最後の審判の当日)、みなは一日

の、それも(僅か)一時間ぐらいしか(墓の中に)いなかったような気持で、お互いの顔も
よく見おぼえていることだろう。その時こそ、(現世にあった頃)アッラーとの出遇《であ》いな
ぞ嘘だと公言して、迷いの道をあゆんでいた者どもはもう絶対に救われぬ。
四七(四六)我ら(アッラー)は現に彼らに約束しているもの(天罰)をいくらかでもお前(マホメット)に目《ま》のあ
たり見物させてやるかも知れないし、またお前を(このまま)召し寄せてしまう(死なせてしまう)
かも知れない。いずれにしても彼らは一人のこらず我らのもとに喚《よ》び返されよう。その
時こそ、今彼らがしている(悪)事についてはアッラー(御自ら)証人に立ち給う。
四八どの民族にも(アッラーのもとから)使徒が遣《つか》わされることになっている。そして、
一旦使徒がやって来れば、すべて人々の間の問題は公正に裁《さば》かれ、誰も不当な目には遇《あ》
うことはない。
四九(四八)「この約束は一体いつ(実現する)のかね。お前たち(回教徒)もし本気で言っている
のなら」(四七節に続けて読む。「この約束」とは、悪事をしているといまに恐ろしい罰を受けるぞというアッラーの言葉を指す)と彼らは言う。五〇(四九)答えてやれ、
「わしは自分では害も益も自由には出来ぬ。すべてただアッラーの御旨《みむね》のまま。もとも
と、どの民族にも定めの時というものがあって、いよいよその定めの時が到来したら、
もう誰にも一時間だに遅らすことも早めることもできはせぬ。」

五一〔五〇〕言ってやるがよい、「これ、お前たち、どう思う。いざ本当に、神様の懲罰《ちょうばつ》が夜中に、また真昼に急襲して来たとなったら、悪人ども、一体どこのところをもっと早くしてくれと願うつもりだ（無信仰者たちは、もしマホメットの唱えるアッラーの罰とやらが本当の話であるのなら、早くそれを俺たちの頭上に下して見せろと言ってマホメットをなぶりものにしていた）。五二〔五一〕お前たち、本当にそういうことになってからやっと信じようというのか。さあ、いよいよその時だ（現に恐ろしい天罰が起ったような気持で言う）、よくも今まで早くしろ早くしろと言っていたな。」五三〔五二〕そうなったら、それまで散々不義不正をはたらいて来た者どもには、「さあ、未来永劫《えいごう》に続く天罰を心ゆくまで味わうがよい。どうせお前たち、自分で稼《かせ》いで来た分だけきっちり御褒美を頂戴するのだから」と言ってやろうぞ。

五四〔五三〕彼らはお前に、「それは本当のことですか」と訊《たず》ねに来るであろう。言ってやるがよい、「そうだとも、神かけて。正真正銘本当だ。お前たち絶対にこれを阻止することはできないぞ」と。

五五〔五四〕不義をはたらいた者の一人一人がかりに地上の（一切の財宝）をもっているものとすれば、きっとその（全部）を擲《な》げ出してでも我が身を贖《あがな》おうとすることだろう。いざ天罰を目《ま》のあたりにしたら、いかな彼らでも、心の秘めた奥底に後悔の念をおこすことであろう。だが、お裁《さば》きは厳正だ。間違った扱いを受けることは絶対にない。

五六天も地も、アッラーこそすべてを所有し給うお方ではないか。そのアッラーの御約束(予言)がなんで真理《まこと》でないことがあろうぞ。だが、たいがいの者にはそれがわからない。五七彼(アッラー)こそは(万物の)生命と死をつかさどり給うお方。汝らみないずれはお傍に召し還されるのじゃ。

五八〔五七〕これ、皆の者、こうして神様のお手元から教戒が汝らのところへ届けられて来た。それから汝らの胸中の(患《わずら》い)の癒《いや》しと、(正道への)導きと、信仰ある人々への御慈悲とが。五九〔五八〕お前(マホメット)こう唱《とな》えるがよい、「ひとえにアッラーのお情けとお慈悲による」と。されば皆の者もそれ(アッラーの恩寵)に思いきり喜ぶがよい。自分で蓄《た》めた(財宝)などより、この方がはるかにまさる。

六〇〔五九〕言ってやるがよい、「お前たち、あれは一体どうした、アッラーが特にお前たちのために食物を下し給うた時、お前たちは(勝手に)これは禁忌《きんき》、これはよしなどと(面倒な規則)を作った。」言ってやるがよい、「そのようなことをしてもよいとアッラーが許し給うたのか。それとも、お前たち、アッラーの御意向と称していいかげんなでたらめを作り出すのか。」

六一〔六〇〕復活《よみがえり》の日、今アッラーの御意向と称してでたらめを作り出している者どもの胸の思いはどんなことになるものか。アッラーは人間にたいしてこれほど恩寵を示し給うのに、多くの者は有難いとも思わない。

六二〔六一〕お前（マホメット）がどのようなことをしておろうと、またそのことでクルアーン（『コーラン』）のどこを誦もうと、それからまたお前たち（ここで急に一般の人たちへの語りかけとなる）どのような仕事をしようと、必ず我ら（アッラー）はその現場に立会って、お前たちが夢中でしているところを監視しておる。地にあること、天にあること、ただの蟻《あり》一匹（或いは「微粒子ただ一つぶ」）の重さほどといえども神様のお目を遁《のが》れることはない。それよりもっと小さいものでも、もっと大きいものでも、すべては瞭々《りょうりょう》たる帳簿（『コーラン』をはじめ一切の天啓の書の原簿のようなもので、天上にあり、天地一切の事象がそこに記載されている）に載っている。

六三〔六二〕まことに、まことに、アッラーの伴侶《はんりょ》たる人々こそ、なんの恐ろしい目に遇《あ》うこともなく、また悲しい目に遇うこともあるまいぞ。

六四〔六三〕信仰に入り、懼神《くしん》のこころ抱《いだ》く人々、六五〔六四〕そういう人々にこそ、この現世でもまた来世でも喜びの音信が与えられる。アッラーのお言葉には変更はない。それこそこの上もない身の幸いではないか。

六六〔六五〕あの人々の言うことなどで何もお前(マホメット)が悲しがることはない。至高の権能は悉《ことごと》くアッラーの御手にある。耳敏《さと》く、全知の御神におわします。

六七〔六六〕まことに、まことに、天にある者も地にある者も、すべて挙げてアッラーの御手の中にあるのではないか。そのアッラーをさし措《お》いて、ほかの邪神どもを崇《あが》める者どもが信奉しているものといえば……。要するに、自分の思惑《おもわく》を信奉しているに過ぎぬ。どうせいいかげんな臆測《おくそく》をはたらかせているだけのこと。

六八〔六七〕彼(アッラー)こそは夜を設《もう》けて汝らの憩《いこ》いの時とし、また昼を設けて目が見えるようにして下さったお方。まったく、これだけでも、聞く耳もった人々にとっては、有難いお徴《しるし》ではないか。

六九〔六八〕「アッラーは御子をなし給うた」と彼ら(キリスト教徒)は言う。何という勿体ないことを。何一つとして欠けたところのないあのお方(息子など必要としない)、天にあるもの地にあるもの一切を所有し給うお方ではないか。汝ら、なんの権威あってそのようなことを言うか。なにも知らないくせに、アッラーについていいかげんなことを言うつもりなのか。

七〇〔六九〕言ってやるがよい、「まこと、アッラーについてありもせぬでたらめを言いふらす者は、決していい目には遇《あ》うまいぞ。」七一〔七〇〕すなわち現世でただ束《つか》の間《ま》の楽しみをした後、我ら（アッラー）のもとに連れ戻され、そこで今度は我らが、その無信仰の罰として烈しい懲《こら》しめを充分に味わせてくれようぞ。

七二〔七一〕さ、彼らにヌーフ（ノア）の話を誦《よ》んで聞かせるがよい。彼がみなにこう言った時のあの（話）を――「皆の衆、もしもわしがこうしてお前方の間にいることが迷惑なら、またわしがこうして始終アッラーの神兆のことばかり話してきかせておるのが迷惑だというのなら、わしはアッラーにすべてをお委《まか》せ申す。どうかお前方、自分の偶像たちとも（よく相談して）どうなりと自由に行き方を決めるがよい。いつまでもたもたしないように、ここですっきりさせてしまうがよい。このわしをどうする気か決まったら、さっさと遠慮なくやるがよい。七三〔七二〕ここでお前たちに背を向けられたとて、どうせはじめからわしはお前たちから報酬《ほうしゅう》を貰うつもりだったわけでなし。わしの報酬は全部アッラーから頂戴する。わしはただすべてを神にお捧げ申すようにと言いつけられて（ここに来た）だけだから」と。七四〔七三〕するとみなは彼にお前は嘘つきだと言いだしたので、我ら（アッラー）が彼とその味方の者を箱舟に乗せて救出し、彼らに（地上を）継《つ》がせるとともに、我らの神兆を嘘よばわりした者どもはことごとく溺死《できし》させた。ま、見るがよい、警告を受け(ながら改悛《かいしゅん》しなかった)人々の最期がどのようなことになったか。

七五〔七四〕それから、彼(ノア)の後も我らは多くの使徒をそれぞれの民に遣《つか》わし、彼らは数々のまぎれもない神兆を携《たずさ》えて人々のもとにやって来たが、昔嘘よばわりしたものを今さら信ずるわけがない。こうして我らは背信の徒の心には(もはや消えることのない)刻印《こくいん》を捺《お》してしまう。

七六〔七五〕次いでその後、我らはムーサー(モーセ)とハールーン(アロン)に神兆を託してフィルアウン(前出、エジプト王、パロ)とその長老たちのもとに遣わしたが、彼らは慢心を起して(それを受けようともしなかった)。まことに罪深い者どもであった。七七〔七六〕そこでせっかく我ら(アッラー)のもとから直《じ》き直きに真理が下されたというのに、彼らは、「これはたしかに妖術《ようじゅつ》だ」などと言った。

七八〔七七〕「なんたることだ、お前たち、真理を目《ま》のあたり見せて戴きながら、そのようなことを言うのか。これが妖術であってなるものか。妖術師は栄えはせぬ」とムーサー(モーセ)が言うと、七九〔七八〕「おい、貴様、我々をだまして御先祖様から伝来の(信仰)を棄てさせ、あわよくば二人でこの国の王位を奪おうとしてやって来たのだな。誰が貴様らの言うことを信じたりするものか」と彼らが言う。

八〇〔七九〕フィルアウンは「(我が国の)有能な妖術師を一人のこらず呼び集めよ」と命令

した（このあたりの叙述については第七章「胸壁」一一〇節以下参照のこと）。〔八〇〕そして妖術師たちが来ると、ムーサーは彼らに向って、「さ、なんでも擲げたいものを擲げて見よ」と言った（『旧約聖書』の「出エジプト記」第七章の投げた杖が蛇になる説話による）。〔八一〕そして彼ら（妖術師）が（杖を）擲げて（彼らの能力を）見せた時、ムーサーは言った、「いまお前たちのして見せたことこそまぎれもない妖術だ。そのようなものはアッラーが忽ち無力にしておしまいになるぞ。悪事をはたらく人々の仕業《しわざ》をアッラーは決して支持なさらない。〔八二〕悪人どもには迷惑であろうが、アッラーはその御言葉によって、あくまで真理は真理として立て給う。」

〔八三〕だが、ごく少数の者を除いて、誰もムーサーを信じようとするものはなかった。フィルアウンとその長老たちの迫害を恐れて。なにしろフィルアウンは国内に権勢をはり、思いのままに暴政を行っていたから。

〔八四〕そこでムーサーは（自分に従う人々に）言った、「これ、皆の衆、もしお前たちアッラーを信仰する身であるならば、すべてを彼（アッラー）にお委《まか》せ申すがよい。もし本当に心から信仰しているのであるならば」と。

〔八五〕一同は言った、「アッラーにこそ我らはすべてを委《まか》せ奉る。おお我らが主《しゅ》よ、我らを不義不正の民（に悪事をはたらかせる）まどわしの種になさらないで下さりませ。〔八六〕なにとぞ、お慈悲をもちまして、我らを背信のやからから救い出し給え」と。

八七そこで我ら（アッラー）はムーサーとその兄に啓示を下し、「汝ら両人の（率《ひき》いる）民のため、エジプトの国内に住家を指定してやるがよい。そして特に汝らの家を礼拝の中心として、礼拝の務めを正しく守るようにせよ。信仰深き者どもには喜びの音信を伝えてやるがよいぞ」と指示した。

八八するとムーサーが言うに、「主よ、汝はフィルアウンとその長老たちに現世での栄《えい》耀《よう》と富貴をお授けになりました。主よ、どうか彼らが汝の道から迷い出てしまいますように。主よ、彼らの財宝をあとかたもなく消滅させて下さりませ。彼らの心をいよいよ頑《かたく》なにして信仰を納《い》れさせず、最後に苦しい罰をなめさせてやって下さりませ。」

八九「よし、汝ら両人の願いは聴きとどけられたぞ。されば汝らはただまっすぐに進み行け。ものの道理もわからぬ者どもの道に踏み入るでないぞ」との仰《おお》せであった。

九〇こうして我ら（アッラー）はイスラエルの子らに海（紅海を指す。『旧約聖書』の「出エジプト記」第一四章参照）を渡らせた。フィルアウンとその大軍はそれっとばかり勢こんで追って来たが、ついに溺れ死にそうになって、（フィルアウンは）「私も信じます。イスラエルの子らが信仰している神のほかには絶対に神はありませぬ。私も本当の信者でございます」と言った。

九一「なんたることか、今ごろになって。以前は散々反抗し、不埒《ふらち》なことばかりしておりながら。

九二しかし、今日のところは、お前を身体ごと助けておいて、後から来る者への徴《しるし》にし
よう。まことに、我らの下す神兆に無関心な者があまり多すぎるから。」
九三かくて我らはイスラエルの子等のために立派な住み場所（パレスチナを指す）を決めてやり、い
ろいろと結構なものを沢山授けた。そして（悪）智恵が生れるまでは、仲間割れもなく
（平安に）暮すことになった。彼らの仲間割れについては、いずれ神様が、復活《よみがえり》の日に御
自身で裁《さば》き給うであろうぞ。

九四されば、もし我ら（アッラー）がお前（マホメット）に啓示したことで何か疑わしい点があったなら、
お前より前から聖典（『聖書』を指す）を読んでいる人々に訊《たず》ねて見るがよい。こうしてお前のもと
に神様のところから真理が届けられた。決して疑心を抱《いだ》いてはならぬぞ。九五決してアッ
ラーの神兆を嘘よばわりして、救われぬ人になってはならぬぞ。
九六まことと、神様の（予）言通りになった人間は、絶対に信仰に入ることはあるまい。九七
たとい、ありとあらゆる神兆が現われたとて、苦しい天罰を目《ま》のあたり見るまでは……
九八いままでに、信仰に入って、その信仰のおかげを被《こう》むった（そのおかげで破滅をまぬがれた）邑《まち》が一つも
なかったのはなぜだ（いずれも信ずべき時に信じようとせず、いよいよ最後という時になってやっと信じたから間に合わなかったのである）ユーヌス（ヨナ）の民（とはヨナ

が神に遣わされて警告を与えたニネベの住民を意味する。『旧約聖書』の「ヨナ書」参照)だけは例外で、彼らが(改悛の実を示し)、正しい信仰
に入った時(「ヨナ書」第三章)、我らは彼らから現世における失寵《しっちょう》の罰を取りのぞき、かつ暫くの
間ではあるが(つまりこの世にある限り)充分にいい目を見させてやった。
九九だが神様さえその気になり給えば、地上のすべての人間が、みな一緒に信仰に入っ
たことでもあろう。お前(マホメット)が、嫌がる人々を無理やりに信者にしようとてできるこ
とではない。
一〇〇何びともアッラーのお許しなくしては信仰に入ることはできぬ。ききわけのない
者どもの頭上には(アッラーが)穢《けが》れを置き給う。
一〇一「天にあるもの地にあるものをよく見よ」(すべては神の栄光を語っている)と言ってやるがよい。だが、
どのような(素晴しい)神兆を見せてやっても、どんなに警告を与えてやっても、はじめ
から信仰心をもちあわせていない人間には何の効果もありはせぬ。
一〇二過ぎた昔(に起っ
た)こと(昔、頑固に信仰を拒んだ民族はみな怖ろしい神罰を被って消滅してしまった)以外に何を一体期待できようか。言ってやるがよ
い、「では待って見るがいい。わしもお前たちと一緒に待って見よう」と。
一〇三そのうち、
我ら(アッラー)が使徒や信仰ある人々は全部救い出してやる。それが我らの務め、信者を救
い出してやるということが。

一〇四こう言ってきかすがよい、「これ、みなの衆、もしお前たち、わしの宗教に疑念を
抱《いだ》いておるなら、(はっきり言っておくが)このわしは、お前たちがアッラーをさしおい
て拝《おが》んでいる(邪神ども)を絶対に拝んだりしないぞ。わしが拝むのはアッラーだけ。お
前たちをも全部お傍に召し給う(生前はいくら偶像などを拝んでいても、死ねば結局誰でもアッラーのお傍に召される)御神ではないか。必ず
信者として通すようにと、わしはきつい御命令を戴いているのだ。
一〇五それからまた(神
様はこうもわしに命じ給うた)、お前は、純正な信仰の人として、ひたすら宗教に専念
し、決して偶像信徒などに身を落してはならぬぞ。
一〇六アッラーをさし措《お》いて、毒にも
薬にもならないもの(偶像神)に祈ったりしてはならぬぞ。よいか、万一そのようなことを
すれば、お前もたちまち不義邪悪のやからの一人となろう。
一〇七もしアッラーがお前に
禍《わざわ》いをお下しになれば、もう御自身以外には何者もそれを取り除くことのできる者はな
い。またもしお前に福を授けようとお思いになれば、もう何者もその恩寵《おんちょう》をしりぞける
ことはできぬ。信徒の中から誰でも御心のままに(選び出して、恩寵を)授け給う。まこ
とに、よく赦《ゆる》して下さる情深い御神におわします。」
一〇八言ってやるがよい、「これ、みなの衆、こうして神様のところから真理が来ておる。
これで正しい道に行く者は、誰のためでもない、自分のために正しい道に行く。迷いの
道に行く者も、自分が迷って損するだけ。わしは何もお前たちの後見人ではない」と。

一〇九お前（マホメット）はただ自分に啓示される通りにしておればよいのじゃ。忍耐せよ。そのうちアッラーが裁いて下さろう。これほど立派な裁判官はほかにあるまいぞ。

解　説

「片手にコーラン、片手に剣」という言葉があって、回教やマホメットのこととなると今でもよくみんなが引合いに出す。実を言うと、これは歴史的には必ずしも真理ではなかったのであって、むしろ伝説に近いくらいのものなのだが、しかし十字軍前後の時代から西欧キリスト教徒が回教徒という強敵に対してどんなに激しい憎悪《ぞうお》と恐怖を抱《いだ》いて来たかということを何よりも端的に表現している点で面白いと思う。

ヨーロッパでは、いつの時代の人も回教に対していろいろの意味で強い関心を示した。現代もまた現代独特の観点から同じように――否《いな》、今まで以上に――強い関心と興味がこれに寄せられている。しかし現代では回教へのこの関心は既に全世界的である。

ところで回教《イスラーム》は現に西アジアから東南アジアにかけて数億の信徒を擁《よう》する大きな宗教であるが、その一番の根元は『コーラン』というただ一冊の書物にある。そして今も昔もかわりなく、この聖典は信徒の狂熱的尊信を一つに集め、その生活の諸相を規定し、彼らの思想・感情の生きた源泉をなしているのだ。この書物には一体どんなことが書いてあるのか。それは何を語り、何を教え、何を命じているのか。『コーラン』を一寸《ちょっと》読んでみたいと言う人が各方面で非常に多くなって来た。

だが、この『コーラン』を一寸読んで見るということが仲々口で言うほどそうたやすいことではないからこまるのである。歴史的に見ると、回教はユダヤ教、キリスト教につづいて現われた第三番目のセム人種の宗教運動で、人格的唯一神の「啓示《けいじ》」を基とする全く同系、同種の宗教だが、先行する二つの聖典、つまり『旧約聖書』と『新約聖書』とが、単に読みものとしても充分面白く、興味津々《しんしん》と読ませるだけの物語性を備えているのに、『コーラン』というこの末弟にはどうもそうした方面の魅力が欠けていて、一寸読んでみても何を言っているのかさっぱりわけがわからず、悪くするとカーライルが言ったように、まるでそれを生み出したアラビア沙漠《さばく》の砂そのもののごとく無味《むみ》乾燥《かんそう》だというようなことにもなりかねない。

つまり簡単に言うと、『コーラン』の場合には、『旧新約聖書』を読むのとはまるで違った、別の技術、とでもいったものが必要なのである。『コーラン』を或る意味で非常に面白く読み通して行く技術、といっても別にむずかしいことでも何でもない、要するに『コーラン』に関するいくつかの予備知識を用意してかかればいいのである。『コーラン』は何時《いつ》、何処《どこ》で、そして特にどんな歴史的状況の下に生れたものか。その頃の沙漠のアラビア人はどんな世界像を抱《いだ》いて生きていたか。『コーラン』の生《う》みの親であるムハンマド Muhammad（俗にマホメット）とは一体どんな男であったのか。『コーラン』というこの書物はどんな径路で出来上ったのか。どんな点がユダヤ教、キリスト教の聖典と根本的に違っているのか、等々……

けれど、数え立てて行けばきりもないこうした根本的問題に一々ここで回答を与えようとすれば、それだけでぶあつい一冊の本が出来てしまうことだろう。そんな書物を僕はいつかは書いて見たいとも思っている。だがここはその場所ではない。

しかし、また逆に、こうも考えて見ることができるのではないか。一切の長々しい解題や解説を棄てて、とにもかくにもじかに『コーラン』そのものを読んで見ること。そうやって読んで行くうちに段々といろいろな事情が分るようになって来るということも不可能事ではないかもしれない。世にいう『回教概論』とか『マホメット伝』とかを数十冊読破するよりも、直接マホメットの心の動きが手にとるようにひたひたと伝わって来る『コーラン』の本文を精読するほうが、考え方によってはどんなにいいかわからないとも思われる。ただそれには、少くとも一歩一歩読んで行く、その箇所がいったい何を言っているのか表面的になりとも分らなくてはいけない。この翻訳はおよそこういった意図《いと》でなされたものである。いたるところに挿入《そうにゅう》した割註《わりちゅう》を頼《たよ》りにすれば、一応の語句の意味と、全体的な脈絡《みゃくらく》とが辿《たど》れるように工夫《くふう》してある。慣《な》れない読者には、なにぶんにも幾世紀も前の、しかも我々にとって西洋よりも或る意味ではもっと遠い世界であったアラビア沙漠の産物なので、始めのうちはいかにも奇異に思われるかも知れないが、それはむしろ当然のことなので、段々と読んで行くうちに、いつの間にか回教という宗教を成り立たせている根本的な立場とか精神とかいったものがはっきりと摑《つか》んで戴けるであろうことを僕は期待する。

ただ、前にも一寸触れた通り、回教は自らを目《もく》してユダヤ教、キリスト教との姉妹宗教としているくらいで、要するにこの三つの宗教の聖典は同じ一つの神アッラーの、時代と場所とだけを異《こと》にする同じ一つの啓示と考えているので、『コーラン』の文章は『旧約聖書』とキリストの『福音書』とを至るところで意識的に踏まえている。だから『コーラン』の正しい理解にはどうしても、『旧約聖書』では「創世記」から「サムエル前後書」まで、それに「詩篇」、『新約』ではイエスの福音の内容を、ごく大ざっぱにでも知っている必要がある。今度の翻訳の割註では、そういうところまでは説明できなかった。結局、現在のわが国で言えば、キリスト教徒としての常識的な知識を備えた人が一番簡単に『コーラン』を読めるということになるのである。

こんなわけで、マホメットや『コーラン』についての説明は一切本文自体に委《まか》せるとして、ここでは、どうしても本文中では説明できない事柄のうち最も大切なものを一つだけ書きしるしておこう。それは、『コーラン』の文体についてである。

本書は『コーラン』の口語訳である。はじめ岩波文庫の編集部からこの依頼を受けた時、僕は一応引き受けては見たものの、すっかり考え込んでしまった。現代の日本語の話し言葉では、原文の鳴り響くような、そしてどことなく荘重《そうちょう》で、時とすると荘厳《そうごん》でさえある、あの持《も》ち味《あじ》が到底《とうてい》出せっこないと僕は思った。

『コーラン』の原語「クルアーン」Qur'ān とは、もと読誦を意味した。この聖典は目で読むよりも、文句の意味を理解するよりも、何よりも先にまず声高く朗誦《ろうしょう》されなければならない。考えて見るともう一昔も前になるが、始めて本格的な「カーリウ」(コーラン読み)の朗誦を聴いた時、僕はやっとこの回教という宗教の秘密がつかめたような気さえしたものだ。オペラのアリアを歌うテノールかソプラノのような張りのある高い声、溢《あふ》れる音量の魅力、一語一語の末までも沁《し》み渡って行く、いかにもオリエンタルという名の連想にふさわしい深い哀愁の翳《かげ》り。日常茶飯《さはんじ》事を話題としてもどことなく荘重で、悲劇的な色調《しきちょう》をともすれば帯びやすいアラビア語こそ、こういう聖典には正にうってつけの言葉なのである。

ごく最近まで、アラビア以外の回教諸国では、『コーラン』の翻訳ということは禁止されていた。意味が分っても分らなくとも、信者はアラビア語の原文のままで『コーラン』を読まなくてはならなかった。しかしこれは決して単なる宗教的頑迷《がんめい》といったものだけではなくて、それ相当の理由があったわけである。今から約十二年以前、といえば丁度戦争が真最中《まっさいちゅう》のことだが、カイロの大学からやって来たある回教法学の先生が僕に言った、『コーラン』を翻訳してはいけない。それは宗教法に違反する。だが日本語による解説《タフシール》ということにして出版すればよい、と。随分形式的なことをいう人だ、とその頃僕は感じたものだったが……

こんな次第で、『コーラン』を他国語に訳すということ自体が、むずかしい宗教法の理論からすれば問題なわけだが、それを日本語の話し言葉でやるとなれば、益々困って来るのである。後でも少し詳しく説明するつもりであるが、元来《がんらい》『コーラン』は『旧約聖書』や『新約聖書』と違って説話体ではない。例えばマタイだとかヨハネだとかいう記録者がいて、その人が自分の筆で話しをあとから纏《まと》めて行ったものではなくて、直接じかに神自身がマホメットにのりうつって、その口を借りて話しかけて来るその言葉をその時その場で記憶に留《とど》めたものである。なまの神様の語りかけである。だからよほど荘重にやらないとすこぶる滑稽《こっけい》になる。

だがよく考え直して見ると、それだから文語の方がいいとも簡単に言い切れないところが出て来るのである。口語に訳すことによって大変に損をするところがある、それは確かだ。しかし『コーラン』には、口語なればこそ割合《わりあい》によく表《あら》わせると思われる他の側面《そくめん》があって、両方をならべて考えると、どっちが損か得《とく》かわからなくなってくるくらいである。これは僕の個人的な好《す》き嫌《きら》いの問題ではなく、『コーラン』の文体そのものに関する重大な問題なので、それをこれからごく簡単に説明しておくことにしよう。

一般に『コーラン』の文体が我々の耳に与える印象《いんしょう》がきわめて荘重で荘厳であることは先刻書いた。それから、その印象が根本的にはアラビア語という言語そのものから来る特徴であることも。だがそれだけではない。実は『コーラン』には特殊な文体上の技巧が非常に上手《じょうず》に使用されているのである。この技巧、乃至《ないし》技術は人為的《じんいてき》には仲々真似《まね》のできるものではない。

マホメットが出現する以前、古代アラビアの沙漠には「カーヒン」と呼ばれる特殊の人間がいて、普通の人間と、目には見えぬ精霊的世界との仲介者《ちゅうかいしゃ》の役をつとめていた。カーヒンとはヘブライ的に言えば予言者であって、我々にもっと身近な古代中国で言えば巫者《みこ》に当り、多くの古代民族や未開民族の間におけると同様、これがアラビアでも絶大な勢力をもっていた。ところでこのシャマン的性格の人物は、大抵《たいてい》の場合、自分でそれを欲するわけでもないのに――『旧約聖書』の予言者アモスの激烈な召命《しょうめい》体験の叙述《じょじゅつ》を見て戴きたい——突然、何者か見えざる精霊的な力にとり抑えられ、自分の意識を失って自分ならざる「何者か」の言葉を語り出す。

古代アラビアのカーヒンが、このような神憑《かみがか》りの状態に入ってものを語り出す時、それは必ず一種独特の発想形態を取るのを常とした。この文体をサジュウ saj' という。「サジュウ」体とは、ごく大ざっぱに言って見れば、まず散文と詩の中間のようなもので、長短さまざまの句を一定の詩的律動《りつどう》なしに、次々にたたみかけるように積《つ》み重《かさ》ね、句末の韻《いん》だけできりっとしめくくって行く実に珍らしい発想技術である。これがまた、凛冽《りんれつ》たる響きに満《み》ちたアラビア語という言葉にぴったりと合うのだ。著《いちじる》しく調《しら》べの高い語句の大小が打ち寄せる大波小波のようにたたみかけ、それを繰《く》り返し繰り返し同じ響きの脚韻《きゃくいん》で区切《くぎ》って行くと、言葉の流れには異常な緊張が漲《みなぎ》って、これはもう言葉そのものが一種の陶酔《とうすい》である。語る人も聴く人も、共に妖《あや》しい恍惚《こうこつ》状態にひきずり込まれるのだ。

こんな異様《いよう》な文体が『コーラン』の文体の基礎をなしている。そしてこのことは直ちにまた、『コーラン』の内容そのものに関してもある重大な示唆《しさ》を与えるのである。何故にマホメットはその教説を伝統的な神霊的言語形式に託したのか？　いうまでもなく、彼が説き弘《ひろ》めようとする事柄《ことがら》そのものの性格がそれを要求するのではないか。

神憑《かみがか》りの言葉。そうだ、『コーラン』は神憑りの状態に入った一人の霊的人間が、恍惚状態において口走った言葉の集大成《しゅうたいせい》なのである。だからそこに説かれているのはマホメットの教説ではない。マホメットではなくて、マホメットに憑《の》りうつった何者かの語る言葉なのである。その「何者か」の名をアッラー Allāh という。唯一にして至高なる神の謂《い》いである。

アラビア人に限らず、ひろくセム人全体を通じて、このような神憑りの体験がいかに激しく、怖《おそ》ろしく、そしてまた見るだに痛々しいものであったかということは、『旧約聖書』の読者は御存知《ごぞんじ》であろう。マホメットの場合もまさしくその通りであった。何よりも『コーラン』自身がその事実の生きた証拠《しょうこ》を提供《ていきょう》している。マホメットは大体四十歳の頃から時々自分でもわけのわからない妙な気持に突然襲われて、異様《いよう》な言葉を吐《は》くようになるのだが、その最初の頃の体験はまるで何か恐ろしい病魔の発作《ほっさ》のような猛烈なもので、激しい痙攣《けいれん》に全身から脂汗《あぶらあせ》を流し、言い知れぬ苦悩に身心をさいなまれた。その時期の天啓は現行『コーラン』で言うと最後の部分におさめられている。それらはいずれも十句、二十句、あるいはそれ以下の小さなもので、全体に異常な緊迫感《きんぱくかん》が漲《みなぎ》り、謎《なぞ》めいた言葉がまるでちぎり取られた岩石の塊《かたま》りのように力強く投げ出されて行く。語句はいずれも短く鋭角的《えいかくてき》で、それの積《つ》み重《かさ》ねが、実に印象的に、その時のマホメットの切迫《せっぱく》した、きれぎれの呼吸を読む人に伝えて来る。そして一句一句の区切れごとに執拗《しつよう》に振り下《おろ》される脚韻《きゃくいん》の響き高い鉄のハンマー。これは到底翻訳できるようなものではない。

しかし時がたつにつれてマホメットは、まあ言って見れば、この啓示という体験に慣《な》れて来るのである。次第に最初期の緊迫感は弛緩《ちかん》してゆるやかな律動の流れにかわり、それにつれて語句もだんだん長く、間《ま》のびしたものになり出す。そして啓示そのものが謂《い》わば次第に技術化して来る。それというのは、最初の頃は啓示は一切向うまかせ、つまり受動的で、何時《いつ》、何処《どこ》で神が憑《の》りうつって語り始めるかわからなかったのが、いつの間にか今度はマホメットの方が主体的に動くようになり、何か重大な問題を提起しさえすれば、必ずそれに応じて神の「お答え」が下されるということになって来たのである。この傾向はマホメットの予言者活動の後半期、つまり彼がメッカ市を去ってメディナ市に移住してから益々増大の一路を辿《たど》った。その頃には、既に後世の歴史家がサラセン帝国と呼び慣《なら》わすあの強大な宗教共同体の建設事業が始まったのである。信仰上の問題ばかりではない、今まで彼や彼の周囲の者が夢にも思ったことのないような俗世的問題が次から次と応接にいとまないやつぎばやの速度でおし寄せて来る。寄付金《きふきん》はどのくらい出したらよろしゅうございましょうか。女房《にょうぼう》がたった一人では足《た》りませんが幾人ほど増加したらいいでしょうか。離婚された女を妻に貰ってもかまいませんか。等々々々。これを一々神様にお伺《うかが》いして、その裁決を仰ぐ。神様の裁決はいとおごそかな律動形式でマホメットの口を通じて信者に告げられる。意地の悪い人たちはこの頃のマホメットの受ける「天啓」は全部彼が自分ででっち上げたものだと罵《のの》しった。それはどうだか僕にはわからないが、ともかくおそろしく散文的な内容であることは事実だ。

しかしどんなに散文的であろうと、ともかくすべては神御自身が語るという形をとっているのである。あくまで便宜上《べんぎじょう》マホメットなる一人の男の口を借りているにすぎない、というたてまえをとっている。だから言葉そのものはマホメットの口から流れ出るにしても、彼自身が一人称で語るということはいつの場合にも絶対にない。マホメットは第二人称であり、話しかけられる相手である。時には神の言葉はマホメットを素通《すどお》りして、直接に信者たちに「お前たち」と呼びかけ、なだめたり、すかしたり、喜ばしたり脅《おど》したり、仲々面白い掛引《かけひ》きの妙を見せる。かと思うと急におそろしく威丈高《いたけだか》になり、声を荒げて異教徒の「罰当《ばちあた》りども」を呪詛《じゅそ》し、嘲笑《ちょうしょう》し、叱責《しっせき》する。骨をもえぐるような皮肉《ひにく》もあれば、仲々にユーモアの感覚もある。散文的だと言えば言えるが、しかしこれはまたこれで見方《みかた》によっては普通の読物としてもちょっと例のない面白いものである。

現行『コーラン』は——従ってまた僕のこの翻訳も——こういう後期の、所謂《いわゆる》散文的な啓示から始まっている。ある偶然の事情で現行『コーラン』では時期的に後のものほど前に並べるような特殊な編集方針をとっているので、読者としては頁を繰《く》るにつれて次第次第に初期の啓示に向って年代を遡行《そこう》して行くことになるのである。この点は本書の読者にもぜひ心得《こころえ》ておいて戴きたいと思う。最初の「序章」はあとからつけ足《た》したものだから全然別だが、第二章の「牝牛《めうし》」から順を追って読んで行くと、一章また一章と次々に少しずつ短くなり——従って「牝牛」はコーラン全体を通じて一番長く、内容的にも一番だらだらした章である——それと同時にほんの少しずつ、殆んど誰も気がつかないほどに少しずつ文章がひきしまって行き、最後の四分の一ぐらいまで来るとそれが誰にもはっきり分るようになり、そして一番おしまいの十数章に至ると最初の出だしとは似ても似つかぬ世にも不思議な美と恐怖の戦慄《せんりつ》の次元《じげん》に踏み込んだことを感じさせる。この最後の十数章こそはまさしく沙漠《さばく》の文学と呼ばれるにふさわしい、世界に類例のない作品であると思う。かさかさに乾《かわ》いた熱沙のクリマそのもののように、それは峻烈《しゅんれつ》で、衝撃的《しょうげきてき》で、神秘的である。

さて話しはまた翻訳のことにもどるが、今言ったような事情で『コーラン』は末尾《まつび》の抒情的《じょじょうてき》な小部分をのぞくと、大体は神がマホメットやその他の人間どもに直接話しかけて種々様々なことを独《ひと》りで喋《しゃべ》る、いわば神様の独り芝居みたいなものだから、文語よりもかえって口語の方が適当と思われる側面《そくめん》も大いにあるわけなのである。勿論荘重な口《く》調《ちょう》は全く犠牲にされなければならない。だが、この点さえあっさり諦《あきら》めてしまえば案外《あんがい》口語調の方が原文の持ち味が出せる。『コーラン』の言葉は当時のアラビア人の立場から見ると、全体の調子はサジュウ体という文体のために相当いかめしい文語調であるが、同時にその半面、使われている語彙《ごい》や、それから特に表現性をねらった言い廻しなどは著《いちじる》しく口語的で、マホメットは――と言って悪ければ神様は――その頃のメッカの商人たちが市場で取引きをするときの生々《いきいき》した表現を沢山《たくさん》取り入れて文章に生彩《せいさい》をそえている。こういう点から見ると、『コーラン』の文章は、荘重ではあるが決して生硬《せいこう》なよそよそしいものではなく、むしろ非常にくだけた、アンチームなものであって、それがまたこの経典の、聖書などにはない特殊な持ち味をなしているのである。『コーラン』のこの側面は文語で訳したのでは全然出ない。今まで数多くなされた『コーラン』の英訳がどうも一般的に言って無味乾燥《むみかんそう》で退屈なのはこういう点を無視したからであろうと思う。

こんなわけでこの僕の訳では、律動的文体の再現の方は始めから全然あきらめて、そのかわり口語に盛れるかぎりの側面を出来るだけよく日本語に移すように努力してみた。勿論それがどの程度まで成功したかということは僕には皆目《かいもく》わからないのだが……。もし親切な読者があって、この口語訳を読みながら、同時にプラス・アルファとして一種の荘重味《そうちょうみ》を想像裡《そうぞうり》におぎなって下さるなら、まず原文の持ち味がどんなものか分って戴けると思う。だが言うまでもなく、そんなことはこちらの身勝手《みがって》な希望だけで、本当はその両側面を事実上兼《か》ねそなえた名訳が、いつの日か、誰かの手によって作られなければならないのであろう。

この翻訳については岩波書店の山鹿太郎氏に始めから終りまでひとかたならぬお世話になった。八年もの長い年月、辛抱づよく待ち、熱心に慫慂して戴いたおかげで、結局、怠《なま》け者の僕にも纏《まとま》った一つの仕事ができることになった。本当に有難いことだと思う。心から謝意を表する次第です。

一九五七年九月　　訳　者

コーラン（上）〔全3冊〕

1957年11月25日　第1刷発行
1964年8月16日　第5刷改版発行
2009年4月8日　第62刷改版発行
2025年4月4日　第78刷発行

訳者　井筒俊彦《いづつとしひこ》

発行者　坂本政謙

発行所　株式会社 岩波書店
〒101-8002 東京都千代田区一ツ橋2-5-5

案内 03-5210-4000　営業部 03-5210-4111
文庫編集部 03-5210-4051
https://www.iwanami.co.jp/

印刷・三陽社　カバー・精興社　製本・中永製本

ISBN 978-4-00-338131-1　Printed in Japan

読書子に寄す

——岩波文庫発刊に際して——

岩波茂雄

真理は万人によって求められることを自ら欲し、芸術は万人によって愛されることを自ら望む。かつては民を愚昧ならしめるために学芸が最も狭き堂宇に閉鎖されたことがあった。今や知識と美とを特権階級の独占より奪い返すことはつねに進取的なる民衆の切実なる要求である。岩波文庫はこの要求に応じそれに励まされて生まれた。それは生命ある不朽の書を少数者の書斎と研究室とより解放して街頭にくまなく立たしめ民衆に伍せしめるであろう。近時大量生産予約出版の流行を見る。その広告宣伝の狂態はしばらくおくも、後代にのこすと誇称する全集がその編集に万全の用意をなしたるか。千古の典籍の翻訳企図に敬虔の態度を欠かざりしか。さらに分売を許さず読者を繋縛して数十冊を強うるがごとき、はたしてその揚言する学芸解放のゆえんなりや。吾人は天下の名士の声に和してこれを推挙するに躊躇するものである。このときにあたって、岩波書店は自己の責務のいよいよ重大なるを思い、従来の方針の徹底を期するため、すでに十数年以前より志して来た計画を慎重審議この際断然実行することにした。吾人は範をかのレクラム文庫にとり、古今東西にわたって文芸・哲学・社会科学・自然科学等種類のいかんを問わず、いやしくも万人の必読すべき真に古典的価値ある書をきわめて簡易なる形式において逐次刊行し、あらゆる人間に須要なる生活向上の資料、生活批判の原理を提供せんと欲する。この文庫は予約出版の方法を排したるがゆえに、読者は自己の欲する時に自己の欲する書物を各個に自由に選択することができる。携帯に便にして価格の低きを最主とするがゆえに、外観を顧みざるも内容に至っては厳選最も力を尽くし、従来の岩波出版物の特色をますます発揮せしめようとする。この計画たるや世間の一時の投機的なるものと異なり、永遠の事業として吾人は微力を傾倒し、あらゆる犠牲を忍んで今後永久に継続発展せしめ、もって文庫の使命を遺憾なく果たさしめることを期する。芸術を愛し知識を求むる士の自ら進んでこの挙に参加し、希望と忠言とを寄せられることは吾人の熱望するところである。その性質上経済的には最も困難多きこの事業にあえて当たらんとする吾人の志を諒として、その達成のため世の読書子とのうるわしき共同を期待する。

昭和二年七月

《東洋思想》〔青〕

易経 全二冊 高田真治・後藤基巳 訳
論語 金谷治 訳注
孔子家語 藤原正 校訳
孟子 全二冊 小林勝人 訳注
老子 蜂屋邦夫 訳注
荘子 全四冊 金谷治 訳注
新訂 孫子 金谷治 訳注
荀子 全二冊 金谷治 訳注
韓非子 全四冊 金谷治 訳注
史記列伝 全五冊 司馬遷 小川環樹・今鷹真・福島吉彦 訳
春秋左氏伝 全三冊 小倉芳彦 訳
塩鉄論 曾我部静雄 訳註
千字文 小川環樹・木田章義 注解
大学・中庸 金谷治 訳注
仁学 ―清末の社会変革論 譚嗣同 西順蔵・坂元ひろ子 訳注
章炳麟集 ―清末の民族革命思想 西順蔵・近藤邦康 編訳
梁啓超文集 岡本隆司・石川禎浩・高嶋航 編訳
マヌの法典 田辺繁子 訳
ガンディー獄中からの手紙 森本達雄 訳
随園食単 袁枚 青木正児 訳註
ウパデーシャ・サーハスリー ―真実の自己の探求 シャンカラ 前田専学 訳

《仏教》〔青〕

ブッダのことば ―スッタニパータ 中村元 訳
ブッダの真理のことば 感興のことば 中村元 訳
般若心経・金剛般若経 中村元・紀野一義 訳註
法華経 全三冊 坂本幸男・岩本裕 訳注
日蓮文集 兜木正亨 校注
浄土三部経 全二冊 中村元・早島鏡正・紀野一義 訳註
大乗起信論 宇井伯寿・高崎直道 訳注
臨済録 入矢義高 訳注
碧巌録 全三冊 入矢義高・溝口雄三・末木文美士・伊藤文生 訳注
無門関 西村恵信 訳注
法華義疏 全二冊 聖徳太子 花山信勝 校訳
往生要集 全二冊 源信 石田瑞麿 訳注
教行信証 親鸞 金子大栄 校訂
歎異抄 金子大栄 校注
正法眼蔵 全四冊 道元 水野弥穂子 校注
正法眼蔵随聞記 懐奘 編 和辻哲郎 校訂
道元禅師清規 大久保道舟 訳注
一遍上人語録 ―付 播州法語集 大橋俊雄 校注
南無阿弥陀仏 ―付 心偈 柳宗悦
蓮如上人御一代聞書 稲葉昌丸 校訂
日本的霊性 鈴木大拙 篠田英雄 校訂
新編 東洋的な見方 鈴木大拙 上田閑照 編
大乗仏教概論 鈴木大拙 佐々木閑 訳
浄土系思想論 鈴木大拙
神秘主義 キリスト教と仏教 鈴木大拙 坂東性純・清水守拙 訳
禅の思想 鈴木大拙
ブッダ最後の旅 ―大パリニッバーナ経 中村元 訳
仏弟子の告白 ―テーラガーター 中村元 訳

尼僧の告白 —テーリーガーター— 中村元訳
ブッダ 神々との対話 —サンユッタ・ニカーヤI— 中村元訳
ブッダ 悪魔との対話 —サンユッタ・ニカーヤII— 中村元訳
禅林句集 足立大進校注
ブッダが説いたこと ワールポラ・ラーフラ 今枝由郎訳
ブータンの瘋狂聖ドゥクパ・クンレー伝 ゲンドゥン・リンチェン編 今枝由郎訳
梵文和訳 華厳経入法界品 梶山雄一・丹治昭義・津田真一・田村智淳・桂紹隆 訳注

《音楽・美術》〔青〕

ベートーヴェンの生涯 ロマン・ロラン 片山敏彦訳
音楽と音楽家 シューマン 吉田秀和訳
レオナルド・ダ・ヴィンチの手記 全二冊 杉浦明平訳
ゴッホの手紙 全三冊 硲伊之助訳
ビゴー日本素描集 清水勲編
ワーグマン日本素描集 清水勲編
河鍋暁斎戯画集 山口静一・及川茂編
葛飾北斎伝 飯島虚心 鈴木重三校注
ヨーロッパのキリスト教美術 —十二世紀から十八世紀まで— 全二冊 エミール・マール 柳宗玄・荒木成子訳

近代日本漫画百選 清水勲編
蛇儀礼 ヴァールブルク 三島憲一訳
ミレー ロマン・ロラン 蛯原徳夫訳
日本の近代美術 土方定一
日本洋画の曙光 平福百穂
映画とは何か 全二冊 アンドレ・バザン 野崎歓・大原宣久・谷本道昭訳
漫画 坊っちゃん 近藤浩一路
漫画 吾輩は猫である 近藤浩一路
ロバート・キャパ写真集 ICPロバート・キャパ・アーカイブ編
北斎 富嶽三十六景 日野原健司編
日本漫画史 —鳥獣戯画から岡本一平まで— 細木原青起
世紀末ウィーン文化評論集 ヘルマン・バール 西村雅樹編訳
ゴヤの手紙 全二冊 大高保二郎・松原典子編訳
丹下健三建築論集 豊川斎赫編
丹下健三都市論集 豊川斎赫編
ギリシア芸術模倣論 ヴィンケルマン 田邊玲子訳
堀口捨己建築論集 藤岡洋保編

《日本文学（古典）》〔黄〕

古事記	倉野憲司校注
日本書紀 全五冊	坂本太郎・家永三郎・井上光貞・大野晋 校注
万葉集 全五冊	佐竹昭広・山田英雄・工藤力男・大谷雅夫・山崎福之 校注
竹取物語	阪倉篤義校訂
伊勢物語	大津有一校注
玉造小町子壮衰書 —小野小町物語	杤尾武校注
古今和歌集	佐伯梅友校注
土左日記	紀貫之 鈴木知太郎校注
蜻蛉日記	今西祐一郎校注
紫式部日記	池田亀鑑・秋山虔校注
紫式部集 付 大弐三位集・藤原惟規集	紫式部 南波浩校注
源氏物語 全九冊	柳井滋・室伏信助・大朝雄二・鈴木日出男・藤井貞和・今西祐一郎 校注
源氏物語補作 山路の露・雲隠六帖 他二篇	今西祐一郎編注
枕草子	池田亀鑑校訂
和泉式部日記	清水文雄校注
更級日記	西下経一校注
今昔物語集 全四冊	池上洵一編
堤中納言物語	大槻修校注
西行全歌集	久保田淳・吉野朋美校注
建礼門院右京大夫集 付 平家公達草紙	久松潜一・久保田淳校注
拾遺和歌集	小町谷照彦・倉田実校注
後拾遺和歌集	久保田淳・平田喜信校注
金葉和歌集	川村晃生・柏木由夫・伊倉史人校注
詞花和歌集	工藤重矩校注
古語拾遺	斎部広成撰 西宮一民校注
王朝漢詩選	小島憲之編
新訂 方丈記	市古貞次校注
新訂 新古今和歌集	佐佐木信綱校訂
新訂 徒然草	西尾実・安良岡康作校注
平家物語 全四冊	梶原正昭・山下宏明校注
神皇正統記	北畠親房 岩佐正校注
御伽草子 全二冊	市古貞次校注
王朝秀歌選	樋口芳麻呂校注
定家八代抄 —続王朝秀歌選 全二冊	樋口芳麻呂・後藤重郎校注
閑吟集	真鍋昌弘校注
中世なぞなぞ集	鈴木棠三編
千載和歌集	久保田淳校注
謡曲選集 読む能の本	野上豊一郎編
おもろさうし	外間守善校注
太平記 全六冊	兵藤裕己校注
好色一代男	井原西鶴 横山重校訂
好色五人女	井原西鶴 東明雅校註
武道伝来記	井原西鶴 前田金五郎・横山重校注
西鶴文反古	井原西鶴 片岡良一校訂
芭蕉紀行文集 付 嵯峨日記	中村俊定校注
芭蕉 おくのほそ道 付 曾良旅日記・奥細道菅菰抄	萩原恭男校注
芭蕉俳句集	中村俊定校注
芭蕉連句集	中村俊定・萩原恭男校注
芭蕉書簡集	萩原恭男校注
芭蕉文集	潁原退蔵編註

芭蕉俳文集 全二冊　堀切実編注
芭蕉自筆 奥の細道　上野洋三・櫻井武次郎校注
蕪村俳句集 付 春風馬堤曲 他二篇　尾形仂校注
蕪村七部集　伊藤松宇校訂
近世畸人伝　伴蒿蹊／森銑三校註
雨月物語　上田秋成／長島弘明校注
宇下人言 修行録　松平定信／松平定光校訂
新訂 一茶俳句集　丸山一彦校注
一茶 父の終焉日記・おらが春 他一篇　矢羽勝幸校注
増補 俳諧歳時記栞草 全二冊　曲亭馬琴編／藍亭青藍補／堀切実校注
北越雪譜　鈴木牧之編撰／京山人百樹刪定／岡田武松校訂
東海道中膝栗毛 全二冊　十返舎一九／麻生磯次校注
浮世床　式亭三馬／和田万吉校訂
梅暦 全二冊　為永春水／古川久校訂
百人一首一夕話 全二冊　尾崎雅嘉／古川久校訂
こぶとり爺さん・かちかち山 ―日本の昔ばなしI　関敬吾編
桃太郎・舌きり雀・花さか爺 ―日本の昔ばなしII　関敬吾編

一寸法師・さるかに合戦・浦島太郎 ―日本の昔ばなしIII　関敬吾編
芭蕉臨終記 花屋日記 付 芭蕉翁終焉記・前後日記・行状記　小宮豊隆校訂
醒睡笑 全二冊　安楽庵策伝／鈴木棠三校注
歌舞伎十八番の内 勧進帳　郡司正勝校注
江戸怪談集 全三冊　高田衛編・校注
柳多留名句選　山澤英雄選／粕谷宏紀校注
松蔭日記　上野洋三校注
鬼貫句選・独ごと　復本一郎校注
井月句集　復本一郎編
花見車・元禄百人一句　雲英末雄／佐藤勝明校注
江戸漢詩選 全二冊　揖斐高編訳
説経節 俊徳丸・小栗判官 他三篇　兵藤裕己編注

《日本思想》〔青〕

風姿花伝（花伝書）　世阿弥　野上豊一郎・西尾実 校訂

五輪書　宮本武蔵　渡辺一郎 校注

葉隠 全三冊　山本常朝　和辻哲郎・古川哲史 校訂

養生訓・和俗童子訓　貝原益軒　石川謙 校訂

貝原益軒 大和俗訓　石川謙 校訂

蘭学事始　杉田玄白　緒方富雄 校註

島津斉彬言行録　牧野伸顕 序

塵劫記　吉田光由　大矢真一 校注

兵法家伝書 付 新陰流兵法目録事　柳生宗矩　渡辺一郎 校注

農業全書　宮崎安貞 編録　貝原楽軒 刪補　土屋喬雄 校訂

上宮聖徳法王帝説　東野治之 校注

霊の真柱　平田篤胤　子安宣邦 校注

仙境異聞・勝五郎再生記聞　平田篤胤　子安宣邦 校注

茶湯一会集・閑夜茶話　井伊直弼　戸田勝久 校注

西郷南洲遺訓 附 手抄言志録及遺文　山田済斎 編

文明論之概略　福沢諭吉　松沢弘陽 校注

新訂 福翁自伝　富田正文 校訂

学問のすゝめ　福沢諭吉

福沢諭吉教育論集　山住正己 編

福沢諭吉家族論集　中村敏子 編

福沢諭吉の手紙　慶應義塾 編

新島襄の手紙　同志社 編

新島襄 教育宗教論集　同志社 編

新島襄自伝 —手記・紀行文・日記　同志社 編

植木枝盛選集　家永三郎 編

日本の下層社会　横山源之助

中江兆民 三酔人経綸問答　桑原武夫・島田虔次 訳・校注

中江兆民評論集　松永昌三 編

一年有半・続一年有半　中江兆民　井田進也 校注

憲法義解　伊藤博文　宮沢俊義 校註

日本風景論　志賀重昂　近藤信行 校訂

日本開化小史　田口卯吉　嘉治隆一 校訂

新訂 蹇蹇録 —日清戦争外交秘録　陸奥宗光　中塚明 校注

茶の本　岡倉覚三　村岡博 訳

武士道　新渡戸稲造　矢内原忠雄 訳

新渡戸稲造論集　鈴木範久 編

キリスト信徒のなぐさめ　内村鑑三

余はいかにしてキリスト信徒となりしか　内村鑑三　鈴木範久 訳

代表的日本人　内村鑑三　鈴木範久 訳

後世への最大遺物・デンマルク国の話　内村鑑三

宗教座談　内村鑑三

ヨブ記講演　内村鑑三

足利尊氏　山路愛山

徳川家康 全二冊　山路愛山

妾の半生涯　福田英子

三十三年の夢　宮崎滔天　島田虔次・近藤秀樹 校注

善の研究　西田幾多郎

西田幾多郎哲学論集 II —論理と生命 他四篇　上田閑照 編

西田幾多郎哲学論集 III —自覚について 他四篇　上田閑照 編

西田幾多郎歌集　上田薫 編

- 西田幾多郎講演集　田中裕編
- 西田幾多郎書簡集　藤田正勝編
- 帝国主義　幸徳秋水　山泉進校注
- 兆民先生 他八篇　幸徳秋水　梅森直之校注
- 基督抹殺論　幸徳秋水
- 貧乏物語　河上肇　大内兵衛解題
- 河上肇評論集　杉原四郎編
- 西欧紀行 祖国を顧みて　河上肇
- 中国文明論集　宮崎市定　礪波護編
- 史記を語る　宮崎市定
- 中国史 全二冊　宮崎市定
- 大杉栄評論集　飛鳥井雅道編
- 女工哀史　細井和喜蔵
- 奴隷 —小説・女工哀史1　細井和喜蔵
- 工場 —小説・女工哀史2　細井和喜蔵
- 初版 日本資本主義発達史 全二冊　野呂栄太郎
- 谷中村滅亡史　荒畑寒村

- 遠野物語・山の人生　柳田国男
- 海上の道　柳田国男
- 野草雑記・野鳥雑記　柳田国男
- 孤猿随筆　柳田国男
- 婚姻の話　柳田国男
- 都市と農村　柳田国男
- 十二支考 全二冊　南方熊楠
- 津田左右吉歴史論集　今井修編
- 特命全権大使 米欧回覧実記 全五冊　久米邦武編　田中彰校注
- 日本イデオロギー論　戸坂潤
- 古寺巡礼　和辻哲郎
- 風土 —人間学的考察　和辻哲郎
- イタリア古寺巡礼　和辻哲郎
- 倫理学 全四冊　和辻哲郎
- 人間の学としての倫理学　和辻哲郎
- 日本倫理思想史 全四冊　和辻哲郎
- 「いき」の構造 他二篇　九鬼周造

- 九鬼周造随筆集　菅野昭正編
- 偶然性の問題　九鬼周造
- 時間論 他二篇　九鬼周造　小浜善信編
- 田沼時代　辻善之助
- パスカルにおける人間の研究　三木清
- 構想力の論理 全二冊　三木清
- 漱石詩注　吉川幸次郎
- 新版 きけわだつみのこえ —日本戦没学生の手記　日本戦没学生記念会編
- 新版 第二集 きけわだつみのこえ —日本戦没学生の手記　日本戦没学生記念会編
- 君たちはどう生きるか　吉野源三郎
- 地震・憲兵・火事・巡査　山崎今朝弥　森長英三郎編
- 懐旧九十年　石黒忠悳
- 武家の女性　山川菊栄
- 覚書 幕末の水戸藩　山川菊栄
- 忘れられた日本人　宮本常一
- 家郷の訓　宮本常一
- 大阪と堺　三浦周行　朝尾直弘編

- 国家と宗教 —ヨーロッパ精神史の研究　南原繁
- 石橋湛山評論集　松尾尊兊編
- 民藝四十年　柳宗悦
- 手仕事の日本　柳宗悦
- 工藝文化　柳宗悦
- 南無阿弥陀仏 付 心偈　柳宗悦
- 柳宗悦茶道論集　熊倉功夫編
- 雨夜譚 —渋沢栄一自伝　長幸男校注
- 中世の文学伝統　風巻景次郎
- 平塚らいてう評論集　小林登美枝・米田佐代子編
- 最暗黒の東京　松原岩五郎
- 日本の民家　今和次郎
- 原爆の子 —広島の少年少女のうったえ 全二冊　長田新編
- 暗黒日記 —一九四二—一九四五　清沢洌 山本義彦編
- 臨済・荘子　前田利鎌
- 『青鞜』女性解放論集　堀場清子編
- 大津事件 —ロシア皇太子大津遭難　尾佐竹猛 三谷太一郎校注

- 幕末遣外使節物語 —夷狄の国へ　尾佐竹猛 吉良芳恵校注
- 極光のかげに —シベリア俘虜記　高杉一郎
- イスラーム文化 —その根柢にあるもの　井筒俊彦
- 意識と本質 —精神的東洋を索めて　井筒俊彦
- 神秘哲学 —ギリシアの部　井筒俊彦
- 意味の深みへ —東洋哲学の水位　井筒俊彦
- コスモスとアンチコスモス —東洋哲学のために　井筒俊彦
- 幕末政治家　福地桜痴 佐々木潤之介校注
- 渡辺一夫評論選 狂気について 他二十二篇　大江健三郎・清水徹編
- 維新旧幕比較論　木下真弘 宮地正人校注
- 被差別部落一千年史　高橋貞樹 沖浦和光校注
- 花田清輝評論集　粉川哲夫編
- 英国の文学　吉田健一
- 中井正一評論集　長田弘編
- 山びこ学校　無着成恭編
- 考史遊記　桑原隲蔵
- 福沢諭吉の哲学 他六篇　丸山眞男 松沢弘陽編

- 政治の世界 他十篇　丸山眞男 松本礼二編注
- 超国家主義の論理と心理 他八篇　丸山眞男 古矢旬編
- 田中正造文集 全二冊　由井正臣・小松裕編
- 国語学史　時枝誠記
- 定本 育児の百科 全三冊　松田道雄
- 大西祝選集 哲学篇 全二冊　小坂国継編
- 哲学の三つの伝統 他十二篇　野田又夫
- 大隈重信演説談話集　早稲田大学編
- 大隈重信自叙伝　早稲田大学編
- 人生の帰趣　山崎弁栄
- 転回期の政治　宮沢俊義
- 何が私をこうさせたか —獄中手記　金子文子
- 明治維新　遠山茂樹
- 禅海一瀾講話　釈宗演
- 明治政治史　岡義武
- 転換期の大正　岡義武
- 山県有朋 —明治日本の象徴　岡義武

近代日本の政治家　岡　義武

ニーチェの顔 他十三篇　氷上英廣・三島憲一編

伊藤野枝集　森まゆみ編

前方後円墳の時代　近藤義郎

日本の中世国家　佐藤進一

岩波茂雄伝　安倍能成

《哲学・教育・宗教》〔青〕

- ソクラテスの弁明・クリトン　プラトン　久保勉訳
- ゴルギアス　プラトン　加来彰俊訳
- 饗宴　プラトン　久保勉訳
- テアイテトス　プラトン　田中美知太郎訳
- パイドロス　プラトン　藤沢令夫訳
- メノン　プラトン　藤沢令夫訳
- 国家　全二冊　プラトン　藤沢令夫訳
- プロタゴラス　―ソフィストたち　プラトン　藤沢令夫訳
- パイドン　―魂の不死について　プラトン　岩田靖夫訳
- アナバシス　―敵中横断六〇〇〇キロ　クセノポン　松平千秋訳
- アリストテレス　ニコマコス倫理学　全二冊　高田三郎訳
- アリストテレス　形而上学　全二冊　出隆訳
- アリストテレス　弁論術　戸塚七郎訳
- アリストテレース詩学　ホラーティウス詩論　松本仁助・岡道男訳
- 物の本質について　ルクレーティウス　樋口勝彦訳
- エピクロス　―教説と手紙　出隆・岩崎允胤訳

- 生の短さについて　他二篇　セネカ　大西英文訳
- 怒りについて　他二篇　セネカ　兼利琢也訳
- エピクテトス　人生談義　全二冊　國方栄二訳
- 人さまざま　テオプラストス　森進一訳
- マルクス・アウレーリウス　自省録　神谷美恵子訳
- 老年について　キケロー　中務哲郎訳
- 友情について　キケロー　中務哲郎訳
- 弁論家について　全二冊　キケロー　大西英文訳
- 平和の訴え　エラスムス　箕輪三郎訳
- エラスムス＝トマス・モア往復書簡　沓掛良彦・高田康成訳
- 方法序説　デカルト　谷川多佳子訳
- 哲学原理　デカルト　桂寿一訳
- 精神指導の規則　デカルト　野田又夫訳
- 情念論　デカルト　谷川多佳子訳
- パンセ　全三冊　パスカル　塩川徹也訳
- パスカル　小品と手紙　塩川徹也・望月ゆか訳
- スピノザ　神学・政治論　全二冊　畠中尚志訳

- 知性改善論　スピノザ　畠中尚志訳
- スピノザ　エチカ（倫理学）　全二冊　畠中尚志訳
- スピノザ　国家論　畠中尚志訳
- スピノザ往復書簡集　畠中尚志訳
- デカルトの哲学原理　―附 形而上学的思想　スピノザ　畠中尚志訳
- スピノザ　神・人間及び人間の幸福に関する短論文　畠中尚志訳
- モナドロジー　他二篇　ライプニッツ　谷川多佳子・岡部英男訳
- ノヴム・オルガヌム（新機関）　ベーコン　桂寿一訳
- 市民の国について　全二冊　ヒューム　小松茂夫訳
- 自然宗教をめぐる対話　ヒューム　犬塚元訳
- 君王の統治について　―謹んでキプロス王に捧げる　トマス・アクィナス　柴田平三郎訳
- 精選　神学大全　全四冊　トマス・アクィナス　稲垣良典・山本芳久編／訳
- エミール　全三冊　ルソー　今野一雄訳
- 人間不平等起原論　ルソー　本田喜代治・平岡昇訳
- ルソー　社会契約論　桑原武夫・前川貞次郎訳
- 言語起源論　―旋律と音楽的模倣について　ルソー　増田真訳
- ディドロ　絵画について　佐々木健一訳

純粋理性批判 全三冊 カント 篠田英雄訳
カント 実践理性批判 波多野精一・宮本和吉・篠田英雄訳
判断力批判 全二冊 カント 篠田英雄訳
永遠平和のために カント 宇都宮芳明訳
プロレゴメナ カント 篠田英雄訳
人倫の形而上学 全二冊 カント 熊野純彦・宮村悠介訳
シュライエルマッハー 独白 木場深定訳
ヘーゲル 政治論文集 全二冊 金子武蔵訳
哲学史序論 ―哲学と哲学史 ヘーゲル 武市健人訳
歴史哲学講義 全二冊 ヘーゲル 長谷川宏訳
法の哲学 ―自然法と国家学の要綱 ヘーゲル 上妻精・佐藤康邦・山田忠彰訳
学問論 シェリング 西川富雄・藤田正勝監訳
自殺について 他四篇 ショウペンハウエル 斎藤信治訳
読書について 他二篇 ショウペンハウエル 斎藤忍随訳
知性について 他四篇 ショーペンハウエル 細谷貞雄訳
不安の概念 キェルケゴール 斎藤信治訳
死に至る病 キェルケゴール 斎藤信治訳

体験と創作 全二冊 ディルタイ 柴田治三郎・小牧健夫訳
眠られぬ夜のために 全二冊 ヒルティ 草間平作・大和邦太郎訳
幸福論 全三冊 ヒルティ 草間平作・大和邦太郎訳
悲劇の誕生 ニーチェ 秋山英夫訳
ツァラトゥストラはこう言った 全二冊 ニーチェ 氷上英廣訳
道徳の系譜 ニーチェ 木場深定訳
善悪の彼岸 ニーチェ 木場深定訳
この人を見よ ニーチェ 手塚富雄訳
プラグマティズム W・ジェイムズ 桝田啓三郎訳
宗教的経験の諸相 全二冊 W・ジェイムズ 桝田啓三郎訳
日常生活の精神病理 フロイト 高田珠樹訳
精神分析入門講義 全二冊 フロイト 高田珠樹・新宮一成・須藤訓任・道籏泰三訳
純粋現象学及現象学的哲学考案 全二冊 フッセル 池上鎌三訳
デカルト的省察 フッサール 浜渦辰二訳
愛の断想・日々の断想 ジンメル 清水幾太郎訳
ジンメル宗教論集 深澤英隆編訳
笑い ベルクソン 林達夫訳

道徳と宗教の二源泉 ベルクソン 平山高次訳
物質と記憶 ベルクソン 熊野純彦訳
時間と自由 ベルクソン 中村文郎訳
ラッセル教育論 安藤貞雄訳
ラッセル幸福論 安藤貞雄訳
存在と時間 全四冊 ハイデガー 熊野純彦訳
学校と社会 デューイ 宮原誠一訳
民主主義と教育 全二冊 デューイ 松野安男訳
我と汝・対話 マルティン・ブーバー 植田重雄訳
アラン 幸福論 神谷幹夫訳
アラン 定義集 神谷幹夫訳
天才の心理学 E・クレッチュマー 内村祐之訳
英語発達小史 H・ブラッドリ 寺澤芳雄訳
日本の弓術 オイゲン・ヘリゲル述 柴田治三郎訳
似て非なる友について 他三篇 プルタルコス 柳沼重剛訳
ことばのロマンス ―英語の語源 ウィークリー 寺澤芳雄・出淵博訳
ヴィーコ 学問の方法 上村忠男・佐々木力訳

国家と神話 全二冊　カッシーラー　熊野純彦訳
天才・悪　ブレンターノ　篠田英雄訳
人間の頭脳活動の本質 他一篇　ディーツゲン　小松摂郎訳
反啓蒙思想 他二篇　バーリン　松本礼二編
マキアヴェッリの独創性 他三篇　バーリン　川出良枝編
ロシア・インテリゲンツィヤの誕生 他五篇　バーリン　桑野隆編
論理哲学論考　ウィトゲンシュタイン　野矢茂樹訳
自由と社会的抑圧　シモーヌ・ヴェイユ　冨原眞弓訳
根をもつこと 全二冊　シモーヌ・ヴェイユ　冨原眞弓訳
重力と恩寵　シモーヌ・ヴェイユ　冨原眞弓訳
全体性と無限 全二冊　レヴィナス　熊野純彦訳
啓蒙の弁証法 ―哲学的断想　M・ホルクハイマー T・W・アドルノ　徳永恂訳
ヘーゲルからニーチェへ 十九世紀思想における革命的断絶 全二冊　レーヴィット　三島憲一訳
統辞構造論 付『言語理論の論理構造』序論　チョムスキー　福井直樹 辻子美保子訳
統辞理論の諸相 方法論序説　チョムスキー　福井直樹 辻子美保子訳
快楽について　ロレンツォ・ヴァッラ　近藤恒一訳
ニーチェ みずからの時代と闘う者　ルドルフ・シュタイナー　高橋巖訳

フランス革命期の公教育論　コンドルセ他　阪上孝編訳
人間の教育 全二冊　フレーベル　荒井武訳
旧約聖書 創世記　関根正雄訳
旧約聖書 出エジプト記　関根正雄訳
旧約聖書 ヨブ記　関根正雄訳
旧約聖書 詩篇　関根正雄訳
新約聖書 福音書　塚本虎二訳
文語訳 新約聖書 詩篇付
文語訳 旧約聖書 全四冊
キリストにならいて　トマス・ア・ケンピス　大沢章 呉茂一訳
聖アウグスティヌス 告白 全二冊　服部英次郎訳
アウグスティヌス 神の国 全五冊　服部英次郎 藤本雄三訳
新訳 キリスト者の自由・聖書への序言　マルティン・ルター　石原謙訳
キリスト教と世界宗教　シュヴァイツェル　鈴木俊郎訳
カルヴァン小論集　波木居斉二編訳
聖なるもの　オットー　久松英二訳
コーラン 全三冊　井筒俊彦訳

エックハルト説教集　田島照久編訳
ムハンマドのことば ハディース　小杉泰編訳
新約聖書外典 ナグ・ハマディ文書抄　荒井献 大貫隆 小林稔 筒井賢治 編訳
後期資本主義における正統化の問題　ハーバーマス　山田正行・金慧訳
シンボルの哲学 ―理性、祭礼、芸術のシンボル試論　S・K・ランガー　塚本明子訳
ジャック・ラカン 精神分析の四基本概念 全二冊　ジャック＝アラン・ミレール編　小出浩之 新宮一成 鈴木國文 小川豊昭 訳
精神と自然 生きた世界の認識論　グレゴリー・ベイトソン　佐藤良明訳
精神の生態学へ 全三冊　グレゴリー・ベイトソン　佐藤良明訳
人間の知的能力に関する試論 全二冊　トマス・リード　戸田剛文訳
開かれた社会とその敵 全四冊　カール・ポパー　小河原誠訳

《歴史・地理》〔青〕

新訂 魏志倭人伝・後漢書倭伝・宋書倭国伝・隋書倭国伝 —中国正史日本伝1　石原道博編訳
新訂 旧唐書倭国日本伝・宋史日本伝・元史日本伝 —中国正史日本伝2　石原道博編訳
ヘロドトス 歴史 全三冊　松平千秋訳
トゥーキュディデース 戦史 全三冊　久保正彰訳
ガリア戦記　カエサル　近山金次訳
タキトゥス 年代記 —ティベリウス帝からネロ帝へ 全二冊　国原吉之助訳
ランケ 世界史概観 —近世史の諸時代　鈴木成高・相原信作訳
ランケ自伝　林健太郎訳
歴史における個人の役割　プレハーノフ　木原正雄訳
古代への情熱 —シュリーマン自伝　シュリーマン　村田数之亮訳
大君の都 —幕末日本滞在記 全三冊　オールコック　山口光朔訳
アーネスト・サトウ 一外交官の見た明治維新 全二冊　坂田精一訳
ベルツの日記 全二冊　トク・ベルツ編　菅沼竜太郎訳
武家の女性　山川菊栄
インディアスの破壊についての簡潔な報告　ラス・カサス　染田秀藤訳
ラス・カサス インディアス史 全七冊　長南実訳　石原保徳編

インディアスの破壊をめぐる賠償義務論 —十二の疑問に答える　ラス・カサス　染田秀藤訳
コロンブス 全航海の報告　林屋永吉訳
大森貝塚 —付 関連史料　E・S・モース　近藤義郎・佐原真編訳
ナポレオン言行録　オクターヴ・オブリ編　大塚幸男訳
中世的世界の形成　石母田正
日本の古代国家　石母田正
平家物語 他六篇　石母田正　髙橋昌明編
クリオの顔 —歴史随想集　E・H・ノーマン　大窪愿二編訳
日本における近代国家の成立　E・H・ノーマン　大窪愿二訳
旧事諮問録 —江戸幕府役人の証言 全二冊　旧事諮問会編　進士慶幹校注
ローマ皇帝伝 全二冊　スエトニウス　国原吉之助訳
アリランの歌 —ある朝鮮人革命家の生涯　ニム・ウェールズ　キム・サン　松平いを子訳
さまよえる湖 全二冊　ヘディン　福田宏年訳
老松堂日本行録 —朝鮮使節の見た中世日本　宋希璟　村井章介校注
十八世紀パリ生活誌 —タブロー・ド・パリ 全二冊　メルシエ　原宏編訳
ヨーロッパ文化と日本文化　ルイス・フロイス　岡田章雄訳注
ギリシア案内記 全二冊　パウサニアス　馬場恵二訳

オデュッセウスの世界　フィンリー　下田立行訳
東京に暮す —一九二八～一九三六　キャサリン・サンソム　大久保美春訳
ミカド —日本の内なる力　W・E・グリフィス　亀井俊介訳
増補 幕末百話　篠田鉱造
幕末明治 女百話 全二冊　篠田鉱造
日本中世の村落　清水三男　大山喬平・馬田綾子校注
トゥバ紀行　メンヒェン＝ヘルフェン　田中克彦訳
徳川時代の宗教　R・N・ベラー　池田昭訳
ある出稼石工の回想　マルタン・ナド　喜安朗訳
革命的群衆　G・ルフェーヴル　二宮宏之訳
植物巡礼 —プラント・ハンターの回想　F・キングドン－ウォード　塚谷裕一訳
日本滞在日記 —一八〇四—一八〇五　レザーノフ　大島幹雄訳
モンゴルの歴史と文化　ハイシッヒ　田中克彦訳
歴史序説 全四冊　イブン＝ハルドゥーン　森本公誠訳
ダンピア 最新世界周航記 全二冊　平野敬一訳
ローマ建国史 全三冊(既刊上巻)　リーウィウス　鈴木一州訳
元治夢物語 —幕末同時代史　馬場文英　徳田武校注

岩波文庫の最新刊

ライプニッツ著／佐々木能章訳
形而上学叙説 他五篇
中期の代表作『形而上学叙説』をはじめ、アルノー宛書簡などを収録。後年の「モナド」や「予定調和」の萌芽をここに見る。七五年ぶりの新訳。
〔青六一六-三〕 定価一二七六円

ルートヴィヒ・ボルツマン著／稲葉肇訳
気体論講義 (下)
気体は熱力学に支配され、分子は力学に支配される。下巻においてボルツマンは、二つの力学を関係づけ、統計力学の理論的な基礎づけも試みる。（全二冊）
〔青九五九-二〕 定価一四三〇円

若松英輔編
八木重吉詩集
近代詩の彗星、八木重吉(一八九八―一九二七)。生への愛しみとかなしみに満ちた詩篇を、『秋の瞳』『貧しき信徒』、残された「詩稿」「訳詩」から精選。
〔緑二三六-一〕 定価一一五五円

ゲルツェン著／金子幸彦・長縄光男訳
過去と思索 (六)
亡命先のロンドンから自身の雑誌《北極星》や新聞《コロコル》を通じて、「自由な言葉」をロシアに届けるゲルツェン。人生の絶頂期を迎える。（全七冊）
〔青N六一〇-七〕 定価一五〇七円

……今月の重版再開……

ゴーゴリ作／平井肇・横田瑞穂訳
死せる魂 (上)(中)(下)
〔赤六〇五-四～六〕 定価(上)八五八、(中)七九二、(下)八五八円

定価は消費税 10％ 込です　　2025. 2

岩波文庫の最新刊

坂元ひろ子・高柳信夫監訳
厳復
天演論

清末の思想家・厳復による翻訳書。そこで示された進化の原理、生存競争と淘汰の過程は、日清戦争敗北後の中国知識人たちに圧倒的な影響力をもった。
〔青二三五-一〕 **定価一二一〇円**

武田利勝訳
フリードリヒ・シュレーゲル
断章集

「イロニー」「反省」等により既存の価値観を打破し、「共同哲学」の樹立を試みる断章群は、ロマン派のマニフェストとして、近代の批評的精神の幕開けを告げる。
〔赤四七六-一〕 **定価一一五五円**

永井荷風著／中島国彦・多田蔵人校注
断腸亭日乗(三) 昭和四―七年

永井荷風は、死の前日まで四十一年間、日記『断腸亭日乗』を書き続けた。(三)は、昭和四年から七年まで。昭和初期の東京を描く。(注解・解説＝多田蔵人)(全九冊)
〔緑四二-一六〕 **定価一二六五円**

太宰治作／安藤宏編
十二月八日・苦悩の年鑑 他十二篇

第二次世界大戦敗戦前後の混乱期、作家はいかに時代と向き合ったか。昭和一七―二一(一九四二―四六)年発表の一四篇を収める。(注＝斎藤理生、解説＝安藤宏)
〔緑九〇-一二〕 **定価一〇〇一円**

……今月の重版再開……

忍足欣四郎訳
中世イギリス英雄叙事詩
ベーオウルフ
〔赤二七五-一〕 **定価一二二一円**

プルタルコス／柳沼重剛訳
エジプト神イシスとオシリスの伝説について
〔青六六四-五〕 **定価一〇〇一円**

定価は消費税10％込です　2025. 3